教育部人文社会科学重点研究基地重大项目
"十四五"国家重点图书出版规划项目
江苏省 2022 年主题出版重点出版物

马克思主义思想史研究丛书
丛书主编　张一兵

David Ricardo's Economic Theory and
the Development of Marx's Philosophy

李嘉图经济学理论与马克思哲学思想的发展

刘钊　著

南京大学出版社

总　序

2022年,我完成了《回到马克思》的第二卷[1]。会令读者吃惊的是,在这部接近百万字的第二卷中,我关于马克思历史文本的不少看法,竟然是异质于第一卷的,这直接造成了过去思想史常态中的一种巨大"逻辑矛盾"。同一个作者,对相同历史文本,居然会做出不完全一致的解读。这可能就是**新史学方法论**所依托的全新思想史本体个案。

记得2007年的某天,在上海,在《中国社会科学》杂志社举办的中国哲学家与历史学家对话的研讨会上,我所提出的历史研究建构论[2]遭到了历史学家们的批评。一位历史学教授在现场问我:"我是我爸爸生的是不是被建构的?"这真的很像当年杜林质问恩格斯:"2+2=4是不是绝对真理?"如果打趣式地硬抬杠,我也可以辨识说,在一个根本没有"父亲"的母系社会中,当然没有"你爸爸生你"的社会建构关系。而在次年在台北举行的"两岸三地人文社会科学论坛"[3]上,台湾"中研院"的一位史学前辈在对我的学术报告现场提问时,有些伤感地说:"我不知道大陆的唯心主义已经如此严重。"令人哭笑不得。其实,当狄尔泰和福柯讨论历史文

---

[1] 拙著《回到马克思——社会场境论中的市民社会与劳动异化批判》(第二卷),将由江苏人民出版社出版。
[2] 发言提纲见拙文《历史构境:哲学与历史学的对话》,《历史研究》2008年第1期。
[3] 这是由南京大学、香港中文大学和台湾"中央大学"联合举办的系列学术研讨会议。

献(档案)的"被建构"问题时,他们并非在涉及直接经验中的每个时代当下发生即消逝的生活场境,而是在追问史学研究的**方法论前提**。谁制定了历史记载和书写的规则?实际上,历史记载永远是历代统治者允许我们看到的东西,恐怕,这是更需要史学家明白的**历史现象学**。

  我曾经说过,任何一种历史研究对社会定在及其历史过程的绝对客观复现都是**不可能**的。这是因为,我们的历史研究永远都是在以当下社会生活生成的认识构架重构已经不在场的过去,思想重构并不等于曾有的历史在场。更重要的方面还在于,因为社会生活与个人存在之间始终存在一种无法打破的隔膜,所以社会生活情境不等于个体生活的总和,个人生存总有逃离社会的一面,其中,个人生存的处境、积极或消极行动的建构、情境、心境与思境都不是完全透明可见的,虽然人的生活构境有其特定的物性基础,但构境达及的生存体验是各异和隐秘的。我在上课的时候,有时也会以电影故事中内嵌的新史学观为例,比如根据英国作家拜雅特[1]

---

[1] 拜雅特(A. S. Byatt, 1936—),英国当代著名作家。1936 年 8 月 24 日出生于英国谢菲尔德,1957 年在剑桥大学获学士学位。曾在伦敦大学教授英美文学。1983 年,拜雅特辞去高级教师职位,专心致力于文学创作,同年成为英国皇家文学协会会员。主要作品有:长篇小说《太阳的阴影》(1964)、《游戏》(1968)、《庭院少女》(1978)、《平静的生活》(1985)、《隐之书》(1990)、《传记作家的故事》(2000),以及中短篇小说集《夜莺之眼》等。1990 年,拜雅特因《隐之书》获得英国小说最高奖布克奖,同年获颁大英帝国司令勋章(CBE)。2010 年,74 岁的拜雅特又获得了不列颠最古老的文学奖——詹姆斯·泰特·布莱克纪念奖。

的著名小说《隐之书》(*Possession：A Romance*，1990)[1]改编的电影《迷梦情缘》(*Possession*，2002)。故事虚构的情节是一个双层时空构境结构：今天(1986年)的阅读者——一位年轻的文学研究助理罗兰，在研究过去19世纪维多利亚时代著名诗人艾许(他也被建构成一个复杂隐喻诗境的"腹语大师")的过程中，偶然发现了夹于一部艾许最后借阅归还的维柯的《新科学》(*New Science*)中的两封写给无名女士的未完成的信件。经过细心的文献研究，他确认收信者竟然是艾许同时代著名的女诗人兰蒙特。由此，揭开了一桩隐匿了百年的秘密史实：有着正常家庭生活的艾许和孤守终生的兰蒙特在1868年发生了一段刻骨铭心的爱情，并且，兰蒙特背着艾许生下了他们的女儿。从小说中作为精彩艺术手段的细节中，我们可以看到，罗兰和兰蒙特的后代莫德小姐竟然通过兰蒙特诗歌中的暗示，在家族庄园中兰蒙特的住所里找到了她百年前隐藏在婴儿车中的秘密书信，甚至找到了诗歌隐喻的两位大诗人的疯狂秘恋之旅和情爱场境。由此，一直以来英国诗歌史中关于两位诗人那些早有定论的作品释义，瞬间化为文学思想史研究中的谬误。"有些事情发生了，却没有留下可以察觉到的痕迹。这些事情没有人说出口，也没有人提笔写下，如果说接下来的事件都与这些事情无关，仿佛从来没有发生过，那样的说法可就大错特错

---

[1] 其实，此书的英文原书名为 *Possession：A Romance*，直译应该是《占有：一段罗曼史》。但 Possession 一词也有被感情支配和着魔的意思，所以如果译作"着魔：一段罗曼史"更准确一些。当然，现在的中译名"隐之书"的意译更接近书的内容。拜雅特还有另外一部艺术构境手法相近的小说《传记作家的故事》(*The Biographer's Tale*，2000)，说的是一个研究生菲尼亚斯(Phineas G. Nanson)，决定研究一位非常晦涩的传记作家斯科尔斯(Scholes Destry-Scholes)。在研究的过程中，他并没有了解到很多关于这位作家本身的生平，而是发现了这位作家**未发表的**关于另外三位真实历史人物(Carl Linnaeus, Francis Galton and Henrik Ibsen)的研究。拜雅特在书中将事实与虚构相结合，再现了这三位被隐匿起来的历史人物的生活。

了。"[1]这是此书最后"后记"中开头的一段文字。我觉得,他(她)们不想让人知道的书信是另一种**遮蔽历史在场性**性质的**秘密文献**,这是一种逃避现实历史关系的另类黑暗历史记载。然而,这种黑暗考古学的发现,却会改变对允许被记载的历史"事实"的全部判断。虽然,这只是艺术虚构,但它从一个侧面直映了这样一种新史学观:正是个人生存中的这种可见和不可见的多样性生活努力,建构出一个社会内含着隐性灰色面的总体生活情境。在每一个历史断面上,总有来自个体生存情境隐秘和社会生活的意识形态遮蔽。这些非物性的生存构境因素和力量,从一开始就是**注定不入史**的。这样,"能够历经沧海桑田,保存下来的那些作为历史印记的文字记载和物性文物,只是一个时代人们愿意呈现和允许记载的部分,永远都不可能等于逝去的社会生活本身。与文本研究中的思想构境一样,这些记载与历史物都不过是某种今天我们在生活中重新建构历史之境的有限启动点"[2]。

摆在读者面前的这一套由南京大学出版社出版的《马克思主义思想史研究丛书》,是近年来这一研究领域中的最新成果。它的作者,主要是南京大学马克思主义哲学专业培养出来的一批青年学者。他们从不同的思想史侧面和角度,研究和思考了马克思主义思想史中发生的一个个深层次的问题。除去少数带有总论性质的文本以外,丛书中的大多数论著都是微观的、田野式的专业研究,比如马克思与费尔巴哈的关系、马克思与19世纪英国社会主义思潮的关系、马克思与尤尔机器研究的关系、马克思方法论的工艺学基础,以及马克思文本中的对象化概念考古等。或多或少,它

---

1 [英]拜雅特:《隐之书》,于冬梅等译,南海出版公司2010年版,第577页。
2 张一兵:《〈资本主义理解史〉丛书总序》,《资本主义理解史》(六卷),江苏人民出版社2009年版。

们都从一个马克思主义思想史的断面,进入我们现代人观察马克思生活的那个远去的历史生活场境。虽然我们无法重现那些无比珍贵的伟大革命实践和思想变革的历史在场性,但多少表达了后人在马克思主义思想史探索中积极而有限的努力。

其实,在最近正在进行的《回到马克思》第二卷的写作中,我再一次认真通读了马克思与恩格斯长达40年的通信。阅读这些历史信件,也使那些灰色的思想文本背后的生活场境浮现在眼前。出身高级律师家庭的马克思和作为贵族女儿的燕妮、有着资本家父亲的恩格斯,没有躺在父辈留下的富裕的生活之中,而是选择了为全世界受苦受难的无产阶级获得解放寻求光明的艰难道路。在那些漫长而黑暗的岁月里,马克思被各国资产阶级政府驱逐,作为德国的思想家却不能返回自己的家乡,这么大的世界竟没有一个革命者安静的容身之处。常人真的不能想象,马克思在实现那些我们今天追溯的伟大的思想革命时,每天都处于怎样的生活窘迫之中。在很长一段时间里,马克思写给恩格斯的大量信件都是这样开头的:"请务必寄几个英镑来",因为房租、因为债主逼债、因为孩子生病,甚至因为第二天的面包……这种令人难以想象的生活惨状,一直持续到《资本论》出版后才略有好转。而恩格斯则更惨。我经常在课堂上说一个让人笑不出来的"笑话":"恩格斯自己当资本家养活马克思写《资本论》揭露资本家剥削工人的秘密。"这是令人潸然泪下的悲情故事。当你看到,有一天恩格斯兴奋地写信告诉马克思:"今天我不用去事务所了,终于自由了",你才会体验到,什么叫伟大的牺牲精神。恩格斯自己有太多的事情要做,有无数未完成的写作计划,可是,为了马克思的思想革命和人类解放的事业,他义无反顾地放下了一切。马克思去世之后,为了整理出版《资本论》第二、三卷,自比"第二小提琴手"的恩格斯毫不犹豫地表示:"我有责任为此献出自己的全部时间!"[1] 这才是人世间最伟大的友谊。这是我们在学术文本中看不到的历史真实。研究马克思主义思想史,对我们来说,不应该是谋生取利的工具,而是为了采撷那个伟大事业星丛的思想微粒,正是由于这些现实个人的微薄努力,光明才更加耀眼和夺目。

本丛书获得了 2022 年度国家出版基金的资助,感谢参加评审的各位专家,也感谢南京大学出版社的领导和诸位辛劳的编辑老师。我希望,我们的努力不会让你们和读者们失望。

张一兵
2022 年 4 月 5 日于南京

---

[1] 《马克思恩格斯全集》第 36 卷,人民出版社 1975 年版,第 92 页。

目　录

导　言 *001*
 一、李嘉图：古典经济学领域中最深刻最彻底的唯物主义者 *001*
 二、学界对马克思与李嘉图之学术关系的不同理解 *010*
 三、本书需厘清的几个重要研究节点及工作目标 *016*

第一章　巴黎时期马克思对李嘉图经济学思想的哲学拒斥 *024*
 第一节　马克思对李嘉图经济学的初次接触与简单拒斥 *025*
  一、初涉李嘉图经济学时的批判逻辑 *026*
  二、对李嘉图劳动价值论的简单化解读与哲学拒斥 *030*
 第二节　马克思对李嘉图经济学的关注及对其自身哲学思想的影响：《1844年经济学哲学手稿》第二、第三手稿的解读 *040*
  一、《穆勒评注》对马克思理解李嘉图学说有什么影响？ *041*
  二、李嘉图在人的异化道路上比斯密走得更远 *046*
  三、立足于客观现实的理论逻辑的不断伸展 *055*
 第三节　抽象人本主义方法论限制了马克思对李嘉图经济学哲学价值的有效吸收 *059*

一、同时期英国李嘉图式社会主义经济学家的理论
　　　　水平　　　　　　　　　　　　　　　　　060
　　二、抽象人本主义与社会唯物主义两种不同的解读
　　　　路径　　　　　　　　　　　　　　　　　071

第二章　对劳动价值论解读视角的逐步转换：为科学解读
　　　　李嘉图经济学做理论准备的时期　　　　　077
　　第一节　人性论与劳动价值论的僵硬对接1：
　　　　　　以《神圣家族》为例　　　　　　　　078
　　一、对古典经济学劳动价值论批判视角的微妙变化　080
　　二、人性论的理论逻辑与劳动价值论的外在互动　083
　　第二节　人性论与劳动价值论的僵硬对接2：
　　　　　　以《评李斯特》为例　　　　　　　　086
　　一、何种意义上的交换价值？　　　　　　　　087
　　二、对劳动价值论理解的滞后并未阻止马克思客观
　　　　现实逻辑的发展　　　　　　　　　　　　093
　　第三节　徘徊于斯密的经济学视域及其所带来的
　　　　　　哲学影响　　　　　　　　　　　　　098
　　一、"分工"与"交往"：基于斯密经济学意义上的理解　099
　　二、无法正确区分斯密和李嘉图对马克思思想发展
　　　　带来的遗憾　　　　　　　　　　　　　　106

第三章　经济学上对李嘉图学说的正面接受及社会历史观上
　　　　的初步扬弃　　　　　　　　　　　　　　　113
　　第一节　《哲学的贫困》中对李嘉图经济学的正面
　　　　　　接受及其哲学意义　　　　　　　　　114

一、在经济学上对李嘉图经济学的充分肯定　115

二、运用李嘉图经济学对蒲鲁东经济学的批判　123

三、在对李嘉图经济学的理解上推进对社会生产关系的理解　137

第二节　在经济学上尚不能超越李嘉图学说所带来的哲学影响　143

一、在缺乏剩余价值概念的前提下，马克思无法超越李嘉图劳动价值论　144

二、马克思此时生产关系概念的真实内涵　147

第三节　《雇佣劳动与资本》在经济学和哲学双重维度上的推进　151

一、关于雇佣劳动与资本之间对抗性关系更为深入的解读　152

二、在剩余价值问题上的初步探索　159

第四章　马克思对李嘉图经济学的经济学批判及其在社会历史观维度的意义　165

第一节　《伦敦笔记》：马克思对李嘉图经济学的最初怀疑　166

一、对李嘉图货币数量论从追随到批判的认识转变　168

二、对李嘉图地租理论从接受到推翻的认识转变　173

三、对李嘉图价值理论从理解到超越的认识转变　176

第二节　《1857—1858年经济学手稿》中对李嘉图经济学的经济学批判与超越　181

一、从抽象上升到具体：为批判李嘉图经济学提供了方法论基础　182

二、对李嘉图货币理论和资本理论的批判与超越　188
三、从剩余价值角度对李嘉图劳动价值论的超越　204
第三节　对李嘉图经济学的批判与超越推动了
　　　　马克思社会历史观的深化与发展　212
一、对社会历史发展过程的理解愈加具有历史性　213
二、对资本主义社会的理论批判愈加深刻　220

**第五章　《资本论》中马克思对李嘉图经济学的全面审视
及其哲学意义**　225
第一节　在经济学维度对李嘉图经济学的全面剖析　226
一、对李嘉图劳动价值论的全面剖析　226
二、对李嘉图地租理论的全面剖析　233
三、对李嘉图剩余价值理论的全面剖析　240
第二节　马克思批判李嘉图经济学的方法论视角
　　　　解析　247
一、基于唯物主义历史发生学的社会关系视角　248
二、基于内在矛盾发展的历史批判视角　255

结束语　李嘉图对马克思为何重要？　261

附　录　264
一、马克思劳动价值论的革命变革及其当代意义　264
二、试析望月清司对马克思"共同体"和"社会"概念
　　的解读　279

参考文献　290

导　言

纵观马克思的理论研究历程,从 1843 年 10 月他第一次接触政治经济学开始,直至其生命的终结,政治经济学始终是马克思进行科学研究的主要方向。可以说,马克思在哲学思想上的每一次进展或重大突破都与他批判地吸收资产阶级政治经济学的研究成果分不开。而在马克思的全部经济学研究中对他影响最大的无疑是英国古典经济学派中最深刻最彻底的唯物主义者——大卫·李嘉图。

一、李嘉图：古典经济学领域中最深刻最彻底的唯物主义者

大卫·李嘉图(David Ricardo,1772—1823),这位"似乎是从别的行星上掉下来的"[1]经济学奇才被马克思誉为"古典政治经济学的完成者"[2]。作为历史上最富有的经济学家,李嘉图展现了他虽短暂却充满着传奇色彩的一生。

他出生在一个犹太资产阶级家庭,父亲根据犹太人的教规制

---

[1]　《马克思恩格斯全集》第 13 卷,人民出版社 1962 年版,第 51 页。
[2]　《马克思恩格斯全集》第 13 卷,人民出版社 1962 年版,第 51 页。

定了一套严厉的家规管教和约束自己的子女,可以说正是这种独特的教育方式和家庭传统使李嘉图从小就形成了诚实、独立以及自信的优秀品质,从而为他在日后取得商业和学术上的巨大成就奠定了良好的基础。按照犹太人家庭的普遍习惯,李嘉图从小就被要求要子承父业,并且要从年幼时就开始熟悉与从事国际贸易的家族事业相关的语言和制度。因此,李嘉图11岁时就被独自送去荷兰留学,而荷兰正是当时全球商业贸易以及证券交易最发达的地方,这就使得他在荷兰期间耳濡目染地接触并积累了许多证券方面的知识。14岁时李嘉图就被父亲安排进了伦敦证券交易所学习金融运作方面的事务并很快就精熟业务,16岁时便成为他父亲最亲密的助手。后来由于婚姻问题,李嘉图遭到其父的坚决反对,同家庭断绝了关系。也就是从那时起,21岁的李嘉图以800英镑起家,开始独立经营交易所业务,几年之后便成为一个腰缠万贯的大富翁。可以说,那时的李嘉图身上根本看不到一点经济学家的影子,他只是一个有着敏锐嗅觉的金融家,一个机敏能干的实业家,或者说是一个典型的暴发户。[1]

但是,如果事情仅止于此的话,那在英国历史上不过是多了一个天才的证券投机商人而已。1799年,也就是李嘉图27岁的时候,他偶然阅读了斯密的《国民财富的性质和原因的研究》(以下简称《国富论》),由此对经济学产生了浓厚的兴趣并开始了自己的经济学研究生涯。1809年,李嘉图在自学政治经济学十年之后针对当时英国的现实经济问题发表了自己的第一篇经济学文章,首次以经济学家和评论家的身份登上了历史的舞台。此后直至其生命

---

[1] 韩媛媛:《大卫·李嘉图:古典政治经济学集大成者》,人民邮电出版社2009年版,第11—13页。

的终结，李嘉图的主要精力始终专注于经济学的研究。1817年，李嘉图将32篇独立的论文集合在一起出版了《政治经济学及赋税原理》一书。这是一本划时代的经济学著作，它的出版引起了很大的反响，其内容也引起了诸多的争论。李嘉图在其著作中表现出来的科学性和阶级性，使得他声名大振，从此跻身为一流的经济学家。在《政治经济学及赋税原理》一书中，李嘉图继承和发展了斯密的思想精髓，将英国古典经济学推向了顶峰，成为英国古典经济学的完成者，这个大器晚成的经济学家既不出身于正统的学术界，又要同时忙于商业事务和社会应酬，却完成了欧洲各个大学以及整整一百年时间中经济学思想界都无力向前推进分毫的事业。[1] 在14年短暂的学术生涯中，李嘉图为后人留下了丰富的著作、文章、笔记、书信和演讲稿，这些宝贵的思想财富不仅属于他自己而且也属于整个世界，不仅影响着当时的经济学研究，而更重要的是对其后的经济学发展以及现在和将来有着伟大意义。

从李嘉图所处的时代和社会背景来看，18世纪末至19世纪初的英国正经历着一场如火如荼的工业革命，这不仅是资本主义发展史上一个极为重要的转折阶段，也是使英国第一个成功地迈进现代工业社会并成为世界发展的领头羊的重要契机。对于生活在这一阶段的李嘉图来说，他的思想既是来自时代的召唤，更体现着时代的印记。应该说，李嘉图是直接承继和发展了斯密的思想，但显然由于他们所处的时代背景不同，李嘉图的思想中表现出了比斯密更彻底更深刻的唯物主义特质。斯密的经济学说产生于18世纪中叶，那是英国工场手工业作为工业生产的主要形式的时代，国内外急剧膨胀起来的市场需求要求资本主义生产迅速地发

---

[1] 白光：《经济学百家集要》（上），中国统计出版社2001年版，第215页。

展。但是,尽管英国的封建统治在17世纪的资产阶级革命之后已经结束,然而由于在国会中仍有多数地主和金融贵族的代表,这就使得有利于地主和金融贵族的法令以及相关制度仍旧在起作用,从而严重阻碍了资本主义经济的发展。因此,只有废除封建制度和重商主义的限制政策,实行经济自由,才能使资本主义经济顺利发展。斯密的《国富论》正是适应了这一时代需要,论证了资本主义经济自由的必要性。但是,斯密所处的时代毕竟还是工场手工业这一资本主义发展的初级阶段,社会生产力还不发达,社会内部矛盾也尚未激化,因此,作为新兴资产阶级利益代表的斯密还无法深入资本主义社会关系的内在层面,从而在对劳动价值论的内涵的理解上也存在矛盾。斯密的理论主要还是为了反对妨碍资本主义发展的封建制度和行会制度。而到了李嘉图的时代,当他开始从事经济理论活动的时候工业资产阶级革命已经进行了近五十年,社会生产力已经获得了极大的发展,社会内部的阶级矛盾也逐渐凸显出来,因此对于代表大工业资产阶级利益的李嘉图来说,他的主要理论目的已经不是反对封建制度的阻碍,而是如何加速发展社会生产力以及如何最大限度地积累社会财富。用马克思的话说,"李嘉图虽然受着这种资产阶级视野的限制,但是他对深处与表面完全不同的资产阶级作了非常深刻的理论上的分析",[1]他作为英国古典经济学的完成者,对劳动价值论做了最透彻的表述和发挥。

所以,我们说李嘉图是古典经济学领域中最深刻最彻底的一位唯物主义者,那是因为在争取完全实现资本主义生产方式的统治的斗争中,他毫无偏见地深入政治经济学的内在关系之中,赋予

---

[1] 《马克思恩格斯全集》第13卷,人民出版社1962年版,第51页。

了劳动价值论以资产阶级经济学家所能提出的最完整的形式,并对资本主义的现实本质做出了最真实的唯物主义剖析,取得了一个资产阶级经济学家的认识极限的科学成果。李嘉图在他的著作里阐述的是一个高度浓缩的理论体系,没有充满活力的叙述,也没有写实性的细致描绘,有的只是不加渲染的抽象的原理。如同罗伯特·海尔布罗纳所比喻的,李嘉图给世人展示"是一种典型的木偶戏,把现实世界化为一种一度空间的漫画,这是个把一切都剥去,只剩下经济动力的世界"[1]。正是这个纯粹经济动力的世界让我们看到了李嘉图学说在科学上的诚实,看到了资本主义社会中具体的、客观性的社会关系,这是其最重要的唯物主义特质。当然,这也是马克思受李嘉图学说影响的最深刻之处。

古典经济学从作为起点的威廉·配第开始,就已经受经验论唯物主义的影响。他在经济学著作里将"归纳、分析、比较、观察和实验"[2]的方法运用到了观察社会经济现象中,经过布阿吉尔贝尔及法国重农学派的过渡,古典经济学在社会历史观上的哲学逻辑到亚当·斯密那里得到了清晰展现。但是从配第到斯密,他们在面对社会现象以及社会活动时所运用的方法论都"只是把生活过程中外部表现出来的东西,按照它表现出来的样子加以描写、分类、叙述并归入图式化的概念规定之中"[3]。尽管从一开始这种抽象方法所针对的观察物就已经不同于经验论唯物主义所致力于的直观自然对象,而是社会生活中的非实体性的经验现象。但是从根本上说,他们的方法论仍旧是一种经验归纳式的抽象。具体到

1　[美]罗伯特·海尔布罗纳:《几位著名经济思想家的生平、时代和思想》,蔡受百、马建堂、马君潞译,商务印书馆1994年版,第85页。
2　《马克思恩格斯全集》第2卷,人民出版社1957年版,第163页。
3　《马克思恩格斯全集》第34卷,人民出版社2008年版,第182页。

将这一方法推向最高点的斯密,也就是说他"把在竞争现象中表面上所表现的那种联系,也就是在非科学的观察者眼中,同样在那些被实际卷入资产阶级生产过程并同这一过程有实际利害关系的人们眼中所表现的那种联系,与上述内在联系并列地提出来"[1]。在马克思看来,这是因为斯密天真地在用资本主义生产当事人的眼光来看待事物,并且"完全按照这种当事人所看到和所设想的样子,按照事物决定这种当事人的实践活动的情况,按照事物实际上呈现出来的样子,来描绘事物"[2]。但同时,在斯密的方法中也不自觉地呈现出了科学抽象的一面,即深入资产阶级制度本身,去"探索各种经济范畴的内在联系,或者说,资产阶级经济制度的隐蔽结构"[3]。用马克思的话说,这是一种"深入研究资产阶级制度的生理学",[4]是一种立足于揭示现象的更为深刻的联系的本质抽象逻辑。但是,斯密本人却并没有自觉地意识到这两种理解方法的矛盾,在他的著作中二者"不仅安然并存,而且相互交错,不断自相矛盾"[5]。当然,斯密的问题在于他当时的理论视域毕竟只是大工业出现之前的工场手工业阶段,资本主义社会的内在结构和内在矛盾都尚未十分清晰地凸显出来。所以对于斯密来说,他的任务是双重的:"一方面,他试图深入研究资产阶级社会的内部生理学,另一方面,他试图既要部分地第一次描写这个社会外部表现出来的生活形式,描述它外部表现出来的联系,又要部分地为这些现象寻找术语和相应的理性概念,也就是说,部分地第一次在语言和

---

[1] 《马克思恩格斯全集》第 34 卷,人民出版社 2008 年版,第 182 页。
[2] 《马克思恩格斯全集》第 34 卷,人民出版社 2008 年版,第 242 页。
[3] 《马克思恩格斯全集》第 34 卷,人民出版社 2008 年版,第 182 页。
[4] 《马克思恩格斯全集》第 34 卷,人民出版社 2008 年版,第 182 页。
[5] 《马克思恩格斯全集》第 34 卷,人民出版社 2008 年版,第 183 页。

思维过程中把它们再现出来。"[1]因而,斯密事实上是不可能准确地抓住资本主义"社会"的真实内涵的,更不可能揭示出其中的内在矛盾关系。在这一点上,斯密的后继者们也几乎总是将这两部分混淆在一起,而无法超越其方法论上的局限性。

李嘉图才真正地将斯密的方法向前推进了决定性的一步。立足于资产阶级社会大工业视域的李嘉图摒弃了斯密关于外在联系的方法,将自己的研究方法直接建立在资本主义社会的内部联系之上,从而形成了古典经济学领域最深刻最彻底的科学抽象方法。从哲学史的意义上来说,李嘉图所推进的决定性一步关键就在于他第一次将理论考察经验现象本身内在联系的任务同经验式地简单概括外部表象和直观的任务有意识地合乎逻辑地区分开。他清楚地理解到,在科学中那些与概念中的思维发生关系的简单的直观和表象那样的经验事实必须从其内在联系的层面进行考察。在这一点上,斯密显然并没有自觉地意识到,而李嘉图则严格地且始终如一地予以贯彻和坚持。按照马克思后来的科学分析,"李嘉图的方法是这样的:李嘉图从商品的价值量决定于劳动时间这个规定出发,然后研究其他经济关系是否同这个价值规定相矛盾,或者说,它们在多大的程度上使这个价值规定发生变形"[2]。李嘉图"向科学大喝一声:'站住!'资产阶级制度的生理学——对这个制度的内在有机联系和生活过程的理解——的基础、出发点,是价值决定于劳动时间这一规定。"[3]马克思说,李嘉图从价值决定于劳动时间这个作为他劳动价值论的基本论点出发,从而"迫使科学抛弃原来的陈规旧套,要科学讲清楚:它所阐明和提出的其余范

---

[1]《马克思恩格斯全集》第34卷,人民出版社2008年版,第183页。
[2]《马克思恩格斯全集》第34卷,人民出版社2008年版,第182页。
[3]《马克思恩格斯全集》第34卷,人民出版社2008年版,第183页。

畴——生产关系和交往关系——和形态同这个基础、这个出发点适合或矛盾到什么程度;一般说来,只是反映、再现过程的表现形式的科学(因而这些表现本身),同资产阶级社会的内在联系即现实生理学所依据的,或者说成为它的出发点的那个基础适合到什么程度;一般说来,这个制度的表面运动和它的实际运动之间的矛盾是怎么回事"[1]。马克思认为,这正是李嘉图在政治经济学史上的伟大历史意义,也是他重要的科学功绩。在此基础上,李嘉图实际上还揭示并且说明了阶级之间的经济对立关系,马克思认为,这是李嘉图的同上述科学功绩紧密联系在一起的具有巨大历史价值的又一科学功绩,因为"在经济学中,历史斗争和历史发展过程的根源被抓住了,并且被揭示出来了"[2]。李嘉图之所以能够超越斯密而成为古典经济学中最彻底的最深刻的唯物主义者,首先就在于他的经济研究是建立在对资本主义社会现实的客观判断基础之上的,他能够深入资本主义社会的阶级斗争关系中指出资本主义现实中是存在着内在矛盾的。当然,因为李嘉图终究无法逾越资产阶级的局限性,在他那里资本主义仍然是一个天然、永恒的自然形式,是一种非历史性的存在。由此就使得李嘉图不可能从历史发生学的视角深入资本主义生产关系的层面去理解这种矛盾,所以他眼中的矛盾只不过是一种表面的对立关系而已,根本不可能涉及资本主义生产方式本身的内在矛盾问题。我们看到,李嘉图即使从分配关系的角度指出了工人、资本家和地主之间的阶级对立关系,但由于他不可能真正认识到资本主义社会的深刻矛盾,因此只是从数量关系的层面去理解这一矛盾对立关系,也就是说他

---

[1] 《马克思恩格斯全集》第34卷,人民出版社2008年版,第183—184页。
[2] 《马克思恩格斯全集》第34卷,人民出版社2008年版,第184页。

只不过是说明了资产阶级社会中三大阶级之间的利益分配不同的问题,而并不理解资本主义社会本身的历史过渡性。但无论从何种意义上来说,李嘉图的科学抽象仍然是在古典经济学领域中对资本主义社会的唯物主义理解最深刻最彻底的。

这种彻底性用马克思的话说就是:李嘉图是"为生产而生产"的。的确,李嘉图在经济理论上只关心商品价值的生产,在他眼中完全无视作为人的工人、资本家和地主,他所看到的只是生产工人这种商品所需要的劳动量和生产作为资本的商品所需要的劳动量,包括地主也是作为地租的化身而存在的。对于处在资本主义上升时期的李嘉图来说最关心的就是如何发展生产、如何创造财富的问题。他之所以肯定资本主义生产方式就是因为它是最有利于生产、最有利于创造财富的生产方式。在李嘉图那里,生产和财富就是一切,为了生产力的发展他可以不惜牺牲无产阶级的利益,也不惜牺牲地主贵族的利益,甚至同样不惜牺牲资产阶级的利益,只要这个阶级同生产力的发展相矛盾,李嘉图就会毫不顾忌地加以反对。即使劳动生产力的发展使现有的工业资产阶级的固定资本贬值一半,李嘉图也会因为人类劳动生产率提高了一倍而表示欢迎。马克思对此指出:"如果说李嘉图的观点整个说来符合工业资产阶级的利益,这只是因为工业资产阶级的利益符合生产的利益,或者说,符合人类劳动生产率发展的利益,并且以此为限。"[1]在马克思看来,李嘉图这种"毫不顾忌"的态度,"不仅是科学上的诚实,而且从他的立场来说也是科学上的必要"[2]。马克思这里所谓的"科学上的诚实",也就是说李嘉图是从促进整个社会生产力

---

[1] 《马克思恩格斯全集》第34卷,人民出版社2008年版,第128页。
[2] 《马克思恩格斯全集》第34卷,人民出版社2008年版,第127页。

的发展和社会财富的增长出发而对各个阶级都采取实事求是的科学态度;而所谓的"科学上的必要",也就是指李嘉图作为同社会发展方向相一致的新兴资产阶级的代表,在面对社会生产力的发展和社会财富的增长时他必须或有必要采取实事求是的科学态度。而这种"科学上的诚实"以及"科学上的必要"正是李嘉图能够成为古典经济学领域最深刻最彻底的唯物主义者的重要原因。那么,研究李嘉图经济学与马克思哲学思想发展之间的学术关系,在我看来就具有极为重要的理论意义。

二、学界对马克思与李嘉图之学术关系的不同理解

从整体上看,对马克思与李嘉图之间学术关系的研究主要见诸政治经济学和马克思主义哲学这两大学科视域。

我国在政治经济学视域关于马克思与李嘉图之间学术关系的研究基本上是将其置于整个古典经济学研究的大框架中去讨论的。大致上看,政治经济学领域在讨论上述问题时有以下两种不同研究视角:其一,从纯粹经济学的视角分析马克思与李嘉图之间的学术关系。持这种研究视角的学者通过考察马克思在对经济思想史整体理解基础上对古典经济学的评论和分析,给出的阐释大致呈现出两种态度,要么认为马克思最终在自身经济理论建构过程中实现了政治经济学的革命,完成了对古典政治经济学的超越,要么认为他甚至没有达到古典政治经济学的集大成者李嘉图的理论水平。其二,提出古典经济学的哲学前提问题。持这种观点的学者的研究成果区别于过去在古典经济学研究中的那种纯经济学话语,同时又说明了古典经济学中的抽象与具体以及逻辑与历史的关系等问题。显然,第二种理论解析视角对于我们从经济学语

境中对马克思哲学思想的解读具有重要理论价值。其实,反观国外学者的政治经济学研究,20世纪60年代就有学者在著作中关注马克思的哲学思想发展与其经济学理论研究过程之间的紧密关系,并且意识到李嘉图经济学理论在这一关系发展中的重要作用。如德国经济学家瓦尔特·图赫舍雷尔的《马克思经济理论的形成和发展(1843—1858)》(柏林科学院出版社1968年根据其生前博士论文和遗稿整理出版,人民出版社1981年根据德文版翻译出版)一书对马克思从1843年到1858年的经济理论,尤其是价值理论的形成和发展进行了研究。该书的特殊意义还在于详尽地分析了被人们大多从哲学方面加以研究的马克思早期著作,从中探索了马克思是如何寻找通往政治经济学的道路,这条道路又是如何引向了历史唯物主义和共产主义的。作者在书中对马克思与李嘉图的学术关系也做了相关阐述,分析了马克思怎样在最初否定了李嘉图的劳动价值论以后,经过异化劳动理论的过渡又承认了这一理论,以及后来怎样批判地克服了李嘉图的错误之后并在《大纲》中得以完成自己的价值理论。该书在反对那些抬高马克思早期著作中的"异化劳动"理论而贬低成熟著作中的劳动价值论的观点方面具有十分重要的理论价值。苏联学者阿·伊·马雷什的《马克思主义政治经济学的形成》(四川人民出版社1983年版)一书是针对当时资产阶级学者诋毁马克思的经济理论是对古典经济学派的抄袭这种观点而论述的关于马克思主义经济学说形成史的专著,值得一提的是,书中对《神圣家族》《德意志意识形态》这样的哲学著作中的经济学问题也给予了关注,并认识到马克思的哲学思想的发展与其经济学理论的研究过程密切相关,此书在某些章节里还针对马克思对李嘉图经济学的理解做了部分分析。国内外学界在政治经济学视域中的不少研究视角及成果,对我们从马克思主义哲学视域研究马克思哲学思想与李嘉图经济学理论之间的关系问题提供了很多有价值的参考。

从目前国内外学界的研究来看,马克思主义哲学视域几乎尚未出现针对马克思对李嘉图经济学理论从拒斥到接受,再到批判,直至扬弃的认识转变及在此过程中对其哲学思想发展的影响进行系统梳理的专门著作,学者们多是在研究相关理论问题时对二者之间的学术思想关联进行直接或间接的探讨。在马克思主义哲学视域,关于这个方面的研究大致也有两种解读思路:一种解读思路是将马克思对古典政治经济学的分析与批判看成是把对经济的实证研究引入对资本主义的政治批判和伦理批判之中,抑或是实现了一种哲学意义上的存在论超越,等等。这种解读思路虽然也发现了马克思在批判古典政治经济学过程中的思想转折,甚至看到了李嘉图作为一个"必要的中介"在这一过程中所发挥的作用,但它并不是在历史发生学的意义上去研究这一重要作用,而是用所谓的哲学意义上的"超越"去黏合马克思在政治经济学上的逻辑进展。与此不同的另一种解读思路就是我的老师们关于马克思哲学发展研究的解读思路,即南京大学哲学系孙伯鍨教授在20世纪80年代中期所著的《探索者道路的探索——青年马克思恩格斯哲学思想研究》,该书把经济学解读线索引入马克思哲学思想的研究中,开创了一条以"两条逻辑、两种转变"为主要内容的复调式解读思路,为学界在经济学的视域进行马克思哲学思想的解读奠定了极为重要的理论基础。另外,孙伯鍨教授和姚顺良教授在《马克思主义哲学史》(第二卷)(黄楠森主编,北京出版社1991年版)深入剖析了《资本论》中的历史唯物主义问题和科学方法论,对探讨马克思《资本论》中的哲学问题的研究具有重要价值。最有代表性的是张一兵教授在《回到马克思——经济学语境中的哲学话语》中和唐正东教授在《从斯密到马克思——经济哲学方法的历史性诠释》中所进行的研究。张一兵教授用"社会唯物主义"概念准确地界定了李嘉图经济学的哲学属性，凸显了李嘉图经济学在社会关系研究中所取得的学术成就，并很好地搭建起了深刻解读李嘉图与马克思之间学术关系的理论平台；唐正东教授通过区分斯密与李嘉图在具体经济学观点上的不同，着重分析了与斯密经济学相对应的历史经验主义哲学思路的局限性，并在此基础上强调了李嘉图经济学对马克思新唯物主义哲学形成的重要作用。这一解读思路也是本书在写作过程中的重要话语言说背景。

我们在国外学者的研究中也看到了一些比较有价值的理论成果。如苏联学者尼·拉宾的《马克思的青年时代》（生活·读书·新知三联书店1982年版），巴加图利亚的《马克思的经济学遗产》（贵州人民出版社1981年版）和《马克思的第一个伟大发现：唯物史观的形成和发展》（中国人民大学出版社1981年版）以及马·克莱恩、埃·朗格、弗·李希特合著的《马克思主义哲学史》（中国人民大学出版社1983年版）。此外，西方马克思主义理论中也有不少值得关注的研究，这些学者大多是把李嘉图的线索放置在马克思的哲学思想与整个政治经济学之间学术关系的讨论之中，但同样对本书的研究具有重要的参考价值。如匈牙利学者卢卡奇的《历史与阶级意识——关于马克思主义辩证法的研究》（柏林马里克出版社1923年出版，中译本杜章智等译，商务印书馆1992年版）一书对资本主义社会的物化现实进行了深入的批判，以一种总体性辩证方法对马克思思想进行了新的解释。卢卡奇的物化理论是以马克思关于商品拜物教的分析为前提的，通过对马克思的经济学论著进行解读，提炼出隐匿在经济学分析背后的历史唯物主义哲学批判的逻辑。但是由于卢卡奇的理论逻辑中已经融合了韦伯关于科层制的分析，还受到席美尔思想的影响，因此，他并不能完全理解马克思的理论。在其后来的思想中，卢卡奇通过研究青年黑格尔思想发展的过程，进一步看清了经济学与哲学的内在关联；而在晚年，卢卡奇重新讨论马克思的社会存在本体论，力图从对《资本论》的理解中重新建构马克思的哲学框架，以求达到对马克思哲学的重新理解。这对今天讨论马克思的哲学理念仍然具有借鉴意义。德国学者柯尔施力图从哲学、经济学的结合处来理解马克思的基本思想，并且更为注重从经济学本身生长出来的哲学批判理念，强调马克思的哲学批判是一种科学的批判，明确区分了早年马克思与后期马克思的批判理念，并将自己的思考置于哲学与经济学的联结处，这是柯尔施思想中较为重要的方面。柯尔施在著作《马克思主义和哲学》（莱比锡1923年出版，中译本王南湜译，重庆出版社1989年版）以及《卡尔·马克思》（熊子云等译，重庆出版社1993年版）中都对此思想发表了有价值的阐述。德国学者施密特在《马克思的自然概念》（法兰克福欧洲出版社1962年出版，中译本欧力同等译，商务印书馆1988年版）中提出，理解马克思哲学最重要的核心问题是新唯物主义的哲学基础问题，而这一点只有通过对马克思经济学研究的历史分析才能真实地把握。施密特在序言中说，自己在这本书中更多地参照了马克思中期与成熟时期的经济学著作，特别是参照了《资本论》的草稿。[1] 施密特认为马克思的唯物主义哲学的直接理论基础是政治经济学，他看到了马克思思想中经济学与哲学的关联，其作品是西方马克思主义文本中唯一一本以马克思《1857—1858年经济学手稿》为理论

---

[1] ［联邦德国］A.施密特：《马克思的自然概念》，欧力同、吴仲昉译，商务印书馆1988年版，第4页。

基点的哲学论著,但是他对手稿的理解还存在着一些问题,而且在对马克思的经济学进行论说的时候也并未注意到其理论的特定的历史性特征。此外,意大利学者葛兰西在《狱中札记》(意大利都灵1947年出版,中译本葆煦译,人民出版社1983年版)中多次将历史唯物主义的产生与李嘉图的经济学联系起来,但他没有完成系统的科学说明。法国学者阿尔都塞和巴里巴尔合著的《读〈资本论〉》(李其庆等译,中央编译出版社2001年版),如果除去其结构主义方法的强制,实际上算是当时马克思文本研究中最精细、最具解释学意味的高点了。另外,比较有价值的研究成果还有日本马克思主义学者广松涉《唯物史观的原像》(南京大学出版社2009年版)一书,他通过研究《巴黎笔记》和《1844年经济学哲学手稿》之间的内在联系,探讨了经济学研究在青年马克思哲学思想发展和变化中的基础性地位问题。其中,对本论题颇具启发性的分析是,广松先生特别指出,青年马克思最早的经济学话语参照不是李嘉图而是斯密,其原因在于"斯密的体系及黑格尔'法哲学'的性质",因此,较诸作为经济学的被纯化了的李嘉图学说来讲,斯密的学说对当时的马克思而言更加切合。这在马克思的思想理解史上是一条独特的解读线索,但遗憾的是,广松先生对此的分析并未深入《巴黎笔记》的文本内部进行详细的解读,因此,对于斯密和李嘉图经济学的历史语境定位必定不够深入。日本学者望月清司的《马克思历史理论的研究》(韩立新译,北京师范大学2009年版)一书从"市民社会"的角度对马克思历史理论进行研究,这对此论题也有重要思考价值。基于以上国内外学术成果,本书将继续深入系统地展开学术探讨,重点致力于从李嘉图与马克思学术关系的视角入手,对马克思哲学思想发展史上与李嘉图经济学有关系的每一个细节,都进行深入的研究,并由此进而对马克思历史唯物主义理论的深层内涵做出新的阐释。

三、本书需厘清的几个重要研究节点及工作目标

本书将以深入解读马克思的文本为基础，以客观的历史语境和思想史的发展为坐标，在历史唯物主义哲学视域展开研究，力图通过考察马克思对李嘉图经济学从拒斥到接受，再到批判，直至超越和扬弃的理论认知过程，挖掘其认知转变背后的深层理论逻辑运演，及这一过程对马克思哲学历史观的生成与深化的重要影响。为此，我们先要厘清几个重要节点：

第一个节点是关于马克思在巴黎时期对李嘉图经济学思想的哲学拒斥。"巴黎时期"是指青年马克思在1843年10月—1845年1月开始第一次进行政治经济学研究的过程。这是马克思毕生学术生涯中极有价值的研究阶段，也是其思想发展产生决定性转折的时期，开启了他系统的政治经济学研究的序幕，而且直至其生命的终结，政治经济学始终是马克思进行科学研究的主要方向。这段时期的研究成果包括七本以对象性摘录为主的政治经济学笔记，即狭义的《巴黎笔记》，还包括穿插在其间写作的三本心得笔记，即《1844年经济学哲学手稿》。我认为在这一时期的研究当中，马克思对李嘉图学说的摘录和许多评注是具有重大意义的，是他巴黎时期经济学研究中最重要的内容。从青年马克思在巴黎时期的总体研究思路来看，他是站在无产阶级的政治立场上，以人本主义的哲学逻辑根本否定资产阶级政治经济学的，对于李嘉图的学说也是从抽象的人性角度来进行价值评判的。马克思在巴黎笔记中对李嘉图《政治经济学及赋税原理》进行初次摘录与评注时，对其劳动价值论进行了简单化解读并予以拒斥。在接下来对穆勒

著作的摘录和评注中,马克思对李嘉图的评价方向以及对劳动价值论的接受方向都在一定程度上发生了转换,但显然还无法真正把握李嘉图劳动价值论的科学价值,没有使他脱离从交换价值以及通过消费而表现出的人与人之间的交换关系来理解资产阶级社会私有制现实的思路。在《1844年经济学哲学手稿》的第二手稿和第三手稿中,马克思受李嘉图经济学思路的影响,开始关注现实的内在矛盾,从而在他的理论逻辑中逐渐生发出一条不同于抽象的人本主义思辨逻辑而立足于客观经济现实的科学逻辑,为历史唯物主义的产生建立了现实的逻辑基础,这正是他在对李嘉图的经济学研究中所获得的真实的思想进步。但是马克思在《1844年经济学哲学手稿》时期的主导性理论逻辑仍然是哲学人本主义,他从人性的价值评判角度出发,说明了李嘉图在人的异化道路上比斯密走得更远。这种抽象人本主义的方法论视角严重限制了马克思对李嘉图经济学哲学价值的有效吸收,致使其理论水平滞后于同时期的英国社会主义经济学家(如霍吉斯金、布雷等)。

第二个节点是马克思对劳动价值论解读视角的逐步转换时期。这一阶段的思想获得为马克思科学解读李嘉图经济学做了理论准备。在《1844年经济学哲学手稿》之后,马克思的理论思路中开始表现为人性论和劳动价值论的僵硬对接。首先以《神圣家族》为例,马克思在这一文本中的主导理论逻辑仍然是抽象的人本主义,但是对劳动价值论的理解已经不再是巴黎时期的简单拒斥,而逐渐使用劳动价值论的话语。这条关于劳动价值论线索的引进对马克思从人本主义逻辑转向唯物主义逻辑产生了重要影响,不过马克思此时的"劳动价值论"并非李嘉图意义上的劳动价值论,而是在现实矛盾关系的线索之外,立足于抽象的对象化劳动的层面的人本主义阐述。在《评弗里德里希·李斯特的著作〈政治经济学的国民体系〉》中马克思的理论逻辑仍然呈现出僵硬的话语对接,这一点在他对交换价值的理解上可以明显看出。此时马克思对"交换价值"的理解不同于古典经济学中的客观的交换价值,还是立足于应有的能够满足人的需要的角度,而且在分析"交换价值"时还只是关注于物与物之间的交换关系,没有进入劳动与资本之间的交换关系的理论视域,因此,这时的马克思还不可能深刻把握资本主义生产关系的本质。不过,尽管这一阶段的马克思对劳动价值论的理解仍然是从抽象的人性出发,但是随着对资产阶级社会经济现实的逐步分析,他已经认识到客观发展的工业本身存在的否定资产阶级社会的革命力量。对劳动价值论理解的滞后并未阻止马克思在客观现实的理论逻辑上进一步发展。经过《关于费尔巴哈的提纲》中哲学话语的根本转换,马克思和恩格斯在《德意志意识形态》中已经站在了历史唯物主义的立场,从而为科学地解读李嘉图经济学提供了重要的哲学前提。但在经济学上马克思此时仍然徘徊在斯密的理论视域。无法正确地区分开斯密和李嘉图的经济学视域,也就无法从李嘉图大工业生产的资本主义生产方式中抽象出社会历史发展的本质和规律。因此,马克思在这一时期还没有建构起真正科学的政治经济学批判理论,并且历史唯物主义本身的历史确证也难以深入下去。

第三个节点是马克思在经济学上对李嘉图学说的正面接受及在社会历史观上的初步扬弃阶段。1847年针对蒲鲁东的小资产阶级思想马克思撰写并发表了《哲学的贫困》,这是他公开发表的第一部经济学著作,也是他把历史唯物主义运用于经济学研究的结果。在这本著作中,马克思在经济学上对李嘉图给予了充分的肯定,并完全从李嘉图劳动价值论的观点出发对蒲鲁东的经济学观点进行了彻底的批判。正是由于马克思此时对李嘉图经济学理解上的推进，使得他在对社会关系概念的认识上也更加深入，从而放弃了一般性的人与人之间关系的理论层面，开始专注于对现实社会生产关系的研究。但是，对李嘉图经济学无批判地接受和运用，也使得马克思无法认清李嘉图学说的局限性，导致他在具体经济观点上还不能区分劳动商品和劳动力商品的概念，因而也不可能得出剩余价值理论。这就意味着马克思在《哲学的贫困》中还无法超越李嘉图的劳动价值论，也无法对资产阶级生产方式做出科学的把握。同时，李嘉图在社会关系问题上的思路局限也在很大程度上影响着马克思，因为从李嘉图所立足的工人与资本家之间的分配关系的基础上，马克思是不可能真正理解资产阶级社会的内在矛盾的，他只有深入对生产关系领域中的不平等现象的分析，才能找到资产阶级社会必然灭亡的内在矛盾根源。不过说到底，《哲学的贫困》还是分别在哲学和经济学的两条线索上展开的探究。而真正将历史唯物主义有机地深化到经济学研究中的就是1849年以社论形式公开发表的一组演讲稿——《雇佣劳动与资本》。在这一文本中，马克思第一次正面系统地阐述了自己的经济学思想，并且也是第一次真正地在经济学上对资产阶级社会进行了批判。这里马克思通过在李嘉图劳动价值论的基础上对雇佣劳动与资本之间的对抗性关系的具体的、历史的分析，获得了经济学和哲学双重维度上的推进。但也正由于马克思在经济学理论研究方面很大程度上仍然是参照李嘉图的学说，因此也受到这一理论范式的制约。在没有准确地得出剩余价值理论之前，马克思还不可能从根本上说清楚资产阶级社会中剥削关系发生的内在过程。

第四个节点是马克思对李嘉图经济学的经济学批判和超越阶段。这一时期主要是指马克思在《伦敦笔记》和《1857—1858年经济学手稿》中对李嘉图经济学的经济学批判与超越。1850年马克思开始第三次经济学研究时在《伦敦笔记》中再次对李嘉图的《政治经济学及赋税原理》进行了详细的摘录与评注,并在货币数量论、级差地租理论和价值理论三个维度上获得了重要理论认识,开始第一次发表意见,在经济学上正面批判李嘉图的经济学。《伦敦笔记》时期的经济学理论研究和探索,以及之后在1857年爆发的以金融货币危机为特征的经济危机,促使马克思对资本主义条件下的货币制度及其与资本主义生产过程之间的关系进行了更加深入的剖析。《1857—1858年经济学手稿》就是这一深入剖析的重要理论成果。在此手稿之前,马克思还写有一个《导言》,第一次探讨了研究政治经济学的方法问题,提出了从抽象上升到具体的解读资本主义生产过程的方法论,从而为他批判李嘉图的经济学理论提供了科学的方法论基础。在手稿正文的"货币章"中,马克思通过批判蒲鲁东主义者的货币观点逐渐引入了商品价值的分析,奠定了自己的价值理论的基础,发现了资产阶级社会中的劳动二重性,建立起了科学的完备的劳动价值理论,在根本上克服了李嘉图劳动价值论的弱点,并以此为基础科学地论证了商品的二重性,以及商品转化为货币的必然性,实现了对李嘉图的货币数量论的超越。基于商品和劳动的二重性理论,马克思在"资本章"中解决了他研究的中心问题——资本主义剥削的本质和机制。"劳动力商品"这一特殊范畴的发现,使得马克思区分了资本家与雇佣工人之间的市场交换和在生产过程中资本占有活劳动所实现的价值保存和增殖过程,从而为理解资本主义生产的内在过程,也就是剩余价值理论的最终形成奠定了重要的理论基础,使马克思从剩余价值的角度实现了对李嘉图劳动价值论的理论超越。经济学上的发现同时也标志着马克思历史唯物主义建构最终的理论逻辑完成。从对货币的分析到对资本的批判的转变,马克思在《1857—1858

年经济学手稿》中基于资本主义生产过程的分析,逐渐超越了资产阶级经济学讨论的一般层面,深入资产阶级生产方式的内在本质之中,这使他在经济学维度上超越李嘉图学说的同时也促进了社会历史观的深化与发展,对社会历史发展过程的分析更加具有具体性和历史性,并且对资本主义社会内在矛盾的理解也更加准确。

第五个节点是马克思在《资本论》中对李嘉图经济学的全面审视阶段。《资本论》中马克思在经济学维度从劳动价值论、地租理论以及剩余价值理论这三个在李嘉图经济学理论体系中具有重要核心地位的方面,对其学说进行了全面的剖析。从中我们可以看到,当马克思能够客观、科学地对李嘉图学说进行真正意义上的扬弃的时候,也就表明他自己的经济学理论体系已经形成了。而对于马克思而言,经济学与社会历史理论之间有着千丝万缕的紧密联系,他在经济学理论上的成熟之时,也就是他在哲学方法论上的成熟之时。作为古典经济学最优秀代表的李嘉图囿于阶级局限性,因而把资本主义生产看作社会生产的永恒的自然形式,把这种生产的由历史形成的社会关系方面的特征当作物的属性,完全忽视了商品、价值、货币、资本等经济范畴中所内含的具有历史特殊性的社会关系。但在马克思看来,确定资本主义生产形态的历史特征及其独特的历史地位,才是正确认识资产阶级社会的前提。因此,马克思始终把对资本主义社会关系本质的探索作为自己研究的出发点,而只有立足于历史性生产关系视域,研究其存在的特殊性质,并对其与生产力构成的内在矛盾的不断运动过程进行分析,才能揭示资本主义生产的本质及理解它的真正的起源和历史。同时,只有立足于这种资本主义客观历史性生产关系的内在矛盾,从现实的主体,即雇佣工人和资本家入手对现实资本主义社会中的物化关系进行批判,才可能摆脱一种从伦理视角出发的主体价值悬设的思路,从而凸显出一条现实社会主体的哲学批判理性思路。此时的马克思由于已经把理论视域提升到了唯物主义历史发生学的社会关系层面,从而深入了资本主义内在矛盾的线索之中去考察资本主义生产过程中的各种社会经济现象,也因此才能从一种客观的科学的角度全面审视李嘉图的经济学理论。

与以往的研究不同,本书在研究过程中特别注意了两个方面:一方面要注意的是在思想史的框架之中深入文本,挖掘马克思在经济学研究中的思想变化,尤其是在细节上把握马克思在看待李嘉图经济学上的认识转变,并把这种态度转向融合在他的整个思想发展进程之中。其重点在于探索文本与文本之间的内在思想关联,既要跳出来又要走进去,不拘泥于泛泛的一般性研究或者孤立地看待二者之间的学术关系。另一方面要注意的是本书的工作目标在于深入探讨马克思对李嘉图经济学认识过程的哲学意义,而不是纯粹的经济学研究,因此,对于马克思和李嘉图之间的学术关系的研究不在于对二者的经济学范畴和理论观点进行纯粹经济学上的认知比较,重点在于探索马克思经济学研究特别是对李嘉图经济学研究的理论获得与他的哲学思想发展之间的融合与互动,在于挖掘这种学术关系之中内含的深刻的哲学意义。当然,本书在研究中也遭遇了一些难点。难点之一是马克思庞大的文本体系,本书涉及从马克思巴黎时期的经济学研究文本一直到成熟时期的经济学著作《资本论》及其手稿,几乎涵盖了马克思学术思想的绝大部分阶段,特别是后期大量的经济学著作给研究带来不小的挑战,而且基于研究对象本身思想的复杂性,在进行理论挖掘和研究阐释时不仅要在整体上把握思想脉络,还要在细节上注意区分。另外,研究所涉的大量经济学思想也给研究带来了不小的难度,因为马克思是在对复杂而庞大的经济学思想进行吸收和批判中逐渐建构起自己的政治经济学体系的,在此过程中也逐步达到了对李嘉图经济学的科学理解与批判扬弃,因此,尽管本书的研究重点是李嘉图与马克思的学术关系,但是不能仅局限于李嘉图的经济学思想,而要对马克思经济学研究中的重要经济学派和主要思想都有比较准确的理解。

可以说,马克思对李嘉图经济学理论的认知程度以及对这种理论所提出的评判是衡量他对政治经济学理解的成熟程度的分度尺,而在政治经济学研究中获得的理论认知又是反观其哲学历史观成熟与否的标尺,因此对李嘉图经济学理论与马克思哲学思想之间学术关系的深入而系统地研究就具有极为重要的理论意义。我们知道,李嘉图作为英国古典政治经济学的完成者不仅将劳动价值论推向了经济理论的顶峰,他在经济研究中所凸显出来的科学抽象的经济哲学方法也代表了古典政治经济学对资本主义社会的最深刻最彻底的唯物主义理解水平。而马克思正是在对李嘉图经济学理论的扬弃过程中才建立起了科学的政治经济学理论体系,也是在对李嘉图的唯物主义的超越之后才达到自己的唯物主义观点的。那么,如果我们遮蔽了这样一条重要的理论线索,或者即便认识到却并未深入文本细节而只是停留在表面关系的认识层面,就很难深入地解读马克思哲学思想的本真含义。因此,系统考察马克思对李嘉图经济学从拒斥,到接受,再到批判,直至扬弃的认知过程以及在这一过程中对自身哲学历史观的影响,有助于我们对马克思哲学以及整个马克思主义哲学内在本质的更为准确、更为深入的理解。

第一章 巴黎时期马克思对李嘉图经济学思想的哲学拒斥

"巴黎时期"是指青年马克思在 1843 年 10 月—1845 年 1 月开始第一次进行政治经济学研究的过程。这是马克思整个学术生涯中极有价值的研究阶段,也是其思想发展产生决定性转折的时期,开启了他系统的政治经济学研究的序幕,而且直至其生命的终结,政治经济学始终是马克思进行科学研究的主要方向。这段时期的研究成果包括七本以对象性摘录为主的政治经济学笔记,即狭义的《巴黎笔记》,还包括穿插在其间写作的三本心得笔记,即《1844 年经济学哲学手稿》(以下简称《1844 年手稿》)。我认为在这一时期的研究当中,马克思对李嘉图学说的摘录和许多评注是具有重大意义的,是他巴黎时期经济学研究中最重要的内容。从青年马克思在巴黎时期的总体研究思路来看,他是站在无产阶级的政治立场上,以人本主义的哲学逻辑根本否定资产阶级政治经济学的,对于李嘉图的学说也是从抽象的人性角度来进行价值评判的。马克思在《巴黎笔记》中对李嘉图《政治经济学及赋税原理》进行初次摘录与评注时对其劳动价值论进行了简单化解读与拒斥。在接下来对穆勒著作的摘录和评注中,马克思对李嘉图的评价方向以及对劳动价值论的接受方向都在一定程度上发生了转换，但显然还无法真正把握李嘉图劳动价值论的科学价值，也没有脱离从交换价值以及通过消费而表现出的人与人之间的交换关系来理解资产阶级社会私有制现实的思路。在《1844年手稿》的第二手稿和第三手稿中马克思受李嘉图经济学思路的影响，开始关注现实的内在矛盾，从而在他的理论逻辑中逐渐生发出一条不同于抽象的人本主义思辨逻辑而是立足于客观经济现实的科学逻辑，为历史唯物主义的产生建立了现实的逻辑基础，这正是他在对李嘉图的经济学研究中所获得的真实的思想进步。但是，马克思在《1844年手稿》时期的主导性理论逻辑仍然是哲学人本主义，他从人性的价值评判角度出发，说明了李嘉图在人的异化道路上比斯密走得更远。这种抽象人本主义的方法论视角严重限制了马克思对李嘉图经济学哲学价值的有效吸收，致使其理论水平滞后于同时期的英国社会主义经济学家（如霍吉斯金、布雷等）。

第一节
马克思对李嘉图经济学的初次接触与简单拒斥

在《巴黎笔记》早期的对象性阅读过程中，初涉政治经济学的青年马克思对具体的经济学问题知之甚少，绝大部分的笔记内容都是从原著逐字逐句或者按大意进行摘录的，可以说他此时基本处于一种"失语"状态，几乎没有做出什么评论，即他在这一新的学科领域还没有能力表达自己的意见。当然，这些摘录笔记在某种程度上还是表明了马克思特有的知识兴趣。但是，对于初涉政治经济学的马克思来说，即使在进行了一些研究和分析之后，也没能真正理解古典经济学的科学价值，即劳动价值论的重要意义，甚至还不能区分古典经济学和庸俗经济学的理论差异。因为，此时的马克思是完全从无产阶级政治立场出发，用人性的主体尺度来否定和批判资产阶级政治经济学理论的，他的直接理论目的就是要批判资产阶级政治经济学家所提出的观点，有意拒斥他们指认为合理事实的东西，而并不聚焦于经济学的理论内容本身。因此我们看到，马克思在这里初次接触李嘉图经济学理论时采取的是简单化解读与拒斥的态度。

一、初涉李嘉图经济学时的批判逻辑

马克思对政治经济学的研究从一开始就在阶级立场和研究目的上不同于李嘉图等资产阶级政治经济学家。马克思是站在与资产阶级直接对立的无产阶级的立场上着手研究资产阶级社会经济关系的，这是在《德法年鉴》时期就已经坚持的阶级立场，因为只有从无产阶级的立场出发才能实现一种真正的无偏见的科学研究，才能客观地揭示出资产阶级社会的经济基础规律。而在他看来，李嘉图等资产阶级政治经济学家由于难以超越阶级制约下的认识局限性，因此不可能坚定地彻底揭示资产阶级社会的运动规律。马克思依据对黑格尔法哲学的批判和克罗茨纳赫广博的历史—政治学研究，已经明确地认识到了不是国家决定市民社会，而是市民社会决定着国家，并且私有财产在现代资产阶级社会中同时也在过去的社会制度里起决定作用。因此，从这时马克思初涉政治经济学的主要目的来看，为了认识社会发展据以作为基础的规律，为了探讨私有制产生与存在的条件并从而探讨消灭私有制的条件，就必须对资产阶级社会的经济基础规律进行研究，批判地考察作为资产阶级社会生产方式和占有方式的理论反映的资产阶级政治经济学。我们看到,在《巴黎笔记》中马克思从无产阶级的立场和共产主义的角度研究资产阶级政治经济学和写作相应的摘录笔记时,他的主要任务就是对资产阶级政治经济学进行批判地评价与克服,用人性的尺度来坚决地反对私有制。但也正因如此,在他最初进行经济学研究的过程中,就不仅对庸俗经济学,而且对包括李嘉图在内的古典政治经济学也采取了完全否定的态度。不得不说,以这样的思考背景进入政治经济学领域的马克思不免对经济学理论有着感性意味的拒斥。站在无产阶级的政治立场上,从人性的主体尺度出发根本否定资产阶级政治经济学,这就是马克思初涉李嘉图学说时的批判逻辑。

其实,我们从马克思在《巴黎笔记》中所做的第一段重要评注中就可以看出这一批判逻辑,那是对萨伊《论政治经济学》一书所做的摘录之后写下的一段评注性文字:"(1) 私有制是国民经济学不予论证的一个事实,但这个事实却形成国民经济学的基础。没有私有制便没有财富;国民经济学按其实质来说是致富的科学。因此,没有私有制便没有政治经济学。这样,整个国民经济学便是建立在一个没有必然性的事实的基础上的。(2) 财富。这里已经是以还没有展开的价值概念为前提了,因为给财富下的定义是:'价值的总和',人们占有的'有价值的物的总和'。"[1] 显然,马克思这一段评注的话语思考点并不在于经济学学理。对于初涉政治经济学领域的青年马克思来说,具体的经济学问题很难马上深入,但是对于资产阶级政治经济学理论的一般思考,马克思的理论目的还是非常直接明了的,他否定资产阶级政治经济学把私有制看作应有的东西,否定它在任何时候任何地方都不怀疑私有制的必然

---

[1] 《马恩列斯研究资料汇编(1980年)》,书目文献出版社1982年版,第30页。

性,他认为这就是政治经济学所具有的明显的阶级性,它就是一门帮助私有者发财致富的科学。在已经站在无产阶级立场上的马克思看来,现实中的私有制却并不是必然的,它是可以而且应该被消灭的。

在《巴黎笔记》中,马克思对李嘉图的了解首先是从英国经济学家麦克库洛赫的《论政治经济学的起源、发展、特殊对象和重要性》一书开始的,该书是以李嘉图学派的名义来谈论经济问题的。这本书的法译本还附有译者普雷沃的《评李嘉图的体系》一文,主要是以穆勒对这一体系的通俗化阐述为基础对李嘉图的体系进行的总评论。马克思在摘录麦克库洛赫和普雷沃的著作时,首先把他们当作李嘉图学派的最新代表,同时对李嘉图学说中那些被普雷沃称赞为科学成就的观点秉持否定的态度。这就是马克思初涉政治经济学时的批判逻辑,即坚决否定那些资产阶级政治经济学家所肯定的东西。他摘录了一段普雷沃称赞李嘉图学派的文字,"这种深邃的经济学家:他们把科学归结为十分简单的东西,以平均的东西作为基础,撇开可能妨碍它们一般化的一切偶然的情况(例如伟大的李嘉图对一国居住的人口数量就是这样做的)"[1]。马克思紧接着批判道:"但是,这种平均的东西证明了什么呢?它证明:人愈来愈被抽象掉,现实生活也愈来愈被抛在一边,而考察物质的、非人的财产的抽象运动。"[2] 从马克思此时的逻辑思路来看,人是处于中心地位的,因此对他来说,这些"平均数是对各个现实的个人的真正侮辱、诽谤"[3]。此时的马克思把普雷沃所称赞的李嘉图及其学派的这种研究方法视为一种歪曲现实生活且只用平

---

1 《马恩列斯研究资料汇编(1980年)》,书目文献出版社1982年版,第43页。
2 《马恩列斯研究资料汇编(1980年)》,书目文献出版社1982年版,第43页。
3 《马恩列斯研究资料汇编(1980年)》,书目文献出版社1982年版,第43页。

均数代替现实的方法。他无法容忍资产阶级经济学家抛开现实关系中工人所遭受的不平等、不人道的境况而只是通过计算把现实抽象为平均数的经济学论证。在这里,马克思是在用人性的主体尺度和政治批判同资产阶级政治经济学相对抗,他还没有意识到这种"平均数的方法"恰恰是"能够在政治经济学研究中导致真正的进步和科学成就的抽象方法",[1] 而正是对这一方法的不理解也使得马克思此时对资产阶级社会的客观经济现实的本质认识得并不深刻。

在第六个观点后的评注中也能看到马克思此时从人性出发的批判逻辑:"在我们看来,李嘉图学派极力主张的以积累劳动代替资本(这种说法在斯密那里已经有了)只有这种意义:国民经济学愈是承认劳动是财富的唯一原理,工人就愈是被贬低、就愈是贫困,劳动本身就愈是成为商品。——这是国民经济学这门科学中的必然公理,正象是现在社会生活中的实践真理一样。"[2]

接下来,马克思仍旧从抽象的人性角度批判李嘉图学派,认为他们只是在研究"一般规律",根本不关心这种规律如何实现,"千百人是否因此而破产"[3]。马克思发现,国民经济学的无耻之处正在于他们撇开资本家和工人而抽象的谈论资本和劳动的"均衡",按照他们的原理,"只有在一个人的利益同其他人的利益,社会的利益和个人的利益是同一利益的时候,一般说来只有在个人利益或生产是社会的利益或生产的时候,才有实际意义,才是感性的、现实的真理"[4]。这种原理在"私有财产的前提下,在敌对分开的

---

[1] 孙伯鍨、姚顺良:《马克思主义哲学史》(黄楠森等主编,八卷本)第2卷,北京出版社1991年版,第265页。
[2] 《马恩列斯研究资料汇编(1980年)》,书目文献出版社1982年版,第44页。
[3] 《马恩列斯研究资料汇编(1980年)》,书目文献出版社1982年版,第45页。
[4] 《马恩列斯研究资料汇编(1980年)》,书目文献出版社1982年版,第45页。

利益的前提下"似乎让人们觉得"利益没有分开,财产是公共的。因此,它可以证明:当我把一切消费掉而你把一切生产出来的时候,社会方面的消费和生产是保持正当秩序的"[1]。马克思认为,国民经济学这种以"假定的方式"抽象出的原理仅仅是想证明:"在现代制度中,理性的规律只有通过把现存关系的特殊性质抽象掉才能保持,或者说,规律仅仅以抽象的形式进行统治"[2],归根到底只是具有把人抽象掉的意义,这是一种无耻的诡辩,是"何等无耻的矛盾"[3]。在这里,马克思对资产阶级政治经济学的批判是毫不留情的,但是这种站在无产阶级的立场上,用人性的主体尺度来全面否定资产阶级政治经济学的批判逻辑,仅仅否定了其"无耻的"、非人性的特征,而更加深层次的问题是要揭示出导致这种非人性特征的根本原因。而且,马克思此时也无法理解"抽象"的科学性,只有在他后来逐渐深入研究了资产阶级社会的经济关系以及古典政治经济学家的理论著作之后,才开始理解这种抽象方法的科学意义。

二、对李嘉图劳动价值论的简单化解读与哲学拒斥

马克思真正系统地接触李嘉图本人的学说是在后期对《政治经济学及赋税原理》进行摘录的过程中,他使用的版本是:"大卫·李嘉图:《政治经济学及赋税原理》,弗·索·康斯坦西奥译自英文,第二版,校阅、注解、修订、增补版,第1—2卷,巴黎1835年。"[4]这本著作的法译文附有法国资产阶级经济学家让·巴蒂斯

---

[1] 《马恩列斯研究资料汇编(1980年)》,书目文献出版社1982年版,第45页。
[2] 《马恩列斯研究资料汇编(1980年)》,书目文献出版社1982年版,第45页。
[3] 《马恩列斯研究资料汇编(1980年)》,书目文献出版社1982年版,第45页。
[4] 《马克思主义研究参考资料》,1985年第1期,第46页。

特·萨伊的注释,他是斯密的追随者。这样,马克思通过这个版本不仅可以研究李嘉图的立场,而且也将斯密与萨伊的学说进行了对比,并在很多关键问题上通过对一系列有争议的论点的评论,表明他自己的态度。马克思对李嘉图著作的摘录相当广泛,包括价值、收入的三种来源与方式、纯收入同总收入之间的区别、利润理论和地租理论等李嘉图经济学说里的许多中心问题,并且与他之前笔记的不同之处在于附有了自己的详细评注,这些评注已不限于对他所阅读和摘录的原书文句的注解,而是马克思独立的、内容丰富的论述,可以说是马克思在《巴黎笔记》中第一次较大的重要思想活动。但是,马克思此时头脑里的理论思路是费尔巴哈式的人本主义逻辑,加上他对政治经济学理论的理解不深,还无法认识到李嘉图劳动价值论的科学性,因此往往站在无产阶级的政治立场上,从人性的主体尺度出发对李嘉图的劳动价值论做出简单化解读和哲学拒斥。

我们来仔细分析一下笔记内容,看看马克思是如何对李嘉图的劳动价值论进行解读的。马克思在摘录《政治经济学及赋税原理》时也是根据李嘉图原有的各章标题进行的,在第一章"价值"的开始,马克思先摘录了李嘉图的一段话:"如果决定商品交换价值的是凝固在商品中的劳动量,那么这种劳动量的任何增加都必然使耗费了这种劳动的商品价值增加;而这种劳动量的任何减少也同样使商品价值减少。"[1]对于这段文字马克思并没有直接做出评论,而是接着补充了一段萨伊的注释,然后才写下他的第一个评注,就是关于李嘉图和萨伊在价值规定上的区别,他对比了两人关于价值的观点:"同李嘉图的意见相反,萨伊主张效用。在萨伊看

---

[1] 《马恩列斯研究资料汇编(1980年)》,书目文献出版社1982年版,第32页。

来，效用是由需求，即由消费者的竞争表现出来的。生产费用是由供给的范围、数量表现出来的。在价值规定中，李嘉图仅仅抓住生产费用，萨伊仅仅抓住效用（有用性）。在萨伊那里，竞争代表生产费用。"[1]在这里马克思暂时并没有区分出这两种观点哪一种是科学的，哪一种是庸俗的。但是相对于斯密和萨伊，他认为李嘉图的学说似乎更"卓越"和"出色"，原因是李嘉图看到了"工人没有因劳动生产力提高而赢得任何东西"，[2]说明李嘉图客观地强调了工人所处的不公平的境况，这种话语表述尽管并不代表李嘉图是站在工人阶级的立场上进行思考的，却十分符合马克思此时站在无产阶级立场上的批判思路，因此他才会特别强调李嘉图的这句话很"出色"，而并非在肯定的意义上讨论李嘉图的经济学理论。

同样是在对价值问题的摘录中，马克思还注意到了"劳动……是一切价值的源泉——它的相对量……是调节商品相对价值的尺度"，[3]说明他已经看到了价值决定于劳动这一关键问题，但遗憾的是他并未对此进行深入思考，否则的话就有可能会探索出有关剩余价值的来源问题，这主要是因为他此时在经济学理论上的匮乏和逻辑思路上的局限性。实际上，马克思在这里是直接从无产阶级立场的角度思考劳动是价值的来源问题的，在他眼中看到的是工人同私有者之间的对立，他对李嘉图指出的"资本也是劳动"这一观点并未做过多的解释，而是直接肯定了蒲鲁东对私有制的批判，"凡是私有财产存在的地方，物的费用超过它的价值。这正是对私有者的贡赋"[4]。马克思这时只是把这个"对私有者的贡

---

1 《马恩列斯研究资料汇编(1980年)》，书目文献出版社1982年版，第32页。
2 《马恩列斯研究资料汇编(1980年)》，书目文献出版社1982年版，第32页。
3 《马恩列斯研究资料汇编(1980年)》，书目文献出版社1982年版，第32页。
4 《马恩列斯研究资料汇编(1980年)》，书目文献出版社1982年版，第32页。

赋"看作对工人劳动的一种剥削,却并不知道这一"贡赋"的来源其实就是马克思后来所指出的资本家所获得的剩余价值,即工人出卖自己的劳动力得到的价值和他们劳动所创造的价值之间的那部分差额。显然,初涉政治经济学的马克思在这里还不可能达到这一理论认知水平,他既不理解劳动价值论的真正意义,更无法认识到李嘉图在"劳动力"生产问题上的缺陷,因此在对劳动价值理论的认识上总是从阶级利益和人性的角度来进行解读。

马克思否定李嘉图劳动价值论的另一个原因,也可以从以此劳动价值论为基础的地租理论中去寻找。他在第二章的摘录中首先写下了一段李嘉图关于地租理论的原文,这一部分其实是李嘉图有关级差地租问题的讨论。但是,马克思显然还不理解其中的理论意义,他随后写下了这样一段评注:"李嘉图把土地本身的肥力同土地通过一定的设施即通过投于土地上的资本而产生的效果分开。一种愚蠢的区分。斯密正确地指出,用于改良[土地]的资本主要不是由[土地]所有者出的,因此他不能作为资本家向改良的土地要求更高的租金。李嘉图作为地租的对象所谈的'土地原有的和不可摧毁的力量',是一种抽象。"[1]马克思在这里还没弄懂李嘉图关于绝对地租和级差地租区分的意义,只是把这一理论问题看作"一种愚蠢的区分"。可见,他现在还没有认识到地租理论在李嘉图经济学思想中的重要地位。我们知道,李嘉图对地租理论是十分重视的,他把地租理论视为整个政治经济学体系中最重要的环节之一,在其代表作《政治经济学及赋税原理》一书中就有四章是集中讨论地租问题的。李嘉图的地租理论的最突出的优点就在于它是建立在劳动价值论的基础之上的,在这本书第二章"论

---

[1] 《马恩列斯研究资料汇编(1980年)》,书目文献出版社1982年版,第33页。

地租"的一开始,他就说:"但尚待讨论的是,土地的占有以及随之而产生的地租,能不能不涉及生产所必须的劳动量而造成商品相对价值的变动。"[1] 也就是说,李嘉图认为自己的地租理论的首要任务就是要考察土地所有权及由此产生的地租同商品价值决定于劳动时间这一基本原理是否矛盾。在他看来,价值规律具有普遍的适用性,一切经济范畴都必须从属于这个基本规律,地租也只有在价值规律的基础上才能得到说明。在这一理论基础上李嘉图否定了斯密的地租理论,他批判了斯密关于生产商品所耗费的相对劳动量随着土地所有权和地租的产生而完全改变的观点。[2] 而此时在《巴黎笔记》中,马克思正是在斯密地租理论的水平上去批判李嘉图的地租理论的。因此,我们从上述那段关于李嘉图地租理论的评注中就能看出,由于马克思不理解劳动价值论的深刻含义,也导致他无法认识到李嘉图所说的级差地租实际上就是一种相对剩余价值。直到后来马克思在《剩余价值理论》中才明确地将绝对地租和级差地租区分开来:绝对地租是指那些投资于土地所生产的劳动产品的价值超过其生产价格的余额所形成的地租;而级差地租是指那些由于某种自然要素加入生产而使劳动产品的社会生产价格超过其个别生产价格的余额所形成的地租。并且他已经认识到了绝对地租实际上是一种超额利润,李嘉图之所以否认绝对地租是因为他混淆了价值和生产价格:既然李嘉图认为价值等于生产价格,那么就不可能有这个超额利润的存在,也就不可能有绝对地租。马克思后来才真正地认识到李嘉图对地租理论的一个最大贡献就是他把地租理论同他的劳动价值论联系起来了,从而赋

---

1 《李嘉图著作和通信集》第 1 卷,郭大力、王亚南译,商务印书馆 1962 年版,第 55 页。
2 吴易风:《英国古典经济理论》,商务印书馆 1996 年版,第 369 页。

予了地租理论以科学的基础,并肯定了这一理论所赋予政治经济学史的重要意义:"从这个理论出发,在理论上和实践上向前迈进一步的任务留给了李嘉图,这就是:在理论上,作出商品的价值规定等等,并探究土地所有权的性质;在实践上,反对资产阶级生产基础上的土地私有权的必要性,并且更直接地反对国家促进这种土地所有权发展的一切措施,如谷物法。"[1] 显然,在《巴黎笔记》时期马克思还无法达到这种理论认知水平。

在地租这一章摘录的最后,马克思写下了一大段关于生产费用的评注,我们明显地看到,他在这里又从竞争的角度上否定了古典政治经济学的劳动价值论。马克思根据斯密关于"自然价格是由工资、地租和利润组成的"规定指出,地租和利润都不是必要的生产费用的组成部分,"土地和资本对生产的必要性,仅仅在于就维持资本和土地需要劳动等等这一点上来说对费用进行估价,即它们的再生产费用。但是,只有超过费用的部分,增加了的部分,才形成利息、利润和地租"[2]。所以,马克思也就赞同蒲鲁东的观点:在私有财产存在的地方,"一切物品的价格都太贵了"[3]。从上述观点来看,其实马克思在这里所理解的"生产费用"同斯密和李嘉图所理解的是完全不一样的东西,古典经济学家是把利润和地租包括在生产费用当中的,而马克思同蒲鲁东一样,认为利润和地租只是使商品涨价的那种必须支付给私有者的"贡赋",而那些私有者根本连最小的费用也没有支出。在这个意义上,马克思否定了李嘉图的劳动价值论:"工资、地租和利润的自然率完全取决于习惯和垄断,归根结底取决于竞争,而不是由土地、资本和劳动的

---

[1] 《马克思恩格斯全集》第34卷,人民出版社2008年版,第126页。
[2] 《马恩列斯研究资料汇编(1980年)》,书目文献出版社1982年版,第34页。
[3] 《马恩列斯研究资料汇编(1980年)》,书目文献出版社1982年版,第34页。

性质中发展而来的。因此,生产费用本身是由竞争而不是由生产决定的。"[1]他认为竞争在资产阶级社会经济过程中是归根到底的决定性因素,如果撇开被李嘉图视为偶然的竞争,那就根本谈不上由劳动生产费用所决定的价值。尽管马克思的这种理解在一定意义上承认了竞争作为一种影响价值量变动的因素,但他并不知道竞争在资产阶级社会中只不过是实现商品价值的手段而已,并不能起决定作用。马克思之所以会认为价值是由竞争而不是由生产费用决定的,其实是因为他此时在经济学理论方面的欠缺,他还没有把价值同价格区分开来,不知道价格是价值的一种必然表现形式,围绕价值上下波动。在马克思看来,价格应该与价值是同一的,不存在李嘉图所说的"自然价值"(价格),而只有一种交换价值,即商品的市场价格,它只是在供求关系变化这种最广泛意义上的竞争中发生波动,这就证明了,价值并不是由劳动决定的,只有竞争所制约的市场价格才具有现实的意义。由此我们看到,马克思实际上是否定了劳动价值论的,并且因为他把竞争放在了资产阶级社会经济过程中的一个决定性的位置上,所以在考察工资、地租和利润的时候他的出发点总是阶级利益和政治斗争,认为它们取决于私有者和无产者之间的敌对斗争。可见,马克思是直接把政治立场灌输到理论斗争之中对经济问题进行思考的,关注点并不是经济理论内容本身,归根到底这是由他此时的内在批判逻辑所决定的。因此,基于这种缺乏历史必然性的论证,我们也就可以理解马克思在给《政治经济学及赋税原理》做摘要的初期为何对李嘉图采取否定的态度,而对斯密和萨伊的思想却比较赞同了。

通过文本分析,我们看到,马克思在《巴黎笔记》中对李嘉图的

---

[1] 《马恩列斯研究资料汇编(1980年)》,书目文献出版社1982年版,第34页。

劳动价值论基本上是持否定态度的,这从他在解读劳动价值论的过程中对具体经济学理论问题的理解上就可以看得出来。同时值得强调的是,与他对劳动价值论的否定相联系的另一个重要问题,就是对李嘉图及其学派的研究方法的批判。马克思在摘录时所做的评注中多次批判李嘉图及其学派的研究方法,我在上面也已经分析过,他把这种方法称为一种抽象掉现实生活的平均数计算的方法。马克思站在无产阶级的政治立场上,从人性的主体尺度出发批判了李嘉图及其学派的这种"抽象"方法的非人性,他认为这种方法的本质就是否定生活本身的意义,把人的价值仅仅"抽象"为劳动机器,他们关心的只有纯收入、利润和地租,是一种无耻"抽象"的极点。而按照马克思此时的逻辑思路,人才是生活的本真意义,是社会的中心。其实,马克思在这里还没有意识到,他的逻辑中存在的"人"也并非资产阶级社会经济关系中的现实的人,若把这个"人"放置在更深层次的社会历史观中,它也同样是抽象的。[1]马克思现在还无法认识到李嘉图的"抽象"方法的科学价值。从一定意义上来说,马克思对李嘉图经济学研究方法的认识程度也直接影响了对其劳动价值论的理解水平。我们知道,此时被马克思以人性的主体尺度来批判的无耻"抽象"在后来的《剩余价值理论》中则被他充分肯定并称赞为是"斯多葛精神",是客观的科学诚实的"抽象"。不过,随着研究的深入,马克思逐渐认识到李嘉图对资本主义生产的社会后果没有任何幻想,[2]他在贯彻其理论原则时始终坚持的客观态度,甚至通常并不注意劳动生产率按资本主义方式的增长给工人乃至整个社会带来的不幸和牺牲。可以说,李

---

[1] 张一兵:《回到马克思》,江苏人民出版社2005年版,第185页。
[2] [苏]尼·拉宾:《马克思的青年时代》,南京大学外文系俄罗斯语言文学教研室翻译组译,生活·读书·新知三联书店1982年版,第269页。

嘉图是资产阶级政治经济学家中最彻底的一位,就其本身来说是真正正直的科学家。马克思在他的否定态度中也时常表现出对李嘉图经济学方法的认可。在摘录李嘉图关于资本主义条件下劳动生产率的提高并未保证劳动工人福利的提高的思想时,马克思对此给予了充分的肯定,"李嘉图强调指出:工人没有因劳动生产力提高而赢得任何东西。这一点很出色"[1]。随着摘录和研究的深入,马克思分析了一些资产阶级经济学家相互对立的论点,他逐渐看到了李嘉图同斯密的差别,并开始对斯密特别是萨伊的立场抱有批判的态度。马克思开始认识到萨伊对李嘉图的许多批评,其实是"随机应变的庸俗化者对始终贯彻自己观点的有原则性的科学家的反对意见"[2]。马克思在评注中写道:"当萨伊和西斯蒙第……同李嘉图进行了斗争的时候,那他们只不过是同国民经济学真理的讽刺性的表现进行斗争罢了。从国民经济学的观点来看,李嘉图的命题是真实的和一贯的。西斯蒙第和萨伊为了同非人的结论进行斗争,不得不从国民经济学中跳出来,这对国民经济学证明了什么呢?这仅仅证明:人性在国民经济学之外,非人性在国民经济学之中。"[3]马克思认为只有李嘉图的命题才具有真正的意义,因为他看到了"国民经济学同工人的关系仅仅在于,工人是[产生]这些私人利益的机器",[4]这是一种值得赞叹的"摆脱了一切人的幻想的国民经济学的昔尼克主义"[5]。尽管此时马克思对李嘉图的称赞还是从人性的主体尺度出发的,但这毕竟是他第一

1　《马恩列斯研究资料汇编(1980年)》,书目文献出版社1982年版,第32页。
2　[苏]尼·拉宾:《马克思的青年时代》,南京大学外文系俄罗斯语言文学教研室翻译组译,生活·读书·新知三联书店1982年版,第270页。
3　《马恩列斯研究资料汇编(1980年)》,书目文献出版社1982年版,第40页。
4　《马恩列斯研究资料汇编(1980年)》,书目文献出版社1982年版,第40页。
5　《马恩列斯研究资料汇编(1980年)》,书目文献出版社1982年版,第40页。

次从资产阶级政治经济学的角度去思考李嘉图的"抽象"方法的意义,虽然没有得出任何科学的方法,但这无疑在他对方法论的思考上有着重要的意义。

对李嘉图劳动价值论的理解水平直接影响着马克思对资产阶级社会的经济关系本质的把握程度。劳动被国民经济学视为财富的唯一原理,李嘉图在这一事实中看到了资产阶级社会中的剥削本质是发生在生产领域而非流通领域,也就是资本和劳动的对立。透过经济学的视野,马克思看到了现实生产过程中的对抗性,开始了他真实面对资产阶级社会客观现实的研究思路,并在劳动的基础上建立起关于资产阶级社会批判的整体理论框架。在对劳动和资本相对立的分析中,马克思看到了劳动从具体劳动(农业劳动)向一般劳动的转变,强调了工业在劳动获得这种抽象形式的过程中所起到的关键作用。马克思认为,工厂制度是劳动的"发达的本质",工业资本是劳动的必然发展,是私有财产完成了的客观形式。劳动在工业中获得的这种抽象的形式,成为私有财产的主体本质,并将私有财产的普遍本质凸显出来,因此,"只有这时私有财产才能完成它对人的统治,并以最普遍的形式成为世界历史性的力量"[1]。马克思把劳动和资本的对立关系看作一种非常重要的对立,一种必须从"能动关系"和"内在关系"上来理解的对立,并且还是一种必须作为"矛盾"来理解的对立。我们看到,马克思在这里已经开始从"矛盾"的角度切入问题了,尽管这不是后来的科学的历史矛盾分析方法,但显然在马克思对资本主义现实经济关系的分析中具有重要的意义。

从总体思路上来看,马克思在《巴黎笔记》时期对李嘉图的经

---

[1] 《1844年经济学哲学手稿》(单行本),人民出版社2000年版,第77页。

济学理论基本是持否定态度的,对于初涉政治经济学的马克思来说,由于经济学理论方面的不足以及尚未形成一种完整的哲学批判逻辑,因此,他往往站在无产阶级的政治立场上以人性的主体尺度去批判李嘉图的劳动价值论和科学抽象方法。从某种意义上来说,马克思对李嘉图劳动价值论的理解程度以及对这种理论的批判水平直接反映了他自身观点的成熟程度。

第二节
马克思对李嘉图经济学的关注及对其自身哲学思想的影响:《1844年经济学哲学手稿》第二、第三手稿的解读

马克思在摘录完李嘉图的著作后,就开始认真研读穆勒的《政治经济学原理》一书,并写下《詹姆斯·穆勒〈政治经济学原理〉一书摘要》(以下简称《穆勒评注》)。通过对穆勒经济学理论的摘录和评注,马克思对李嘉图的评价方向以及接受其劳动价值论的方向都在一定程度上发生了转换。但在巴黎时期,马克思显然还没有认识到穆勒对李嘉图经济学理论的庸俗化理解。因此,尽管加入对穆勒著作的研究,马克思也无法真正把握李嘉图劳动价值论的科学含义,没有使他脱离从交换价值以及通过消费而表现出的人与人之间的交换关系来理解资产阶级社会私有制现实的思路。他不过是透过穆勒在以货币为中介的交换关系上的论述进一步表达了对李嘉图及其学派的经济学理论思路的异化性的关注而已。从《1844年手稿》的第二手稿开始,马克思逐渐认识到资本主义的异化不是一个笼统的概念,而是一个不断加剧的异化概念,由此他

才会去反思资本主义本身的历史发展问题,这是他阅读李嘉图的经济学理论之后领悟到的问题。第二手稿和第三手稿的讨论主要体现了李嘉图著作对马克思的理论影响,并且伴随着马克思对"李嘉图在人的异化的道路上比斯密走得更远"这一理论思路的阐述。但此时马克思对李嘉图经济学理论的态度已经不是最初接触时的简单拒斥,他逐渐开始认识到李嘉图劳动价值论的彻底性,并在关于劳动价值学说的发现和发展的论述中注意到这一理论的历史意义,这是他在经济学研究中所获得的真实的思想进步。当然,这并不代表马克思在《1844年手稿》中就已经正面肯定了李嘉图的劳动价值论的科学价值,因为他并没有从客观经济规律的意义上接受和肯定李嘉图的劳动价值论,而只是从人本主义思辨逻辑的角度对李嘉图学说所具有的彻底地敌视人的性质所做出的"肯定"而已。但是李嘉图的理论为马克思提供了一个关注现实的内在矛盾的分析思路。正是在对资产阶级社会经济现实的分析过程中,马克思的理论逻辑里逐渐生发出一条不同于抽象的人本主义思辨逻辑而是立足于客观经济现实的科学逻辑。这两条截然相反的批判逻辑此时共存于马克思的整体思路中,尽管后一条逻辑线索还是处于不成熟和不完整的阶段,但是只有沿着这条线索向前发展才能使马克思真正地走向历史唯物主义。

一、《穆勒评注》对马克思理解李嘉图学说有什么影响?

在解读《穆勒评注》对马克思在理解李嘉图经济学问题上的影响之前,首先要说明一个问题。学术界对于马克思写作《穆勒评注》与《1844年手稿》中三个手稿的时间顺序一直存在着争议,我赞同多数学者的观点,即马克思先写了"第一手稿",然后对李嘉图和穆勒的著作进行了摘录，也就是这个时候写下了《穆勒评注》，接下来写《1844年手稿》的第二、三手稿。穆勒于1821年在伦敦出版的《政治经济学原理》一书被视为对李嘉图经济学理论的最简明和最抽象的阐释，马克思在巴黎时期摘录和评注的正是这本著作的法译本（雅·德·帕里佐译自英文，巴黎，1823年）。[1] 马克思后来在《剩余价值理论》中，也承认"穆勒是第一个系统地阐述李嘉图理论的人，虽然他的阐述只是一个相当抽象的轮廓。他力求做到的，是形式上的逻辑一贯性"[2]。我们知道，马克思在"第一手稿"之前，从萨伊的《政治经济学概论》进入经济学研究时还没有区分开古典政治经济学和庸俗经济学，因此，对李嘉图的劳动价值论持完全否定的态度。而当马克思真正系统研读李嘉图著作的时候，他逐渐认识到了李嘉图理论的彻底性，看到了李嘉图的功劳正是在于他没有丝毫掩饰地表达了资产阶级同工人的关系，因而也就消除了无产阶级有可能在资产阶级社会范围内实现一种按照真正的人的方式生存的任何幻想。因此，资产阶级政治经济学在李嘉图那里表现出了按其全部性质来说的非人性的本来面目。穆勒同李嘉图一样，站在资产阶级的立场上公开地维护资产阶级工业资本的利益，反对土地所有权，并且毫不掩饰资产阶级社会经济活动中出现的劳动与资本的对立。马克思在摘录李嘉图的著作后，就开始认真研读穆勒的《政治经济学原理》一书，但在巴黎时期，他显然还没有认识到穆勒对李嘉图经济学理论的庸俗化理解，而只是把他的著作看作一种使李嘉图学说通俗化的阐释。尽管如此，我们看到通过对穆勒经济学理论的摘录和评注，马克思对李嘉图的

---

[1] 《马克思主义研究参考资料》，1985年第1期，第46页。
[2] 《马克思恩格斯全集》第26卷Ⅲ，人民出版社1974年版，第87页。

评价方向以及接受其劳动价值论的方向都进一步发生了转换。

马克思在《巴黎笔记》的第四册中开始摘录穆勒的《政治经济学原理》，在第五册中还有六页关于穆勒著作的笔记。《穆勒评注》中的摘录顺序是直接按照穆勒原书的章节结构进行的，在"生产"和"分配"部分，他只是摘录了穆勒的观点，并没有自己的评论；直到"交换"的部分，马克思先在摘录中间加了"中介"的标题，然后在对"货币量"的摘录之后，开始了自己很长一部分的论述；在最后"消费"的部分，马克思在摘录中两次阐发了自己的评论。

从文本内容来看，尽管马克思在《穆勒评注》中的评论是从"交换"部分开始的，但他的第一段论述仍是关于劳动价值论问题的。这同之前对李嘉图著作进行摘录时所做的评注一样，他首先论述了价值规律与生产费用的问题："……把生产费用作为决定价值的惟一因素来描述时，穆勒——完全和李嘉图派一样——犯了这样的错误：在表述抽象规律的时候忽视了这种规律的变化或不断扬弃，而抽象规律正是通过变化和不断扬弃才得以实现的。如果说，例如生产费用最终——或更准确些说，在需求和供给不是经常地即偶然地相适应的情况下——决定价格（价值），是个不变的规律，那么，需求和供给的不相适应，从而价值和生产费用没有必然的相互关系，也同样是个不变的规律。的确，由于需求和供给的波动，由于生产费用和交换价值之间的不相适应，需求和供给只是暂时地相适应，而紧接着暂时的相适应又开始波动和不相适应。这种现实的运动——上面说到的规律只是它的抽象的、偶然的和片面的因素——被现代的国民经济学家歪曲成偶性、非本质的东西。"[1] 这里的理论思路表面上看起来似乎并没有与摘录李嘉图著

---

[1] 《1844年经济学哲学手稿》（单行本），人民出版社2000年版，第164页。

作时有何不同,还是在供求规律的意义上来理解劳动价值论的,把它看作供求规律的一个部分。但是,仔细分析马克思在这里的话语导向,我们就会发现他实际上是在对穆勒的批评中承认了李嘉图的生产费用学说与劳动的供求关系,即工人同资本家之间的竞争并非相互矛盾的问题。我们在之前已经分析过,马克思在初涉经济学时受恩格斯的影响接受了竞争在资产阶级社会中起决定作用的观点,主张在私有制和竞争的条件下,价值完全是一种虚构,而只有由竞争决定的市场价格才是现实的。所以,他认为当李嘉图在谈到交换价值时总是指自然价值,撇开了竞争的偶然性,这样为了使自己的规律更严密和确定,就必然要把现实当作偶然的,而把抽象当作现实的。马克思当时在一般性地否定李嘉图的劳动价值论时同恩格斯是一致的,但是我们看到,在这里他对劳动价值问题的认识已经开始走向不同于恩格斯的理解道路了。马克思已经不再指责李嘉图及其学派把抽象解释为现实,而是指责他们把现实看作某种抽象的、偶然的和非本质的东西。在这段论述的意思表示中,劳动价值论作为一种抽象的规律其实是有根据的,并且是具有充分的合理性的,"通过变化和不断扬弃"得以实现。当然,马克思依然没有摆脱竞争的影响,还是把需求和供给的活动视为"现实的运动",而称生产费用的规律为"抽象的、偶然的和片面的因素",由此得出的结论就是关于作为价值基础的生产费用的规律只是一种偶然。但是,我们应该看到的是,在这里马克思从一定意义上确是以一种否定的言谈方式承认了劳动价值论的抽象性。

但是,在《穆勒评注》中马克思还无法真正把握李嘉图劳动价值论的科学含义,对李嘉图的著作进行摘录和评注之后,加入对穆勒著作的研究,并没有使他脱离从交换价值以及通过消费而表现出的人与人之间的交换关系来理解资产阶级社会私有制现实的思路。他不过是透过穆勒在以货币为中介的交换关系上的论述进一步表达了对李嘉图及其学派的经济学理论思路的异化性的关注而已。我们知道,在李嘉图那里对交换价值的研究是占有基础性地位的,因此马克思对李嘉图著作进行摘录时特别研究了交换价值在资本家、地主和工人这三个阶级之间的交换及分配关系。紧接着这种理论思路,马克思对穆勒《政治经济学原理》的摘录自然就聚焦在了关于以货币为中介的交换关系的理论上。"穆勒把货币称为交换的中介,这就非常成功地用一个概念表达了事情的本质。货币的本质,首先不在于财产通过它转让,而在于人的产品赖以互相补充的中介活动或中介运动,人的、社会的行动异化了并成为在人之外的物质东西的属性,成为货币的属性。"[1] 马克思此时对交换关系的理解还是"游离于现实物质生产过程之外的理论层面",[2] 我们需要弄清楚的一点就是,《穆勒评注》的整个理论框架仍然是在"交换"中间谈交换关系问题,并不是像有些学者认为的那样,马克思之所以从第一手稿中的外部悬设的抽象的人的异化转变到了关系的异化,是由于他的理论思路发生了重大的转变。这只能说明马克思在研究对象上的变化,因为即使他把研究对象转向交换关系,他的理论思路也还是在现实历史生产过程之外的层面上。在交换层面理解交换关系,这就注定了马克思此时在经济学理论上的认识是不可能深刻的,真正的社会关系是不能简单地当成人与人之间的交换关系来解读的,只有把这种关系放在现实历史过程中间,看到具体的现实的历史生活线索的意义才能摆脱人的线索从而理解真正的社会关系。因此,我们看到,在研究李

---

[1] 《1844年经济学哲学手稿》(单行本),人民出版社2000年版,第164—165页。
[2] 唐正东:《从斯密到马克思》,江苏人民出版社2009年版,第298页。

嘉图的经济学理论之后，即使加入对穆勒著作的摘录和评注，马克思的理论思路仍旧在交换和分工的层面上徘徊，不能把交换关系推进到生产关系的理论层面，也就无法真正揭露出资产阶级社会私有制的剥削本质，而这只能是在具备了历史发生学的方法论指导下得以实现。

二、李嘉图在人的异化道路上比斯密走得更远

马克思在写作《1844年手稿》的"第一手稿"之前，主要阅读了萨伊和斯密的著作，还没有开始研读李嘉图的经济学著作，因此还不知道资产阶级政治经济学内部的差别和分歧以及李嘉图经济学理论中的科学价值。虽然在"第一手稿"中的"资本的利润"部分提到了一次李嘉图的理论，不过从文本的内容来看那应该是转引自欧·比雷的《论英法工人阶级的贫困》，[1]也就是在阅读比雷的著作时接触到了李嘉图经济学思想的片段，因为若按照马克思的研究习惯，他是不会转引如此重要的著作的。不过，尽管马克思还没有直接阅读过李嘉图的著作，却已经做出了"在李嘉图看来，人是微不足道的，而产品则是一切"[2]的断定，这里值得注意的地方是，说明在马克思此时的观念中，他已经开始注意到李嘉图的经济学似乎比斯密的经济学在非人性的特征上更彻底、最露骨。其实，对于李嘉图与斯密的不同，马克思在开始接触李嘉图学说时就已经意识到了这个问题，他在摘录李嘉图著作之前对普雷沃的《译者对李嘉图体系的思考》做摘录时一上来就明确表示："不言而喻，这里

---

[1] 《1844年经济学哲学手稿》（单行本），人民出版社2000年版，第32页。
[2] 《1844年经济学哲学手稿》（单行本），人民出版社2000年版，第32页。

的问题在于把李嘉图同斯密区别开来的学说。"[1]我们看到,在写作"第一手稿"之后,马克思对李嘉图著作的摘录和评注过程中总是把他的理论定位在"对各个现实的个人的真正侮辱、诽谤"的立场上。[2]

李嘉图同斯密的区别是对各自所处的社会历史现实的必然反映,斯密的时代比李嘉图要早半个世纪,他出版《国富论》的时间是在1776年,而李嘉图的《政治经济学及赋税原理》则出版于1817年,这近半个世纪的时间正是资本主义生产方式从工场手工业生产向大工业生产的发展时期。斯密把自己的理论建立在一个假定的物质财富普遍丰富的经济世界基础之上,因为对"启蒙"国民经济学家来说,必须为了维护资产阶级的利益而建构自己的理论框架,以实现"资本家对土地所有者的胜利,即发达的私有财产对不发达的、不完全的私有财产的胜利"[3]。但是,李嘉图与斯密不同,他看到的是一个物质财富稀少的经济世界。因此,李嘉图考虑的是资本如何增殖的问题,他的理论旨趣在于那种能给社会创造财富的生产,而本身并不是为了维护资产阶级的利益,尽管事实上达到了维护资产阶级利益的目的。用马克思后来对李嘉图的评价来说就是"为生产而生产",[4]他的全部理论目的就是维护生产的利益,"如果说李嘉图的观点整个说来符合工业资产阶级的利益,这只是因为工业资产阶级的利益符合生产的利益,或者说,符合人类劳动生产率发展的利益,并且以此为限"[5]。那么,为了符合生产的利益,一切就都成了生产的工具和生产的结果,包括人。在李嘉

---

[1] 《马恩列斯研究资料汇编(1980年)》,书目文献出版社1982年版,第43页。
[2] 《马恩列斯研究资料汇编(1980年)》,书目文献出版社1982年版,第43页。
[3] 《1844年经济学哲学手稿》(单行本),人民出版社2000年版,第71页。
[4] 《马克思恩格斯全集》第34卷,人民出版社2008年版,第127页。
[5] 《马克思恩格斯全集》第34卷,人民出版社2008年版,第128页。

图的经济理论中工人和帽子都是一样的,只是商品而已,它们的价值是由生产它们所需的内在劳动量来决定的,在李嘉图那里没有斯密眼中所谓的独立的人或独立的商品交换的主体。马克思在研究了李嘉图和穆勒的著作之后已经清楚地认识到:在人的异化方面,李嘉图比斯密更加彻底,更不关注人。

从整个《1844年手稿》来看,马克思在第一手稿中的逻辑思路是最彻底的人本主义,在其中表现出来的客观逻辑方面只是经验上的客观逻辑,其客观内部的内容还没有得到丰富。从第二手稿开始,客观逻辑内部本身开始揭示出资产阶级社会的劳动是异化层面上的不断加剧,这一点就使马克思开始认识到资产阶级社会内部也是有历史发展的,而前面只讲资本主义对封建主义的克服和扬弃,这是认识不到资本主义私有制内部的历史过程的。马克思从第二手稿开始就逐渐认识到资本主义的异化不是一个笼统的概念,而是一个不断加剧异化的概念,由此他才会去反思资本主义本身的历史发展问题,这是他阅读李嘉图的经济学理论之后领悟到的问题。第二手稿和第三手稿中的讨论主要体现了李嘉图著作对马克思的影响,并且伴随着马克思对"李嘉图在人的劳动本性的异化道路上比斯密走得更远"这一理论思路的阐述。马克思在第一手稿的结尾处已经开始思考这样一个问题:"人怎么使他的劳动外化、异化?这种异化又怎么以人的发展的本质为根据?"[1]因为马克思看到"当人们谈到私有财产时,认为他们谈的是人之外的东西。而人们谈到劳动时,则认为是直接谈到人本身",[2]这就涉及了私有财产的起源及其变成异化劳动的发展进程问题,所以,他也

---

[1] 《1844年经济学哲学手稿》(单行本),人民出版社2000年版,第63页。
[2] 《1844年经济学哲学手稿》(单行本),人民出版社2000年版,第63页。

必须要去思考资产阶级社会当中的劳动是如何一步一步更加异化的。显然,在第一手稿中马克思并没有对此做出进一步的解释,因为这一点必须要在他读到李嘉图的著作之后才能够发现。

马克思在第二手稿中指出,李嘉图在人的异化道路上比斯密走得更为彻底,"生产不仅把人当作商品,当作商品人、当作具有商品的规定的人生产出来;它依照这个规定把人当作既在精神上又在肉体上非人化的存在物生产出来。……这种生产的产品是自我意识的和自主活动的商品……商品人……李嘉图、穆勒等人比斯密和萨伊进了一大步,他们把人的存在——人这种商品的或高或低的生产率——说成是无关紧要的,甚至是有害的"[1]。在马克思看来,"人"在李嘉图和穆勒的经济学理论中彻头彻尾地只是一个"物",斯密在对待人的方面比他们多出的地方就是还会谈到主体交换的活动问题,而到了李嘉图那里这种主体交换活动则成了一个彻底的抽象劳动。在李嘉图的理论当中只有纯粹的经济学问题,而在斯密那里还存在着一些社会经济学的味道。马克思看到了李嘉图的理论目的就是通过生产而使资本家的利润增殖,他把李嘉图经济学的这种毫不掩饰的利益追求评价为现代英国国民经济学上的一个巨大的和合乎逻辑的进步,因为"它把劳动提高为国民经济学的惟一原则",[2] 马克思开始面对资产阶级社会本身内在的发展过渡的问题了。这里还需要说明的是马克思着重强调了"惟一"二字,因为斯密的经济学也是以劳动为原则,但同李嘉图相比并不彻底。马克思还认为,李嘉图及其学派十分清楚地揭示了资产阶级社会现实中的对立关系,即"作为劳动的私有财产的关系

---

[1] 《1844年经济学哲学手稿》(单行本),人民出版社2000年版,第66页。
[2] 《1844年经济学哲学手稿》(单行本),人民出版社2000年版,第66页。

和作为资本的私有财产的关系,以及这两种表现的相互关系",[1]也就是说工人的劳动工资同资本家的资本利息之间在资产阶级社会中只能是反比例关系,资本家要想增加资本的收益就只有降低工人的劳动工资。马克思指出,这种劳动和资本的对立关系一旦达到极端,就是整个私有财产关系的"顶点、最高阶段和灭亡",[2]正是在这种劳动和资本的对立之间形成了"历史的差别"[3]。尽管这在人的异化的道路上越走越远,但是"资本的文明的胜利恰恰在于,资本发现并促使人的劳动代替死的物而成为财富的源泉"[4]。这里在文本考证上也有一个值得注意的细节,马克思在上述讨论之后加了一个括号,里面标注了一些经济学家的名字,意思是对上述讨论内容可以参见他们的著作,其中就有李嘉图和穆勒。对于一个理论研究者来说,此种形式的标注一定表明他已经阅读过这些人的著作。所以,正如前面已经说明的一样,本书也认为马克思在写作《1844年手稿》的第二手稿之前研究过李嘉图和穆勒的著作了。

我们看到,马克思在这里对于私有财产的关系问题的理解表面上看起来似乎很深刻,抓到了"劳动"与"资本"的对立关系。但是进一步分析就会发现,由于受到当前逻辑思路的限制,马克思此时还无法透过私有财产的经验现象本身看到其中的内在本质,也就是隐藏在它背后的内在的社会关系本质。因为,当他看到工人只能把自己的劳动作为唯一的私有财产时,其实已经快要触及"劳动力"的概念了,而如果在"劳动力"的理论层面去研究劳资对立的

---

1 《1844年经济学哲学手稿》(单行本),人民出版社2000年版,第67页。
2 《1844年经济学哲学手稿》(单行本),人民出版社2000年版,第68页。
3 《1844年经济学哲学手稿》(单行本),人民出版社2000年版,第68页。
4 《1844年经济学哲学手稿》(单行本),人民出版社2000年版,第71页。

关系问题就会直接进入资产阶级社会生产关系的本质层面了。然而，此时的马克思并没有把思路向前推进，这是由于目前在经验层面上的经济哲学方法的制约，他只是从李嘉图和穆勒在人的异化问题上比斯密和萨伊更彻底的角度上来谈论这一问题的。因此，我们看到，与李嘉图从物质层面上去理解"劳动"的思路一样，马克思站在交换价值的层面谈论价值问题，没有把"劳动"概念推进到"劳动力"概念的理论层面，实际上在这里也是把工人的"劳动"看作同资本家的"资本"一样的物质形式层面上的"私有财产"。这就导致当马克思在谈到现代英国国民经济学的又一重大成就是通过指出"劳动"和"资本"的对立关系而形成的"历史的差别"时，他也只是从地产向资本的过渡这些经验事实出发，而不可能真正科学地分析出隐藏在其后的社会生产关系从封建社会向资产阶级社会的发展过程层面。

在第三手稿中对第二手稿进行补充的部分，即标题为"私有财产和劳动"的内容里，马克思首先承认了从斯密开始的国民经济学在私有制的范围内对财富的主体本质的研究，并讽刺了"那些认为私有财产对人来说仅仅是对象性的本质的货币主义体系和重商主义体系的拥护者"[1]为"拜物教徒、天主教徒",[2]但是他接着从人的本质异化的角度分析到，斯密把私有财产的主体本质看作劳动，这样私有财产就体现在人本身之中，那么"人本身就被认为是私有财产的本质，从而人本身被设定为私有财产的规定"[3]。这正是斯密经济学理论虚伪性的表现，表面上看起来他"以劳动为原则"，并且承认人，承认人的独立性，承认人的自主活动，等等，其实不过是实

1　《1844年经济学哲学手稿》（单行本），人民出版社2000年版，第73页。
2　《1844年经济学哲学手稿》（单行本），人民出版社2000年版，第73页。
3　《1844年经济学哲学手稿》（单行本），人民出版社2000年版，第74页。

现对人的彻底否定而已,"因为人本身已不再同私有财产的外在本质处于外部的紧张关系中,而是人本身成了私有财产的这种紧张的本质"[1]。他一方面把人本身宣布为私有财产的本质,同时又把实际作为某种"非存在物"[2]的"人"宣布为真正的人的本质,这样就把人的本质和人的现实存在之间的矛盾取消了。这就说明斯密是通过把原本"作为存在于人之外的本质的私有财产"移入人的内在本质之中而掩盖了其理论的非人性特征的,李嘉图的经济学理论则彻底抛弃了这种伪善性,他不在乎自己的学说是否与人的本质相矛盾,不在乎是否敌视人,只要能够充分发展工业生产力,能够摆脱封建所有制形式的束缚,就实现了他的理论目的。因此,在马克思看来,李嘉图比斯密"更加明确和彻底地发挥了关于劳动是财富的唯一本质的论点",[3]这一点表现出了李嘉图十足的"昔尼克主义"。按照马克思的理解,政治经济学越是彻底地发挥劳动是财富的唯一本质的论点,就越是要抛弃承认人的独立性的伪善面具,公开暴露它敌视人的性质。[4] 但同时也说明,马克思正逐渐认识到李嘉图劳动价值论的彻底性这一层面,虽然他此时还无法确切地阐明这种劳动价值论的科学价值的真正所在,但这种认识在马克思对经济学理论的研究进展上已经是一个很重要的进步了。在目前的理论层面,马克思认为李嘉图之所以把劳动视为财富的唯一本质是因为工业所造成的后果在李嘉图及其学派的面前"以更发达和更充满矛盾的形式表现出来——,而且肯定地说,他们总是自觉地在排斥人这方面比他们的先驱者走得更远,但是,这只是

---

[1] 《1844年经济学哲学手稿》(单行本),人民出版社2000年版,第74页。
[2] 《1844年经济学哲学手稿》(单行本),人民出版社2000年版,第75页。
[3] 《1844年经济学哲学手稿》(单行本),人民出版社2000年版,第74页。
[4] 孙伯鍨:《探索者道路的探索》,南京大学出版社2002年版,第166页。

因为他们的科学发展得更加彻底、更加真实罢了"[1]。马克思认为,李嘉图经济理论所具有的彻底的非人性特征不能被简单地从与道德相对立的角度去理解,李嘉图只不过是"让国民经济学用它自己的语言说话"而已[2]。我们看到,马克思此时对李嘉图经济学理论的态度已经不是最初接触时的简单拒斥了,并且也开始认识到李嘉图劳动价值论的彻底性,尽管他仍然站在人本主义的立场上指出李嘉图在人的异化的道路上比斯密走得更远。但是,我们能够看出他正逐渐地以一种客观的视角去思考李嘉图经济学理论的存在价值与历史合理性。

马克思分析了从魁奈到李嘉图的价值学说的发展,看到了劳动价值论的产生和发展在历史上是一个"必要的进步"。他指出,魁奈的重农学派开始了从重商主义者向斯密的过渡,按照重农主义学说的理论,"全部财富被归结为土地和耕作(农业)。土地还不是资本,它还是资本的一种特殊的存在形式,这种存在形式应当在它的自然特殊性中并且由于它的这种自然特殊性而起作用"[3]。这里的意思是说,土地作为财富和重商主义把贵金属作为财富的不同之处在于土地只有通过人类的劳动才能对人存在,因而,"财富的主体本质已经移入劳动中"[4]。但是,因为重农学派把农业看作唯一的生产劳动,那么"劳动还不是从它的普遍性和抽象性上被理解的,它还是同一种作为它的材料的特殊自然要素结合在一起,因而,它也还是仅仅在一种特殊的、自然规定的存在形式中被认识的"[5]。尽管如此,财富的主体本质还是被承认了,只不过是部分

---

1 《1844年经济学哲学手稿》(单行本),人民出版社2000年版,第74—75页。
2 《1844年经济学哲学手稿》(单行本),人民出版社2000年版,第125页。
3 《1844年经济学哲学手稿》(单行本),人民出版社2000年版,第75页。
4 《1844年经济学哲学手稿》(单行本),人民出版社2000年版,第75页。
5 《1844年经济学哲学手稿》(单行本),人民出版社2000年版,第75页。

地、以一种特殊的方式被承认的。斯密等人继重农学派之后向人们证明,"从经济学观点即惟一合理的观点来看,农业同任何其他一切生产部门毫无区别,因此,财富的本质不是某种特定的劳动,不是与某种特殊要素结合在一起的、某种特殊的劳动表现,而是一般劳动"[1]。李嘉图则更加明确和彻底地发挥了斯密的理论,把抽象一般的劳动看作财富的唯一本质。这里实际上也回答了马克思自己在第一手稿中提出的"把人类的最大部分归结为抽象劳动,这在人类发展中具有什么意义"[2]的问题。马克思认识到,这就意味着"一切财富都成了工业的财富,成了劳动的财富,而工业是完成了的劳动,正像工厂制度是工业的即劳动的发达的本质,而工业资本是私有财产的完成了的客观形式一样。——我们看到,只有这时私有财产才能完成它对人的统治,并以最普遍的形式成为世界历史性的力量"[3]。而作为人的劳动的异化形式的私有财产一旦完成它对人的普遍统治,也就是其自身即被扬弃的时候。

我们看到,马克思在这里的理论分析思路已经具有了一定的历史性,关于劳动价值学说的发现和发展的论述说明他已经注意到李嘉图劳动价值论的历史意义,这是他在经济学研究中所获得的真实的思想进步。但是,这并不代表马克思在《1844年手稿》中就已经正面肯定了李嘉图在政治经济学中所做出的重大理论贡献,因为他并不是像后来那样从客观经济规律的意义上肯定和称赞李嘉图的劳动价值论,而只是在哲学人本主义的意义上从李嘉图学说所具有的彻底地敌视人的性质的角度做出的"肯定"。也就是说,马克思之所以开始接受而不再简单拒斥李嘉图的劳动价值

---

1 《1844年经济学哲学手稿》(单行本),人民出版社2000年版,第76页。
2 《1844年经济学哲学手稿》(单行本),人民出版社2000年版,第14页。
3 《1844年经济学哲学手稿》(单行本),人民出版社2000年版,第77页。

论,在于这个理论具有彻底的非人性的特征,它肯定了商品的价值而否定了人的价值,这就有助于马克思对资产阶级社会中的经济关系展开人本主义的批判,揭露雇佣劳动制度的非人性本质。但也正是在对李嘉图经济学的研究与思考中,马克思的批判思路里开始生发出了一条不同于抽象的人本主义逻辑的、立足于客观现实的理论逻辑。

三、立足于客观现实的理论逻辑的不断伸展

前面我们分析过,斯密和李嘉图各自所处的社会生产方式的客观现实基础是不同的。在斯密的时代英国资本主义的矛盾还没有展开,因此在他的理论思路当中是不会看到资本主义生产方式的内在矛盾的,尽管他也谈到了工人与资本家之间的关系,但是他认为这只是人与人之间的一种自主交换的关系,并没有看出随着这种交换过程的发生将会出现阶级的对立,更没有认识到阶级斗争。而历史发展到了李嘉图的时代,资本主义的矛盾开始凸显。李嘉图作为一个银行家,他在对工业资本家的借贷过程中看到了现实的矛盾即阶级对立关系,社会物质财富不像斯密所假设的那样普遍丰裕,而是处于稀缺状态的。当一个阶级获得较多利益的时候就会有另一个阶级获得较少的利益,因此,李嘉图敏锐地发现了真正意义上的阶级概念,并且意识到了阶级斗争的存在。这是一个根本经济利益对立的经济关系,而不是斯密意义上两个主体形式的"阶级"进行平等交换的关系。这正是李嘉图经济学理论的深刻之处,马克思后来在《剩余价值理论》中说,李嘉图大喊一声"停住"就把古典政治经济学转了一个弯。因为,在斯密的交换关系中间没有提供一个现实的内在矛盾基础,即使是内在的交换关

系的矛盾也没有提供,而只是提供了一个现实的交换过程本身,所以斯密才会说市场经济是一个好的社会形态。从斯密到李嘉图,英国资本主义生产方式中的矛盾从无到有,这是社会历史矛盾必然出现的一个展开的过程。马克思如果只读到斯密的阶段是发现不了资产阶级社会的内在矛盾的,这种思路最多是把学术层面的讨论推进到物化、异化的理论层面,因此他也只能从理想状态下的人道主义来展开批判。而当马克思读到李嘉图的理论时情况就会发生变化,李嘉图提供的是现实的矛盾的交换关系,虽然还没有达到生产关系的层次(这一点是后来马克思推进到了生产关系的),但是他的现实的内在矛盾的思路对马克思的启发是很大的。马克思的思想深受德国内在辩证法思想的影响,一旦开始关注现实的矛盾,就会慢慢地从现实的矛盾中展开思路,而马克思第一步对现实矛盾的分析就是在研读了李嘉图的著作之后感悟到的。

马克思在第二手稿中指出,李嘉图等现代英国国民经济学家清楚地揭示了"工资和资本利息之间的反比例关系"[1],他试图拉出一条现实的矛盾的线索,说明作为私有财产的两个潜在的关系,即"作为劳动的私有财产的关系"和"作为资本的私有财产的关系"是相互矛盾的对立关系,而且"劳动和资本的这种对立一达到极端,就必然是整个关系的顶点、最高阶段和灭亡"。[2] 但是,马克思此时对劳动和资本的理解还只是停留在"物"的理论层面,因为他对私有财产的理解还没有抓住它背后的社会关系,也就是没有深入对私有财产的本质,即对私有制的理解层次,所以这里的劳资之间的对立关系与马克思后来在生产关系基础之上所讨论的劳资矛

---

[1] 《1844年经济学哲学手稿》(单行本),人民出版社2000年版,第67页。
[2] 《1844年经济学哲学手稿》(单行本),人民出版社2000年版,第67页。

盾不同。因此，我们看到，马克思此时对私有财产的批判还只能以人本主义批判线索作为理论运演的逻辑工具，还无法在人性之外找到批判的支点，而马克思只有抛开抽象的人性线索才可能走向历史唯物主义。但是，马克思毕竟已经开始拉出一条立足于客观经济现实的理论线索，关注现实实践活动本身的内容了。马克思还指出，李嘉图等现代英国国民经济学家的又一个重大成就是，在对资产阶级社会同封建土地所有制之间的现实矛盾分析中看到了这样一个"现实的运动"，即"使土地所有者变成极其普通的、平庸的资本家，从而使对立简化和尖锐化，并加速这种对立的解除"。[1] 这就是"从现实的发展进程中……必然产生出的资本家对土地所有者的胜利，即发达的私有财产对不发达的、不完全的私有财产的胜利"。[2] 马克思看到"资本的文明的胜利"也就是工业的胜利，尽管在这里他更多的是从异化的角度批判私有财产制度下的工业所造成的非人化状况，但同时他也看到了这种工业的发展，即物质生产力的发展在全部人类历史进程中的决定性作用。在马克思看来，只有"工业的历史和工业的已经生成的对象性的存在"，这个"对象性的存在"也就是人类劳动所创造的物质世界，才是"一本打开了的关于人的本质力量的书"。[3] 马克思说，自然科学正是"通过工业日益在实践上进入人的生活，改造人的生活，并为人的解放做准备，尽管它不得不直接地使非人化充分发展。工业是自然界对人，因而也是自然科学对人的现实的历史关系。……在人类历史中即在人类社会的形成过程中生成的自然界，是人的现实的自然界；因此，通过工业——尽管以异化的形式——形成的自然

---

[1] 《1844年经济学哲学手稿》（单行本），人民出版社2000年版，第67页。
[2] 《1844年经济学哲学手稿》（单行本），人民出版社2000年版，第71页。
[3] 《1844年经济学哲学手稿》（单行本），人民出版社2000年版，第88页。

界,是真正的、人本学的自然界"[1]。可见,当马克思把思路从抽象的人本主义思辨逻辑转向对客观经济现实的分析时,他已经能够从唯物主义的角度深刻地指出,无论人类的物质生产能力的发展是否异化,它对于整个人类社会生活和历史发展来说都起着决定性的作用。

因此,我们看到,马克思在《1844年手稿》的第二手稿和第三手稿中的主导性理论思路尽管依然是受费尔巴哈影响的抽象的人本主义思辨逻辑,但在这条主导线索之外逐渐萌生了一条立足于客观经济现实的科学逻辑思路,这就是此时共存于马克思整体思路中的两条截然相反的批判逻辑思路。而后一条逻辑思路正是受李嘉图的影响在对社会现实矛盾发展的关注中产生的,也只有沿着这条线索向前发展才能真正地走向历史唯物主义。但目前在马克思的头脑中,相对于在理论运作时占主导地位的人本主义思辨逻辑,这条立足于客观经济现实的科学逻辑还只是一条次要线索。之所以称其为次要线索,是因为单凭它自身还不够完整,而一条完整的线索必须通过其自身就能够解决如何走向人类自由的问题。马克思此时的客观现实理论逻辑的线索才刚刚开始发芽,他自己还没能看清楚这一点,因此人本主义的批判线索在他的思路中还是一条主要的线索,当遇到需要批判的问题时,马克思就使用人本主义的批判工具。这就是所谓的"复调式"逻辑思路。但是,立足于客观现实理论逻辑的线索是处于不断生长的过程中的,随着对经济学理论的进一步研究以及对客观现实矛盾的深入认识,马克思自身在不断地向前推进这条线索,等到何时能够把次要线索完整起来就会排挤掉原来人本主义的主要线索了。当然,目前所讨

---

[1] 《1844年经济学哲学手稿》(单行本),人民出版社2000年版,第89页。

论的这条立足于客观现实理论逻辑的思路并不是指历史唯物主义理论思路,因为马克思此时对于客观现实的认识还没有深入资本主义现实生产关系的内在矛盾层面,也没有揭示出这种生产关系历史性变革的进程,也就是说这不是在历史发生学的意义上对客观现实的理解思路,只是对历史事实的经验性认识而已。尽管如此,历史唯物主义只有在这条新的立足于客观经济现实的科学逻辑的基础上才能逐渐地产生和形成。

第三节
抽象人本主义方法论限制了马克思对李嘉图经济学哲学价值的有效吸收

马克思在《1844年手稿》时期的抽象人本主义的方法论严重限制了他此时对李嘉图经济学哲学价值的有效吸收,致使其理论水平滞后于同时期的英国李嘉图式社会主义经济学家。直到1845年夏,马克思才在《曼彻斯特笔记》中接触到这一理论流派的思想,尽管他当时只读了汤普逊和布雷的著作,但这些思想对马克思在哲学、政治经济学以及社会主义方面都产生了重要的理论影响。马克思此时是从人本主义的立场出发,在客观现实之外设置了一个抽象人性的理论支点来展开对现实本质的批判,用异化劳动理论来批判现实资产阶级社会的本质规定性。这就说明马克思这时还不能够在现实社会生活内部找到一个用来批判资产阶级社会的理论工具,无法在现实性上生发出理论批判的线索就只能从逻辑设定上去寻找批判的思路并论证这一思路的合理性。从异化的角度来否定现实的劳动,这就决定了马克思此时还无法理解李嘉图的劳动价值论,也没有认识到李嘉图社会唯物主义科学抽象方法的重要意义。

一、同时期英国李嘉图式社会主义经济学家的理论水平

英国李嘉图式社会主义经济学家通常被用来指19世纪20—40年代在英国出现的一批以李嘉图的经济学理论,特别是以其中的劳动价值论为理论依据的经济学家。这一思想流派的主要代表有属于欧文主义者的汤普逊[1]、布雷[2]和格雷[3],还有着重从经济理论上批判资本主义的霍吉斯金[4]和莱文斯顿[5]等。他们站在无产阶级的立场上,发表了许许多多的"为无产阶级的利益而利用李嘉图的价值理论和剩余价值理论来反对资本主义生产,以及用资产阶级自己的武器来和资产阶级斗争"[6]的经济学文献,阐发了全部劳动产品应当归于劳动者的空想社会主义的基本思想。我们看

---

1 汤普逊(William Thompson,1785—1833)(其生平不详,这里采用《新帕尔格雷夫经济学大辞典》中生于1785年之说),英国社会主义经济学家,主要著作有:《最能促进人类幸福的财富分配原理的研究》(1824)、《人类一半(妇女)为反对人类另一半(男人)使他们在政治上,从而在社会上和家庭中屈居奴隶地位而发出的呼吁》(1825)、《有偿劳动。劳资权利的协调,或怎样使劳动者得到他们的全部劳动产品》(1827)等。
2 布雷(J. F. Bray,1809—1895),英国社会主义经济学家,主要著作有:《对劳动的迫害及其救治方案》(1839)。
3 格雷(John Gray,1798—1850),英国社会主义经济学家,主要著作有:《人类幸福论》(1825)、《社会制度》(1831)、《防止人民不幸的可靠手段》(1842)、《论货币的本质及其用途》(1848)等。
4 霍吉斯金(Thomas Hodgkin,1787—1869),英国社会主义经济学家,主要著作有:《保护劳动反对资本的要求》(1825)、《通俗政治经济学》(1827)、《财产的自然权利和人为权利的比较》(1832)等。
5 莱文斯顿(Piercy Ravenstone,? —1830),生平活动不详,主要著作有:《论公债制度及其影响》(1824)。
6 《马克思恩格斯全集》第24卷,人民出版社1972年版,第18页。

到，同样是在资产阶级社会的历史条件下，原本作为反对封建势力、为工业资本主义制度辩护的理论武器的李嘉图经济学在这些社会主义经济学家那里却戏剧性地倒转过来，成了批判资本主义、反对其剥削制度的有力武器。按照马克思后来在《剩余价值理论》中的评价，李嘉图式社会主义经济学家的理论目的就是"掌握李嘉图和其他政治经济学家所揭露的资本主义生产的秘密，以便从工业无产阶级的立场出发来反对资本主义生产"。[1] 李嘉图之所以能够把古典经济学发展到最高阶段，就在于他一贯地站在资产阶级的最先进的代表，即工业资产阶级的立场上真实地面对社会现实，用以劳动价值论为基础的经济学理论着力揭示了资产阶级社会的现实矛盾。这就使得他的经济学说不仅成为资产阶级反对封建阶级的理论基础，而且也极易被铸造成无产阶级反抗资产阶级的理论武器。英国李嘉图式社会主义经济学家正是看到了李嘉图学说中对社会现实矛盾和阶级对立的揭露在反对资本主义剥削制度上的重大理论意义，尽管他们的思想都是以空想社会主义为前提，并且除了具有无产阶级的倾向外，都不同程度地带有小资产阶级的倾向。但是，这些社会主义者的经济学说在处于同时期的马克思创立起科学的政治经济学之前，对启发工人阶级的思想觉悟，揭露资本主义剥削制度都起过积极的作用。相较之下，由于马克思在巴黎时期的主导理论思路是抽象的人本主义逻辑，这就严重限制了他此时对李嘉图经济学理论的内在价值的有效吸收，以至于其理论水平落后于这些同时期的社会主义经济学家。在这里，我将其作为一个理论整体来进行分析，以便更清楚地看出他们的经济学思想就对李嘉图学说的理解而言，有哪些方面超出了马克

---

[1] 《马克思恩格斯全集》第26卷Ⅲ，人民出版社1974年版，第261页。

思此时的理解水平,同时还存在着哪些错误理解和理论局限。

从马克思此时的总体语境来看,他仍然是根本否定资产阶级政治经济学的,但同样是站在无产阶级的立场上,英国李嘉图式社会主义经济学家却以古典经济学的最终完成者李嘉图的学说作为理论的出发点展开对资产阶级社会的批判。这也就是说,他们是以承认政治经济学作为一门科学为理论前提的,他们并不否认政治经济学所揭示出的经济规律,只是拒绝资产阶级政治经济学家把资本主义剥削制度下的社会现实视为一种必然的存在,反对他们鼓吹资产阶级社会制度下的市场经济是永恒不变的普遍真理。而马克思是在1845年以后的《曼彻斯特笔记》中接触到汤普逊和布雷的著作时才认识到这一点的。汤普逊认为,人要想快乐,就离不开物质的享受,而在一切文明社会里这种物质就是指财富。财富是由劳动生产出来的作为人类生活享受的物质手段或者物质资料,是一切欲望的对象和幸福的基础。因此,生产和拥有大量的财富就成了人类幸福所不可或缺的条件之一,而"政治经济学的最终目的一直是增加社会上财富积累的绝对量"。[1] 当然,汤普逊并不认为充足的财富就直接等于幸福,关键问题在于财富是如何进行分配的,因为这才是导致资产阶级社会中贫富差距悬殊,大多数人穷困潦倒、少数人富裕的原因所在。汤普逊实际上承认了政治经济学把财富积累作为理论目的所具有的意义,这正是人类获得幸福的前提条件。我们看到,社会主义在汤普逊那里已经不再是一种抽象的公正意识,而是需要具备一定的物质前提,但此时的马克思还不承认政治经济学所具有的科学价值,更没有认识到它也可

---

[1] [英]汤普逊:《最能促进人类幸福的财富分配原理的研究》,何慕李译,商务印书馆1986年版,第52页。

能成为社会主义的理论基础。霍吉斯金也把政治经济学视为一门"自然科学",它阐明了"调节着财富生产的诸规律"[1],"它的产生是由人类改变了的情况所决定的"[2]。霍吉斯金在著作中首先分析了社会上存在着的两种相反的关于政治经济学的看法:一种是认为"政治经济学阐明了调节我们状况的规律,并教导我们怎样使其获得改善,他们把政治经济学看成是一切科学中最重要的、并且对社会福利不可或缺的科学"[3],这种观点把政治经济学推崇为可以调节社会生活的一切关系的客观规律,正统的国民经济学家所持的就是这一看法;另一种观点根本不承认存在政治经济学这样的科学,因为它从"不考虑人",也不考虑劳动者的"才智、心灵和语言能力"[4],只是"把劳动者贬低成一台机器,并计算其骨头和肌肉的价格"[5],这种观点表达了所有批判资产阶级社会制度的"感情主义者"对政治经济学的鄙弃。从马克思当前的思路来看,他显然持有的是第二种观点。霍吉斯金认为这两种观点是不可能调和的,他肯定了政治经济学揭示的那些关于影响和调节财富生产的社会规律同自然规律一样,也是客观存在的,并且不以人的意志为转移。因此,作为一种客观规律,它不应是任何一种党派的科学,资产阶级不应该在这种"调节财富的生产、从而调节人类文明的发展"的"科学真理"[6]上武断地强加上阶级约束。所以,霍吉斯金坚决反对资产阶级利用政治经济学让"整个人类受到了独断的制度

---

1 [英]霍吉斯金:《通俗政治经济学》,王铁生译,商务印书馆1996年版,第3页。
2 [英]霍吉斯金:《通俗政治经济学》,王铁生译,商务印书馆1996年版,第6页。
3 [英]霍吉斯金:《通俗政治经济学》,王铁生译,商务印书馆1996年版,第13页。
4 [英]霍吉斯金:《通俗政治经济学》,王铁生译,商务印书馆1996年版,第14页。
5 [英]霍吉斯金:《通俗政治经济学》,王铁生译,商务印书馆1996年版,第14页。
6 [英]霍吉斯金:《通俗政治经济学》,王铁生译,商务印书馆1996年版,第11页。

的束缚"，[1]政治经济学只能严格限制在揭示调节生产的自然规律方面，而他所倡导的社会主义也必然是建立在这种客观的自然规律基础之上的。布雷还认为，要批判资产阶级现实社会就必须从资产阶级的经济学出发来反对资产阶级的经济学，"我们就这样在他们自己的阵地上并且用他们自己的武器与之作战，同时却要避免有关一切'幻想家'与'理论家'的毫无意义的叫嚣，因为他们是惯用这种空论，对于一切的人，有敢一步离开已由'权威'人士认为是唯一修好了的道路的，即将予以打击"[2]。显然，这种从客观规律的角度对政治经济学进行分析的认知程度，以及从经济学内部去寻找反对经济学的理论思路都超出了此时马克思仅从阶级立场上否定政治经济学的理解水平。

英国李嘉图式社会主义经济学家的一个共同点，也是超出此时马克思理论水平的关键问题，就是对李嘉图劳动价值论的正面肯定，以及区别于李嘉图学派的对这一理论的理解和应用。按照他们对劳动价值论的理解，劳动是价值的唯一源泉，而利润、地租和利息都是劳动创造出来的价值的一部分，但是在资产阶级社会中，它们没有分配给创造价值的劳动者，反而被不劳动者无偿占有了，这是对他人劳动的剥削，是必须予以消除的。所以，在这些社会主义经济学家那里，劳动价值论这个资产阶级政治经济学的基础理论反而变成了他们攻击资产阶级、批判资产阶级社会制度、反对一切剥削收入的理论武器。对劳动价值论的肯定首先体现在他们确定了物质生产性的劳动在人类社会中的基础性作用。汤普逊在其著作中强调，他所讨论的财富只限于"生活享受的物质手段或

---

1 ［英］霍吉斯金：《通俗政治经济学》，王铁生译，商务印书馆1996年版，第11页。
2 ［英］勃雷：《对劳动的迫害及其救治方案》，袁贤能译，商务印书馆1959年版，第44页。

者物质资料",物质生产是人类"社会赖以建立的唯一基础"[1],也是"一个社会的唯一持久的财富之源"[2]。所以,没有物质生产的劳动就没有财富,只有劳动才能使一切欲望的对象成为财富。汤普逊说,尽管自然物如空气、光和热等也会成为人们欲望的对象,也可以构成财富的一个条件,却不是财富的源泉,大自然在自然物转变成财富的过程中什么也没有做,而人类的劳动却什么都做了。"如果任何一个社会的劳动停止一年,能有多少人会被自然物资或者自然力量保存下来,……不仅是享受而是一切民族的生存都依靠着永久进行的劳动。在人们消费的同时,勤劳的双手在不断地再生产。"[3]汤普逊肯定了人类的主体劳动在全部生产中的主导性力量,尖锐地批判了那些力图贬低劳动、片面夸大资本和土地作用的资产阶级观点。格雷也认为,在任何社会里劳动都是财富的唯一源泉,是它唯一公平的基础,"生活所必需的一切东西,能使生活愉快和舒适的一切东西,都是人类的劳动创造出来的"[4]。霍吉斯金在强调劳动在社会发展中的巨大作用时,还明确地把劳动划分成"脑力劳动"和"体力劳动"。他认为,前者是"观察物质世界规律的劳动",后者是"将观察所建议的方法付诸实施的劳动"[5],而这两种劳动的差别并不是像斯密那样被用来说明造成工资差别的一个原因,任何"以贬低一种劳动为代价而提高另一种劳动的做法"

---

[1] [英]汤普逊:《最能促进人类幸福的财富分配原理的研究》,何慕李译,商务印书馆1986年版,第208页。
[2] [英]汤普逊:《最能促进人类幸福的财富分配原理的研究》,何慕李译,商务印书馆1986年版,第187页。
[3] [英]汤普逊:《最能促进人类幸福的财富分配原理的研究》,何慕李译,商务印书馆1986年版,第31页。
[4] [英]格雷:《人类幸福论》,张草纫译,商务印书馆1963年版,第11页。
[5] [英]霍吉斯金:《通俗政治经济学》,王铁生译,商务印书馆1996年版,第48页。

都是"荒谬"的。[1] 在他看来,这两种劳动往往是结合在一起的,即使在社会发展中,人们会专注于某种劳动,但是只要这种劳动能够维持生计,不管它是否带来利润,就是生产性的劳动。这些社会主义经济学家在肯定物质生产性劳动在人类社会发展中的主导性力量时所阐发的许多观点,对马克思后来的经济理论建构都有着重要的影响。

既然物质生产性的劳动是社会财富的来源,那么为什么在一个拥有发达的生产技术和优越的自然资源的社会里,那些创造财富的勤劳智慧的生产者竟然穷困不堪,而那些不劳动者却富有而幸福呢?"为什么人们经过成年累月不断的和有效的努力之后,辛勤劳动所得的果实,竟在他们本身没有胡作非为、自然界也没有发生灾害的情况下,会被神秘地全部夺走呢?"[2]李嘉图式社会主义经济学家认为问题出在了劳动产品的分配和交换阶段,政治经济学在生产和积累财富时所坚持的劳动价值论前提在分配时却完全丧失了,因此他们要求必须坚持劳动尺度的一贯性。在汤普逊看来,要想使丰裕的财富真正地造福人类,就必须在根本上改变财富的分配状况,所以当前的"一切道德的和政治的智慧"都应该致力于解决这一主要的社会问题,即"获得幸福的物质资料的公平分配"。[3] 汤普逊把分配作为研究的重点显然是受到了古典经济学派,特别是李嘉图的影响。在李嘉图那里,分配被规定为政治经济学的本题,政治经济学的主要任务就是要研究和阐明支配社会产品分为工资、利润和地租的分配规律。汤普逊受其影响,认为既然

---

[1] [英]霍吉斯金:《通俗政治经济学》,王铁生译,商务印书馆1996年版,第49页。
[2] [英]汤普逊:《最能促进人类幸福的财富分配原理的研究》,何慕李译,商务印书馆1986年版,第19页。
[3] [英]汤普逊:《最能促进人类幸福的财富分配原理的研究》,何慕李译,商务印书馆1986年版,第21页。

财富是由劳动创造的,那么一切物品的价值就都是由生产它们所需要的劳动量决定的。所以,劳动者就应该获得享用他们的全部劳动产品的绝对权利,只有在这一原则下进行财富的分配,才能保证人类的幸福;不劳动者占有他人的劳动成果,则违背了人类的幸福原则。霍吉斯金同汤普逊一样,也认为政治经济学的问题在于,其在分配的问题上没有一贯地坚持劳动的尺度。在他看来,"劳动不仅是一切财富的来源,还是实行公正分配的准则"[1],"生产和分配财富的一切细微部门均受到源自劳动的必要性的条件的调节和支配;正像物质世界的每一部分都受自然规律的调节和支配一样"[2]。而在这些社会主义经济学家看来,这种违反劳动价值论的分配方式是由当前的资产阶级社会制度造成的。机器的革新所带来的工业生产力本身并不是造成社会贫富差距的根本原因,"机器本身是好的——是不可缺少的"[3],不幸的原因在于资产阶级社会的私人所有制。这种把对现实社会生产力发展的肯定同对资产阶级社会制度的批判区分开来的理论思路与马克思此时笼统地从抽象的人本主义出发批判资产阶级社会的思路是不同的,这一点在后来的《曼彻斯特笔记》中对马克思的逻辑思路建构产生了重要的影响。李嘉图式社会主义经济学家看到,在资产阶级社会中,"资本家成了社会一切财富的所有者",劳动者却永远不能得到生活资料,除非"劳动者的劳动将生产出超过其维持生计所需的东西"[4]给资本家带来利润,这也就是资本的增殖过程。可见,资本是劳动

---

1 [英]霍吉斯金:《通俗政治经济学》,王铁生译,商务印书馆1996年版,第28页。
2 [英]霍吉斯金:《通俗政治经济学》,王铁生译,商务印书馆1996年版,第35页。
3 [英]勃雷:《对劳动的迫害及其救治方案》,袁贤能译,商务印书馆1959年版,第88页。
4 [英]霍吉斯金:《通俗政治经济学》,王铁生译,商务印书馆1996年版,第53页。

的产物,是"那一部分能够作为谋利手段的劳动产品"[1],并且连同资本的利息也是劳动产品。[2] 这样,在资产阶级社会中,资本与劳动的交换事实上就成了资本家用工人已经生产出来的劳动成果与工人正在进行生产的劳动活动的交换。这种交换在李嘉图式社会主义经济学家看来是与劳动价值论相矛盾的。布雷把这种交换的本质描述为"一方只是都给出去,一方只是都拿进来"[3]的状况,由劳动者生产出来的全部的产品或利益通过不平等的交换都从劳动者手里转移到了资本家那里,"资本家和业主对于工人的一星期的劳动,只付出了资本家从工人身上在一星期中所获取的财富的一部分!这样的交换,实际上是以无换有……表面上似乎是由资本家拿出来与工人的劳动来交换的财富,实在并不是资本家自己的劳动或钱财,而是原先从工人的劳动中获取来的;并且现在仍旧凭着骗人的不平等交换制度,天天在工人身上榨取。所以生产者和资本家之间的全部交易,明明是一种欺骗"[4],体现了"一切不平等的实质和精神"[5]。格雷也看到,在资产阶级社会的不平等状态下,"生产阶级目前不仅养活自己,而且还养活了社会上的一切非生产者"。[6] 我们知道,李嘉图体系中存在的矛盾之一就是不能根据价值规律说明资本和劳动的交换,李嘉图本人对此也没有说明。社会主义经济学家也认为资本与劳动的交换违背了价值规律,是

1　[英]汤普逊:《最能促进人类幸福的财富分配原理的研究》,何慕李译,商务印书馆1986年版,第193页。
2　[英]霍吉斯金:《通俗政治经济学》,王铁生译,商务印书馆1996年版,第217页。
3　[英]勃雷:《对劳动的迫害及其救治方案》,袁贤能译,商务印书馆1959年版,第23页。
4　[英]勃雷:《对劳动的迫害及其救治方案》,袁贤能译,商务印书馆1959年版,第52—53页。
5　[英]勃雷:《对劳动的迫害及其救治方案》,袁贤能译,商务印书馆1959年版,第23页。
6　[英]格雷:《人类幸福论》,张草纫译,商务印书馆1963年版,第67页。

对价值规律的破坏，只能通过消除资本和劳动的不等价交换以使价值规律充分地发挥作用。因此，按照社会主义经济学家的理解，只有消除资本和劳动的不等价交换才能消灭剥削，才能使劳动者拥有全部的劳动成果。这样，李嘉图的劳动价值论在社会主义经济学家那里就从政治经济学的理论基础变成了反对资产阶级社会制度的理论武器，他们由此提出"劳动生产者有享用他们的劳动产品的绝对权利"的社会主义革命口号。

当然，社会主义经济学家从劳动产品的分配不公以及资本和劳动的不平等交换出发，实际上未能对资产阶级社会制度的剥削本质做出科学的理论分析，因为他们不懂得这种剥削的实质其实在于资本家无偿地占有了工人在剩余劳动时间里所创造出来的那部分剩余价值。他们从社会主义的理想状态出发，把价值规律简单地归结为等价交换规律，似乎只要在社会主义社会的经济运行当中彻底实行等价交换原则，人们就能进行自愿的交换，从而推动社会生产力的发展，改善人们的道德素质并且获得普遍的幸福。这种要求价值规律成为等价交换的认识是错误的，他们不是把价值规律理解为在一定生产关系下产生的商品经济的客观规律，而是把它理解成了一种满足人性、符合公平正义的伦理规范，并且不是把价值规律作为商品经济发展的一般规律去理解，而是把它视为只有在社会主义社会制度下才能实现的根本原则。因此，这些社会主义经济学家从流通领域而不是生产领域去反对资本和资产阶级社会制度，显然无法看出社会分配不公的根本原因在于生产资料的资本主义占有方式。尽管汤普逊在其著作中强调了劳动者应当占有生产资料，通过生产资料同劳动力的重新结合来实现劳动产品的平等分配，从而实现他所提倡的"自由劳动"。但是，在他的论述中却是在资本同资本家相分离的基础上谈理想的社会主义社会制度,他设想在这种社会中将有丰裕的资本却没有纯粹的资本家,劳动者自身就是资本家。这种论述存在着明显的谬误,因为他把资本看成了纯粹的物,而不是看作资本剥削雇佣劳动的关系。霍吉斯金在其理论中也存在着同样的问题。他们都不了解资本家其实就是这种生产关系的自身反映,失去了资本的资本家也就丧失了其作为资本家的属性。那么,在他们理想的社会主义社会制度中排除了资本家,也就排除了劳动条件的资本性质,所以也就不可能存在所谓的有资本而无资本家的提法。通过消除资本与劳动的不平等交换,让价值规律的作用得到充分的发挥,这就是社会主义经济学家利用李嘉图劳动价值论解决资本和劳动矛盾的办法。

但从革命现实性上看,这些社会主义经济学家所倡导的"劳动生产者有享用他们的劳动产品的绝对权利"的革命口号,在当时无产阶级反对和批判资产阶级社会制度上是有着重要的进步意义的。正如恩格斯在《哲学的贫困》的德文版序言中指出:"在经济学的形式上是错误的东西,在世界历史上却可以是正确的……因此,在经济学的形式的谬误后面,可能隐藏着非常真实的经济内容。"[1] 后来列宁对恩格斯的这一论点又做了重要的补充:"恩格斯的这个深刻论断是针对空想社会主义说的:这种社会主义在经济学的形式上是'错误的'。这种社会主义所以是'错误的',因为它认为从交换规律的观点来看,有剩余价值是不公平的。……但是,空想社会主义在世界历史上却是正确的,因为它是由资本主义产生的那个阶级的征兆、表现和先声;现在,在20世纪初,这个阶级已成长为能够消灭资本主义并且正在为此坚决奋斗的巨大力

---

[1] 《马克思恩格斯全集》第21卷,人民出版社1965年版,第209页。

量。"[1]综上,我们看到英国李嘉图式社会主义经济学家在对政治经济学的认识上以及对李嘉图劳动价值论的理解上都超出了马克思在《1844年手稿》中的理论水平,特别是他们把社会主义生产方式定位在客观发展的物质生产力基础上的理论思路,同马克思此时从人性的价值悬设出发去批判资本主义生产方式的思路相比要深刻得多。这些社会主义经济学家的观点是后来马克思在1845年写作《曼彻斯特笔记》时才接触到,并且对他产生了重要的理论意义和巨大的实践意义。特别是通过他们的观点,马克思探索到李嘉图的劳动价值论竟然可以用一种独特的方式被用来论证反对资产阶级社会制度的社会主义结论,从而促使马克思对李嘉图的劳动价值论进行更加深入的研究。[2]

二、抽象人本主义与社会唯物主义[3]两种不同的解读路径

在分析英国李嘉图式社会主义经济学家的理论时,我们会发现他们在论证自己的观点时都明显地继承了法国社会主义者的人性论思想,并将启蒙理性彻底化来批判资本主义社会。汤普逊在《最能促进人类幸福的财富分配原理的研究》一书的开篇就阐明,"从我们的本性以及我们周围的自然和社会环境,来研究一切公平的财富分配应该依据的自然原理、原则或法则"[4]。布雷也从人的

---

[1] 《列宁全集》第22卷,人民出版社1990年版,第132页。
[2] 《马克思恩格斯研究》,1991年第5期,第43页。
[3] "社会唯物主义"概念是张一兵教授提出的用来指称"在政治经济学中出现的既不同于自然唯物主义,又区别于马克思历史唯物主义的隐性历史哲学观点"。(参见张一兵《回到马克思》,江苏人民出版社2005年版,第一章第一节。)
[4] [英]汤普逊:《最能促进人类幸福的财富分配原理的研究》,何慕李译,商务印书馆1986年版,第25页。

本性出发去建立新社会的基本原则，它的第一条就是"一切的人是一样的，无论是在本质方面，来源方面，和生存方面；所以一切人的本性是相同的，而且一切人的绝对需要也是相同的"[1]。那么，"我们就不能否认人类的自然权利是平等的"[2]。但是在现实的资产阶级社会中，劳动者的自然权利被剥夺了，人的本性受到了破坏。格雷也认为，在现实社会中人类不幸福的原因就在于"没有学会理解自己的天性并且按照自己的天性来行事"[3]。因此，"如果我们想使人类达到按其天性所能达到的完善程度，或者至少接近这种完善的程度，那末我们就应当使人类的一切规章制度能适应他们的天性"[4]，也就是"我们必须研究那些能够促进幸福的环境"[5]。李嘉图式社会主义经济学家从人性论的视角出发，无非是为了强调经济学批判的合理性，但是这种批判是要在经济学内部去反对经济学，继而从劳动价值论出发去批判资产阶级现实社会的不合理性。这种从劳动价值论中展开社会批判的理论思路相比圣西门、傅立叶等社会主义者从法理学的角度展开对资产阶级社会批判的思路，在更深的层面触动了现实的本质规定性，这也是他们超越以往社会主义者的重要方面。尽管李嘉图式社会主义经济学家的理论落脚点是在分配和交换领域去改造社会，而没有进入生产领域这个资产阶级社会制度的剥削本质层面，因此他们仍然是站在资产阶级社会的立场反对资产阶级社会制度，是不可能真正触

1　［英］勃雷：《对劳动的迫害及其救治方案》，袁贤能译，商务印书馆1959年版，第28页。
2　［英］勃雷：《对劳动的迫害及其救治方案》，袁贤能译，商务印书馆1959年版，第33页。
3　［英］格雷：《人类幸福论》，张草纫译，商务印书馆1963年版，第9页。
4　［英］格雷：《人类幸福论》，张草纫译，商务印书馆1963年版，第4页。
5　［英］格雷：《人类幸福论》，张草纫译，商务印书馆1963年版，第7页。

动社会劳动的整体方式的。但是，这些社会主义经济学家相对于那些以法理学为批判工具的社会主义者来说，已经更具有现实针对性了。

但问题是，从劳动价值论出发的李嘉图式社会主义经济学家并没有达到李嘉图社会唯物主义的层面，他们事实上并没有真正把握李嘉图经济哲学方法的深度，而只是以一般唯物主义作为方法论前提去阐发自己的社会主义思想，其实是以不同的分析角度在李嘉图的思想层面上的后退。古典经济学之所以能在马克思的哲学建构中起到重要的作用，是因为古典经济学家都是天生的唯物主义者，而德国思想家却要花费很大的力气走向唯物主义。作为古典经济学家代表的李嘉图，他所表达的正是一种在古典经济学的话语中对资产阶级社会本质现实的真实的唯物主义剖析。李嘉图抓住的是客观具体的社会关系，而李嘉图式社会主义经济学家却只是在抽象的普适性社会关系层面阐发自己的社会主义理想；李嘉图触及的是客观生产力的发展在社会历史进程中的主导作用，而李嘉图式社会主义经济学家却只是从抽象的人的劳动能力的发展以及劳动者拥有全部劳动产品的绝对权利的人性论原则上展开理论线索。这些社会主义经济学家根本没有达到李嘉图已经达到的社会唯物主义的理论层面，也就根本谈不上去解决李嘉图所未能解决的问题。当然，古典经济学的社会唯物主义仍然是非历史性的。在这种社会历史观下是看不到交换关系背后的生产关系的，因为不从历史发生学出发的方法论不可能把交换关系推进到生产关系的层面。所以，我们看到，李嘉图后来正是在这个意义上走向了悲观主义，他看到了现实社会中根本利益之间的对立，却无法接受资本主义社会被颠覆的历史性。没有历史发生学的方法论，就不可能把资本主义社会看作历史过程的一个阶段，而一旦认为这是一个不可颠覆的存在，也就必然会走向悲观。

马克思在《1844年手稿》时期也没有达到李嘉图社会唯物主义的层级，并且在对劳动价值论的认识上甚至还没有达到同时期的社会主义经济学家的理论水平。马克思是在1845年的《曼彻斯特笔记》中接触到李嘉图式社会主义经济学家汤普逊、布雷等人的理论，之后才意识到从劳动价值论出发也可以实现对资产阶级社会制度的批判。但此时的马克思在抽象人本主义的主导性思路下是不可能真正理解这一点的，因为他认为，这种从现实经济生活出发的态度并没有超越资产阶级政治经济学的立场。所以，从人本主义立场出发，马克思在客观现实之外设置了一个抽象人性的理论支点来展开对现实本质的批判，用异化劳动理论来批判现实资产阶级社会的本质规定性。这就说明，马克思这时还不能够在现实社会生活内部找到一个用来批判资产阶级社会的理论工具，无法在现实性上生发出理论批判的线索，就只能从逻辑设定上去寻找批判的思路并论证这一思路的合理性。从异化的角度来否定现实的劳动，这就决定了马克思此时还无法理解李嘉图的劳动价值论，也无法理解以劳动价值论为理论基础的李嘉图式社会主义经济学家的思想，由此也导致了马克思在这一阶段不可能为无产阶级革命提供一条现实可行的实现途径。所以，我们看到，马克思不从经济学出发寻找无产阶级革命的实现途径，就只能从哲学逻辑上去强调无产阶级革命的重要性，这也就使得他此时还无法科学地界定无产阶级革命的现实基础。

显然，从抽象的人本主义出发在根本上限制了马克思对李嘉图经济学哲学价值的有效吸收，也无法为无产阶级提供批判现实社会的理论依据。那么，如何实现自身思路的转换，真正从无产阶级的经济现实处境上来论证科学社会主义的理论？摆在马克思面前的紧要问题就是，必须要用一种新的哲学方法来代替抽象的人本主义。而要完成这场彻底的哲学革命，就必须从劳动价值论出发，只有这样才能摆脱异化劳动的理论，从人本主义异化史观走向唯物主义历史观，从而在深层逻辑上完成科学社会主义的理论论证。而后来成熟时期的马克思正是从劳动价值论和剩余价值理论出发，去揭示资产阶级社会现实经济生活中的内在矛盾并对这种社会本质展开批判的，并且将自己的研究视野转向现实的社会生活本身，以寻求无产阶级革命的现实道路。那时马克思才认识到，李嘉图的经济哲学方法其实是一种深入社会历史生活中的社会唯物主义科学抽象方法。在李嘉图的思路中，人与动物的对比关系已经淡出，存在于客观现实中的真实的社会关系则开始凸显出来。他以物化和客观化了的生产关系及其发展作为观察社会历史的全部出发点，这就抓住了在现代大工业生产之上形成的资产阶级社会生活的最重要本质。这种在社会领域内开拓出的唯物主义显然根本区别于费尔巴哈自然唯物主义，也使马克思开始反思从抽象的人本主义思路去分析社会现实的科学性和可能性。可以说，对李嘉图社会唯物主义的认识是马克思哲学历史观向前推进的重要动因，也正是这个社会唯物主义历史观的终结之处成了1845—1846年马克思创立历史唯物主义的批判性支点，又成为1857—1858年他再一次深化历史唯物主义的超越之点。[1] 当然，尽管如此，马克思此时从费尔巴哈的人本主义出发的人学现象学批判思路，与李嘉图式社会主义经济学家从人性论出发对现实社会的非人性本质进行批判的思路，在理论的显性层面是具有相通性的。但是，马克思此时所谈论的"人"是"社会"中的人，也就是指处于社

1　张一兵:《回到马克思》，江苏人民出版社2005年版，第68页。

会关系存在中的人，这是以"类"为本质规定的人，而不同于李嘉图式社会主义经济学家的以个体理性为基础的"人"。因此，当马克思从费尔巴哈唯物主义出发生长出来一条抽象人本主义思路时，他此时谈到的"人"就已经超越了李嘉图式社会主义经济学家的思想。

第二章　对劳动价值论解读视角的逐步转换：为科学解读李嘉图经济学做理论准备的时期

　　本章研究的是马克思对劳动价值论解读视角逐步转换的时期，这一阶段的思想获得为马克思科学解读李嘉图经济学做了理论准备。在《1844年手稿》之后，马克思的理论思路开始表现为人性论和劳动价值论的僵硬对接：首先以《神圣家族》为例，马克思在这一文本中的主导理论逻辑仍然没有完全摆脱抽象的人本主义，但是对劳动价值论的理解已经不再是巴黎时期的简单拒斥，而是逐渐开始使用劳动价值论的话语。这条关于劳动价值论线索的引进对马克思从人本主义逻辑转向唯物史观逻辑产生了重要影响，不过马克思此时的"劳动价值论"并非李嘉图意义上的劳动价值论，而是在现实矛盾关系的线索之外，立足于抽象的对象化劳动层面的人本主义阐述。在《评弗里德里希·李斯特的著作〈政治经济学的国民体系〉》（以下简称《评李斯特》）中，马克思的理论逻辑仍然呈现出僵硬的话语对接，这一点在他对交换价值的理解上可以明显看出。此时马克思对"交换价值"的理解不同于古典经济学中的客观的交换价值，因为他的出发点仍然是从应然的能够满足人的需要的角度去理解，而且在分析"交换价值"时还只是关注于物与物之间的交换关系，没有进入考察劳动与资本之间的交换关系的理论视域。因此，这时的马克思还不可能深刻把握资本主义生产关系的本质。不过，尽管这一阶段的马克思对劳动价值论的理解仍然是从抽象的人性出发，但是随着对资产阶级社会经济现实的逐步分析，他已经认识到客观发展的工业本身存在的否定资产阶级社会的革命力量。对劳动价值论理解的滞后并未阻止马克思在客观现实理论逻辑上的进一步发展。经过《关于费尔巴哈的提纲》中哲学话语的根本转换，马克思和恩格斯在《德意志意识形态》（以下简称《形态》）中已经转到了历史唯物主义的立场，从而为科学地解读李嘉图经济学提供了重要的哲学前提。但在经济学上，马克思此时却仍然徘徊在斯密的理论视域。无法正确地区分开斯密和李嘉图的经济学视域，也就无法从李嘉图大工业生产的资本主义生产方式中抽象出社会历史发展的本质和规律。因此，马克思在这一时期还没有建构起真正科学的政治经济学批判理论，并且历史唯物主义本身的历史确证也难以深入下去。

第一节
人性论与劳动价值论的僵硬对接 1：
以《神圣家族》为例

1848年8月底，恩格斯离开曼彻斯特返回德国，归国途中与马克思在巴黎进行了一次短暂的会面。在这次历史性的会面中，他们总结了各自在理论和政治的发展方面所走过的道路，弄清了彼此"在一切理论领域中都显示出意见完全一致"[1]，并且拟定了下一步携手共进的计划，即首先要写一部论战性的著作，以此同青年黑格尔主义的一个反动流派的代表布鲁诺·鲍威尔等人的观点进行理论上的辩论。布鲁诺·鲍威尔和埃德加·鲍威尔曾经是马克思恩格斯的亲密朋友，但是当马克思恩格斯完成向唯物主义和共产主义过渡的时候，鲍威尔兄弟则不仅仍然坚持旧的思辨唯心主义的观点，而且越来越脱离社会政治生活的现实问题，自称为"批判的批判"的化身，这使他们之间"产生了原则性的分歧"。[2]马克思恩格斯认为，必须及时清除"批判的批判"对德国的意识形态的影响，清算德国"现实人道主义"的"最危险的敌人"。《神圣家族》正是他们进行这一清算的合作成果。

《神圣家族》一书尽管是为了驳斥"批判的批判"的观点而创作的，主要部分是一部哲学著作，但其中也阐述了某些经济学观点。经过仔细分析，我们会发现这一文本正是马克思对自己在第一阶段的经济学研究中所取得的成果的总结和概括。虽然马克思此时尚未系统地、正面地阐述自己的经济学观点，也没能真正地理解古典经济学的劳动价值论，但他在这部著作中讨论的关于政治经济学问题的一系列重要思想较之于《1844年手稿》已经更为成熟和准确，这无疑对马克思自己的经济学观点的形成和发展具有直接而重要的意义。而在这一文本中，我们必须分析出马克思对劳动价值论的理解水平究竟达到了何种程度。也就是说，他是否达到或接近了李嘉图劳动价值论的理论层面？因为，这一问题直接反映了此时马克思的经济哲学方法论发展到了何种程度。

1　《马克思恩格斯全集》第21卷，人民出版社1965年版，第247页。
2　《马克思恩格斯全集》第22卷，人民出版社1965年版，第393页。

一、对古典经济学劳动价值论批判视角的微妙变化

马克思在《神圣家族》中关于政治经济学的最重要的观点体现在论蒲鲁东的一节。通过前面一章的文本分析我们已经知道，马克思在最初进行政治经济学研究时对古典经济学劳动价值论是持否定态度的，这主要因为他不赞成李嘉图对劳动创造价值的研究中所运用的抽象方法，特别不赞成李嘉图劳动价值论的形成是以抽象了的资本主义竞争这一基本假定作为前提的。马克思当时接受的是恩格斯在1844年初完成的《政治经济学批判大纲》中提出的观点，即认为生产费用这个范畴也是建立在竞争的基础上的。在这种观点的影响下，马克思关注的是资本主义竞争前提下价格的波动问题，而没有从价格这一现象形态中离析出价值这一本质规定性。但是在《神圣家族》中，马克思在论述一些关于政治经济学的问题时，特别是阐述关于价值的见解时，对古典经济学劳动价值论的态度有了一定的转变，把纯粹政治的和哲学的批判辐射到政治经济学领域。在一些论述中可以看到，马克思已经开始走向承认劳动价值论的道路。

对古典经济学劳动价值论的态度转变明显地表现在马克思对鲍威尔关于"在事物的重要性方面，时间是无关紧要的"[1]这一论断的驳斥中。马克思认为，鲍威尔之所以提出这样的见解，是因为他不仅用一个一般意义上的概念"重要性"取代了"价值"这一政治经济学的范畴，并用这种全然不同的含义来表达"劳动产品的商业

---

1 《马克思恩格斯全集》第2卷，人民出版社1957年版，第60页。

价值",而且还把"充实的劳动时间"混同于空洞的延续的时间。[1] 在马克思看来,鲍威尔完全否认了劳动时间对价值的决定作用,他是坚决反对这种观点的。马克思利用李嘉图生产费用的范畴对鲍威尔的观点进行了驳斥,指出:"生产某个物品所必须花费的劳动时间属于这个物品的生产费用,某个物品的生产费用也就是它值多少,即它能卖多少钱(如果撇开竞争的影响)。"[2] 生产费用在李嘉图的理论中是被当作商品的相对价值的真正的、有决定意义的调节器,但是没有计算剩余劳动,也就是雇佣工人用自己的劳动创造的、被资本家无偿占有的那部分产品价值。从马克思对这一范畴的理解阶段来看,他和李嘉图一样也没有计算商品总价值的这个组成部分,而且同样在这一文本中,马克思在论述政治经济学的理论"矛盾"时还说到价值"由物品的生产费用和物品的社会效用来确定"是合理的。[3] 显然,马克思对价值概念的理解还处在比较混乱的阶段。但非常重要的一点是,我们可以看出,马克思在这里已经放弃了他之前用以否定劳动价值论的另一个论据,即竞争使价值不可能实现的观点,并认为"商品所具有的内在价值,即它在生产过程中花费的必要劳动时间,可以撇开竞争的影响独立地加以考察"[4]。这是一个很重要的理论进步。随后,马克思在概述蒲鲁东的价值理论并同鲍威尔的价值观点进行对比的时候,明确地表达了他自己关于劳动时间对价值的决定作用的观点。他提出:难道"批判的批判"认为"生产某件物品的必要时间将来总有一天

---

[1] 《马克思恩格斯全集》第2卷,人民出版社1957年版,第61页。
[2] 《马克思恩格斯全集》第2卷,人民出版社1957年版,第61页。
[3] 《马克思恩格斯全集》第2卷,人民出版社1957年版,第39页。
[4] 庄福龄、孙伯鍨:《马克思主义哲学史》(黄楠森等主编,八卷本)第2卷,北京出版社1991年版,第114页。

会不成为这件物品的'重要性'的本质因素吗"?[1] 难道"批判的批判"认为"时间在丧失着自己的价值吗"?[2] "在直接的物质生产领域中,某物品是否应当生产的问题,即物品的价值问题的解决,本质上取决于生产该物品所需要的劳动时间。"[3] 从这一论述中能够看出,马克思在《神圣家族》中正在克服以前那种认为商品的价值是偶然决定的观点,较之于《巴黎笔记》和《1844年手稿》中的观点已经是非常有意义的进步了。在此意义上可以说,"马克思接近劳动价值论了"[4]。

但是,我们应该知道马克思此时仍然没有达到古典经济学劳动价值论的理论水平。这里的直接原因如同前民主德国学者图赫舍雷尔所说,是由于《神圣家族》与之前在巴黎时期的那些著作间隔的时间太短了,以至于马克思还来不及通过新的政治经济学的研究而完成向劳动价值论的过渡。这一点我们从马克思在文本中对价值问题阐述上的混乱就可以明显地看出来。马克思在这里还没有把价值同它的表现形式即交换价值,特别是同它的货币形式即价格或市场价格区别开来,这说明他把价值的本质和表现形式还看成是一个东西。正因如此,此时的马克思不可能准确地理解李嘉图的劳动价值论,他把包括李嘉图学说在内的资产阶级经济学对价值所做的规定看成是一种虚构,指出政治经济学中确定的价值"最初,……看起来……很合理:它是由物品的生产费用和物品的社会效用来确定的。后来却发现,价值纯粹是偶然确定的,它无论和生产费用或者和社会效用都没有任何关系"[5]。很明显,马

---

1 《马克思恩格斯全集》第2卷,人民出版社1957年版,第62页。
2 《马克思恩格斯全集》第2卷,人民出版社1957年版,第62页。
3 《马克思恩格斯全集》第2卷,人民出版社1957年版,第62页。
4 列宁:《哲学笔记》,人民出版社1993年版,第13页。
5 《马克思恩格斯全集》第2卷,人民出版社1957年版,第39页。

克思在否定效用决定价值的同时也否定了劳动决定价值,把价值的"费用"确定和价值的"效用"确定,都看成是"偶然"的。正是由于马克思没能严格地区分开关于价值理论的相关范畴,也没能彻底摆脱头脑中一直存在的商品价值是偶然决定的观点,使他在理论问题的基本认识上就不可能真正地理解并承认古典政治经济学的劳动价值论。

当然,我们必须看到,导致这一问题的最根本原因在于,此时马克思头脑中的主导性理论思路还是《1844年手稿》中的人本主义异化逻辑。尽管在《神圣家族》的文本中,马克思对劳动价值论已经有了更成熟和更准确的理解,并且开始逐渐认识到这一理论的科学性,但同时也必须知道,马克思在这里向劳动价值论的某种程度上的接近,仍然是从人本主义哲学逻辑视角出发的,因而只能是一种哲学逻辑和理论对象之间的外在互动。

二、人性论的理论逻辑与劳动价值论的外在互动

马克思在《神圣家族》的"序言"开篇就写道:"在德国,对真正的人道主义说来,没有比唯灵论即思辨唯心主义更危险的敌人了。它用'自我意识'即'精神'代替现实的个体的人,并且同福音传播者一道教诲说:'精神创造众生,肉体则软弱无能。'"[1]在这里,由于马克思所要批判的"对象本身的性质"是思辨的精神逻辑,而不是对资产阶级社会现实的经验实证,因此,他实际上仍然延续着《1844年手稿》中的那条人通过对象化实践活动不断获得自身类本质的线索,从所谓的"现实的人道主义"角度批判鲍威尔等人的

---

[1] 《马克思恩格斯全集》第2卷,人民出版社1957年版,第7页。

"唯灵论"。[1] 可以看出，这里马克思还是站在费尔巴哈哲学唯物主义中的"现实的人"的立场对鲍威尔的"抽象的人"的观点进行驳斥的。问题就在于，我们知道，费尔巴哈的关于人的观点是在社会历史性之外进行考察的，是自然的、非历史性的"人"，那么由此展开的"人的活动"也必然是抽象的人改造自然界的实践活动，但这不过是人和自然之间的物质交换的一般人类生产活动而已。这样的"人的活动"所构成的"历史"只是对历史的经验现象层面的考察，而达不到对其本质层面的反思，也就是缺失了对人的个体存在背后的社会关系的发展过程的研究。因而，这样的"历史"依然是处在历史唯物主义的理论界限之外的。所以，我们不能看到马克思和恩格斯在文本中提到，历史是由现实的、活生生的人所创造的，"历史不过是追求着自己目的的人的活动而已"[2]，就认为他们已经开始站到历史唯物主义的立场上考察社会历史现实了，这里的思路仍然是人本主义的哲学逻辑。

这样的哲学方法论视域必然决定了马克思对古典经济学劳动价值论的理解水平，只能是一种人本主义哲学逻辑框架下的"接近"，还不可能达到对价值问题的科学的认识。我们在上面分析过，马克思在《神圣家族》中有不少地方似乎已经表达出了劳动价值论的观点，特别是在"批判性的评注4"中，他明确指出："某物品是否应当生产的问题即物品的价值问题的解决，本质上取决于生产该物品所需要的劳动时间。"[3] 但紧接其后马克思又这样写道："因为社会是否有时间来实现真正人类的发展，就是以这种时间的

---

[1] 唐正东：《从斯密到马克思》，江苏人民出版社2009年版，第298页。
[2] 《马克思恩格斯全集》第2卷，人民出版社1957年版，第118—119页。
[3] 《马克思恩格斯全集》第2卷，人民出版社1957年版，第62页。

多寡为转移的。"[1]可见,马克思根本没有真正理解古典经济学劳动价值论的科学含义,也根本没有赞同的意思,其实他不过是在用古典经济学劳动价值论的言说方式阐述自己的人本主义观点而已,这不过是他的人性论的理论逻辑同劳动价值论的外在互动。我们来对比一下把古典经济学劳动价值论发展到完善状态的李嘉图的观点。李嘉图认为,资产阶级社会中的任何商品的价值,或这个商品所能交换的任何其他商品的量,都取决于生产这个商品所必要的劳动量。工人的劳动、资本和土地在李嘉图那里都是作为一种商品存在的,这些商品的价值又都是由把它们生产出来所必需的劳动量决定的,在量上分别对应于"工资""利润"和"地租",李嘉图在此基础上研究了这些阶级中的每一个阶级在工资、利润和地租的名义下分到的全部土地产品的份额是如何不同。因此,李嘉图实际上是通过他的劳动价值论自觉地揭示出了资产阶级社会中的三大阶级根本经济利益之间的对立关系。其实从《政治经济学及赋税原理》一书序言的开始,就表明了他的全部研究是从资产阶级社会的阶级利益的对立出发的。马克思后来也指出:"最后的伟大的代表李嘉图,终于有意识地把阶级利益的对立、工资和利润的对立、利润和地租的对立当作他的研究的出发点,……这样,资产阶级的经济科学也就达到了它的不可逾越的界限。"[2]我们看到,其实在李嘉图的劳动价值论中始终存在着一条现实矛盾关系的思路,也正因如此,用马克思后来的话说,李嘉图实际上抓住了"历史斗争和历史发展过程的根源"[3]。而马克思目前显然尚未达到李嘉图的这一理论层面。从文本的阐述中就可以看到,他在这

---

1 《马克思恩格斯全集》第 2 卷,人民出版社 1957 年版,第 62 页。
2 《马克思恩格斯全集》第 23 卷,人民出版社 1972 年版,第 16 页。
3 《马克思恩格斯全集》第 34 卷,人民出版社 2008 年版,第 184 页。

一阶段总体上还是在人本主义的异化逻辑中理解劳动价值论的，他没有像李嘉图那样展开有关现实矛盾关系的线索，而是把"劳动"局限于扬弃了异化关系的与人的类本质的发展相一致的抽象劳动。因此，归根到底来说，这不过是马克思借助于抽象的人性论观点与古典经济学劳动价值论进行的一种外在的互动，既无法认识劳动价值论的科学意义，也无法真正理解客观现实的历史性发展。而只有当马克思真正进入历史唯物主义的客观现实视域去研究政治经济学问题的时候，才能够认识到劳动价值论的科学性；反过来也可以说，只有马克思越来越深入地研究政治经济学的问题，他才可能为历史唯物主义哲学的形成和发展打开一个客观现实的理论视域。

第二节
人性论与劳动价值论的僵硬对接2：以《评李斯特》为例

1845年2月，马克思遭到巴黎当局的驱逐，被迫迁往比利时的布鲁塞尔，并在那里开始了他第二次经济学理论的系统研究（1845—1849）。在这一时期的经济学探索中马克思写下了大量的摘录笔记，所形成的文本群被称为《布鲁塞尔笔记》和《曼彻斯特笔记》。通过对那些卷帙浩繁的经济学文献的深入研究，马克思的整个思想再一次发生了重大转变，他对政治经济学的探索愈深，在哲学思维上也就愈接近历史唯物主义，从而最终创立了历史唯物主义。这一时期在哲学思想上的重要推进首先直接表现在他1845年3月写下的《评李斯特》一文中。总体上来说这是一篇经济学文献,其内容基本上属于政治经济学的研究范围。从文本中我们看到,马克思对古典经济学的态度并没有发生根本性的改变,对价值问题的分析还没有摆脱满足"人类的需要"的思维角度,这就决定了他此时对资产阶级社会的批判不可能进入现实社会关系的理论层面,从而在主体思路上仍然徘徊在抽象的对象化劳动的层面。因此,马克思在这里的理论思路依旧表现出人性论与劳动价值论的僵硬对接。但仔细分析文本我们也会发现,在马克思对李斯特的经济学理论进行批判的过程中他的哲学话语也在发生着微妙的变化,之前那条立足于客观经济现实的理论逻辑的生长并未因对劳动价值论理解的滞后而受阻,而且它与人本主义异化逻辑的相对地位正逐渐发生着变化。尽管这只是马克思在面对现实的客观经济事实时所表现出的无意识的结果,但这种无意识恰恰成为马克思科学世界观形成过程中的一个重要的逻辑链接。

一、何种意义上的交换价值?

在该文本中,作为马克思批判对象的李斯特是德国近代著名的经济学家,也是德国历史学派的直接先驱,其主要著作是《政治经济学的国民体系》(1841年)。该书也是马克思在《评李斯特》中批判的对象文本。李斯特对古典政治经济学是持反对态度的。因为他当时所处的德国同英法资产阶级社会相比较来说还是一个封建地主占统治地位的国家,资本主义经济的发展相对落后。因此,当古典经济学提出国家不干预经济的自由贸易政策和从他们的交换价值理论出发的国际分工的说法时,李斯特竭力地进行了反驳。他从德国资本主义经济发展落后这一现实情况出发,证明德国必须对外实行国家关税保护政策,建立全德的关税同盟,否则德国的资本主义工业就无从发展。李斯特认为,古典政治经济学考察的只是国民经济发展的一般规律,而各个国家在现实经济发展过程中都有自己的特殊道路,并不存在一种共同的普遍的规律,因此古典政治经济学不应"以单纯的世界主义原则为依据,来衡量不同国家的情况"[1],而是应当"正确地了解各国的当前利益和特有环境",并且指导各个国家如何上升到较发达的工业发展阶段,使落后的国家同其他同样发展程度的国家结成联盟,从而真正实现自由贸易政策,并从中获益。针对古典政治经济学从交换价值理论出发提出国际分工以论证自由贸易的合理性问题,李斯特提出了比财富本身更重要的创造财富的"国家生产力理论"。在他看来,古典政治经济学只强调抽象的人,只重视财富本身的交换价值,而真正使资本主义工业得到发展的应该是创造财富的生产力,"财富的生产力比之财富本身,不晓得要重要到多少倍,它不但可以使已有的和已经增加的财富获得保障,而且,可以使已经消失的财富获得补偿"[2]。工业的独立和生产力的发展才是影响一个国家独立和强大的决定性因素。当然,我们必须明白一点,无论李斯特怎样反驳古典政治经济学的理论,都只是为了维护德国落后的资本主义工业的发展,而在根本上却是以默认这一学说为前提的。

那么,马克思是如何对李斯特的观点展开批判的呢?问题在于,表面看来同李斯特强调工业的生产力线索相似,马克思此时的理论思路也是工业的物质生产,然而二者的理论走向却是截然相反的,李斯特最终是想证明资本主义工业在德国必将获得发展,而

---

1 [德]李斯特:《政治经济学的国民体系》,陈万煦译,商务印书馆1961年版,第113页。
2 [德]李斯特:《政治经济学的国民体系》,陈万煦译,商务印书馆1961年版,第118页。

马克思是想通过物质生产最终获得真正的人的类本质。我们看到,同样的工业生产力线索却导向了完全异质的理论结果,这就说明马克思此时仅仅依靠工业生产力的线索展开对李斯特的批判已经是不够的了,他只有站在具体的历史的现实的社会关系的理论平台上,才能由工业生产力的线索展开对资产阶级社会现实的批判视域,才能直击李斯特观点的靶心。很明显,从《评李斯特》的具体文本情况看,马克思并没有进入现实社会关系的理论层面,他的主导逻辑仍旧是抽象的对象化劳动,因此,在对李斯特的观点进行批判的时候自然会中心偏移且力度不足。

马克思首先站在无产阶级的立场上,从政治角度对李斯特的"国家生产力"理论展开了批判。在《评李斯特》的第一部分,即"李斯特的一般评述"中,他认为李斯特之所以强调生产力,是由于他害怕谈论"恶的交换价值",实际上表现了德国资产者那种既渴求财富却又否认财富的怯懦心理。这是因为"在德国资产者还没有使工业发达起来以前,无产阶级已经存在,已经提出要求,已经令人生畏。……李斯特先生不过是说出了使资产者更加发愁的事情。……他恰恰在工业的统治造成的对大多数人的奴役已经成为众所周知的事实这样一个不合适的时机,企图建立工业的统治"[1]。我们看到,马克思站在社会主义的立场上展开对李斯特观点的批判是游刃有余的,指出李斯特为德国资产阶级利益辩护的虚伪性,最终无非要引出关于废除私有制的必然性问题。但问题是,这种从政治立场上对李斯特的批判却很难直接扩展到对其"生产力理论"的批判,毕竟这还只是停留在政治批判的层面而没有深入学理批判的层面。因此,马克思只有立足于生产力与生产关系

---

[1] 《马克思恩格斯全集》第42卷,人民出版社1979年版,第239页。

相互矛盾的理论层面,从而深入引发这种阶级矛盾的现实的社会经济根源中,才能告别仅仅拘泥于从政治斗争的角度去理解工人与资本家之间的矛盾关系,也才能从根本上驳倒李斯特的观点。

那么,当马克思进入经济哲学层面,直接针对李斯特观点的核心内容即"生产力理论与价值理论"展开批判时,他是否能够抓住其理论缺陷给予有力的打击呢?仔细分析文本我们发现,在《评李斯特》的第二部分,即"生产力理论和交换价值理论"中,马克思事实上还是没有抓住现实生产关系的线索,理论批判的主导线索还是抽象的对象化劳动,因此他也就不可能从存在于现实生产关系中的物质生产活动的角度,去批判李斯特的脱离现实社会关系的抽象的"生产力理论"了。所以,当马克思在对李斯特的"生产力理论"进行批判的时候,他所理解的"交换价值"也只是"物质财富"异化的物与物之间的交换关系,而这个"物质财富"概念本身则仍是从抽象的满足"人类的需要"的意义上来谈的。他这样写道:"交换价值完全不以'物质财富'的特殊性质为转移。它既不以物质财富的质量为转移,也不以物质财富的数量为转移。当物质财富的数量增加的时候,交换价值就降低,尽管物质财富在增加以前和增加以后对人类的需要处于同样的关系。交换价值同质量没有关系。最有用的东西,例如知识,是没有交换价值的。"[1]我们看到,马克思在这里谈到的"价值"还是与"人的需要"相连的,是他的抽象逻辑中的那种"应该"有的交换价值。这说明在价值问题的理解上马克思此时依然没有超出《神圣家族》的理论水平,他所持有的基本思路还是从真正的人类的发展需要的角度去理解物品的价值问题。所以,马克思才会说出上述那段看上去前后矛盾的观点,他一

---

[1] 《马克思恩格斯全集》第42卷,人民出版社1979年版,第254页。

开始强调交换价值完全不以物质财富的特殊性质为转移,然后却又说交换价值会随着物质财富的数量增加而降低,但实际上按照马克思目前的思路,他想表达的观点其实是"交换价值"在满足真正人类的发展需要的过程中所处的异化状态。因为,倘若物品的数量越多、质量越好说明它在满足人类的需要的程度上越高,那么它的交换价值就应该越大,可是在发达的私有制社会里,当一种物品的数量增加的时候,它的交换价值反而是下降的。

马克思在这里之所以把交换价值看作物质财富在发达的私有制社会中异化的结果,原因在于他此时对价值问题的理解只是处在斯密的水平上,而尚未达到李嘉图的理论层面。我们知道,在古典经济学中是斯密第一次明确地把使用价值和交换价值区分开来,并排除了从使用价值中去寻求交换价值的决定问题,从而为劳动价值论奠定了科学性的基础。但与此同时,斯密在对使用价值和交换价值的理解上又是不准确的,一方面他只是把这两者看作价值的二重意义,却排除了它们作为商品的构成要素,使得他仅仅是从一般意义上的物品的角度去理解资产阶级社会中的商品。另一方面,他也未能真正理解使用价值和交换价值的关系,只是强调了它们之间的区别,却忽略了两者的内在联系,没有看到使用价值是交换价值的物质承担者这一层面上的关系。这就导致斯密会认为商品的价值来源于交换或流通领域,从所购买到的劳动量的角度去理解资本主义社会中的商品的价值,也因此会留下那个"水和钻石之谜"。李嘉图在价值问题上的认识与斯密相比要深刻得多。首先,在李嘉图的研究思路中,作为研究对象的"商品"是被完全放置在资本主义社会环境之中的,是与资本主义社会的生产过程直接相关的,其"数量可以由人类劳动增加、生产可以不受限制地进行竞争"[1]。而且李嘉图在继承斯密关于使用价值和交换价值的区分,坚持商品的使用价值不是交换价值尺度观点的基础上,进一步看到了使用价值是交换价值的前提,没有使用价值的东西就不会有交换价值,也就是说李嘉图已经认识到了使用价值作为交换价值的物质承担者这一理论层面。这就不仅克服了斯密只是从物品的角度去理解商品的理论缺陷,并且克服了斯密在劳动价值论上的矛盾。而马克思此时对商品以及劳动价值论问题的认识正是处于斯密的水平,因为,他认为知识有用却没有交换价值,这与斯密认为水很有用却没有交换价值相比,说明在认识"商品"这一概念上二者其实是同一种思路。而且在对劳动价值论的理解上,马克思此时也尚未站在李嘉图的理论层面,即在资本主义条件下,商品的价值量只能由生产该商品时耗费的劳动量决定,价值的大小应该与投入商品的劳动量成正比。因为,在马克思目前的头脑中还存在着从满足人类的真正需要的角度去衡量商品价值的思路,并且专注于在交换价值层面所体现出来的物与物之间的交换关系。这也导致他在界定由工资所体现出来的工人的劳动时,还是从"人的生命的自由表现"之丧失的角度去思考。尽管马克思也指认了这种资产阶级社会现实劳动的非自由性、非人性和非社会性,但这种指认并没有深入导致这一状况的内在矛盾中,也就是说,他还没有从生产力与生产关系矛盾运动的角度去思考社会现实劳动的矛盾。这就决定了马克思此时不可能真正告别从人性的角度去批判现实劳动的思路,也无法揭示出资本主义的真实社会关系,因此在对李斯特的生产力理论进行批判的时候也总是停留在政治批判的层面,难以从本质上揭露其"生产力理论"脱离现实社会关系

---

[1] 《李嘉图著作和通信集》第1卷,郭大力、王亚南译,商务印书馆1962年版,第8页。

的抽象性。只有当马克思随着自己思路中的那条客观现实逻辑的不断生长而彻底反思原有的抽象人本主义的哲学逻辑,不再从对象化劳动和异化的分析出发,而是立足于现实社会关系的理论层面,他才能够真正揭示出资本主义生产关系的剥削本质。

二、对劳动价值论理解的滞后并未阻止马克思客观现实逻辑的发展

从《评李斯特》这一文本的整体情况来看,马克思对古典政治经济学的态度尚未发生根本的转变,在政治经济学研究上的总体水平也并未有质的进展。不过仔细分析,我们还是能够看到他在文本写作的过程中所表达出的一些细微的变化。尽管马克思对古典政治经济学的评论总是带有批判意味,称这种理论为"坦率的古典的犬儒主义",但是我们会发现,这些批判性的话语其实却透露出他对古典政治经济学的理论彻底性的一种肯定态度。马克思在文本中指出,英法经济学"无耻地泄露了财富的秘密并使一切关于财富的性质、倾向和运动的幻想成为泡影",而这种经济学又是"把竞争和自由贸易的现代资产阶级社会作为前提条件的"。[1] 他实际上是在肯定这种经济学理论的现实社会性,并以此来批判李斯特经济学体系的虚伪和抽象。值得注意的是,马克思在这里大体上已经把从斯密以来的资产阶级政治经济学看作一门科学,他说:"象经济学这样一门科学的发展,是同社会的现实运动联系在一起的,或者仅仅是这种运动在理论上的表现。"[2] 同时他也看到了古

---

[1] 《马克思恩格斯全集》第 42 卷,人民出版社 1979 年版,第 241 页。
[2] 《马克思恩格斯全集》第 42 卷,人民出版社 1979 年版,第 242 页。

典政治经济学立足于资产阶级社会现实的那种坦率的"工业唯物主义"精神,而李斯特这个"真正的德国庸人"却"不去研究现实的历史",只在那里虚伪地"探求个人的秘密的恶的目的",其所谓的"国家生产力理论"不过是"研究室中编造出来的体系",根本不是对社会的现实运动研究的结果。

在他把李斯特的经济观点同古典政治经济学理论进行对比和批判的过程中,我们看到马克思的思路中不断地出现那条与抽象的人本主义逻辑并存且正在不断生长着的客观现实的理论逻辑,并且在分析经济学理论时已经具有一定的历史感。他在谈到李嘉图的地租理论时说:"按照李嘉图的学说,地租决不是土地固有的自然生产能力的结果,相反,它是土地的生产率越来越降低的结果,是文明和日益增长的人口的结果。"[1]而且他已经能够历史地看到,李嘉图的地租学说其实是"工业资产者为反对地主而进行的生死斗争在经济学上的表现"[2]。马克思更进一步指出资产阶级政治经济学的"实际出发点"就是资产阶级"市民社会",因此"对这个社会的各个不同发展阶段可以在经济学中准确地加以探讨"[3]。这是非常重要的一种理论进步,尽管这种历史性的思路并不是马克思此时自觉呈现出来的批判逻辑,但从直接语境上看,它确实表达了对客观历史规律的某种程度上的认识。这无疑是他写作《评李斯特》这一文本之前在布鲁塞尔初期的经济学研究的成果,"没有对经济学的比较性研究,马克思不可能提出这个政治经济学与资产阶级现实社会的具体关系以及对经济发展的各个具体阶段的

---

[1] 《马克思恩格斯全集》第42卷,人民出版社1979年版,第247页。
[2] 《马克思恩格斯全集》第42卷,人民出版社1979年版,第247页。
[3] 《马克思恩格斯全集》第42卷,人民出版社1979年版,第249页。

研究要求"[1]。当然，无论是对资产阶级社会与前资产阶级社会之间的具体差异还是资产阶级社会本身不同阶段的具体发展样态，马克思都没能做出客观的科学分析，但是这种历史性的分析视角已经使他在资本主义科学批判的道路上前进了重要的一步，使他越来越接近历史唯物主义，以致最终得以实现对人本主义思维的超越。

《评李斯特》这一文本在马克思主义哲学史上的历史地位很高的原因就在于它蕴含着一种思想的转变。抽象人本主义的逻辑思路依旧存在，但是由它所建构起来的整体框架正随着客观现实逻辑思路的不断生长而处于瓦解之中。所以，当马克思再使用那些曾经得心应手的逻辑话语时，似乎显得有些犹疑。我们知道，在《1844年手稿》中，马克思的逻辑框架里始终存在着一个作为抽象的人的类本质的劳动概念，并且使用的是人本主义异化史观的话语来言说"劳动"。而在《评李斯特》中，马克思是这样描述"劳动"概念的："'劳动'是私有财产的活生生的基础，作为创造私有财产的源泉的私有财产。私有财产无非是物化的劳动。如果要给私有财产以致命的打击，那就不仅必须把它当作物质状态，而且也必须把它当作活动，当作劳动来攻击。谈论自由的、人的、社会的劳动，谈论没有私有财产的劳动，是一种最大的误解。'劳动'，按其本质来说，是非自由的、非人的、非社会的、被私有财产所决定的并且创造私有财产的活动。"[2] 从上下文的语境来看，马克思这里表达的"劳动"概念其实还是他原来在《1844年手稿》里那个人本主义逻辑框架中的"异化劳动"，但此时并没有使用这一逻辑话语，而是把

---

[1] 张一兵：《回到马克思》，江苏人民出版社2005年版，第329页。
[2] 《马克思恩格斯全集》第42卷，人民出版社1979年版，第254页。

"劳动"加上了引号。从客观的研究对象上看,马克思是在批判李斯特的那种脱离资产阶级社会私有制具体现实的抽象化的"生产力理论",在资产阶级现实社会组织中的劳动,只能是工人把自己的片面发展的能力让渡给资本的劳动,而不可能是李斯特所想的那种只要把个人利益放在整个国家利益之中,劳动就必然成为自由的、人的、社会的劳动。在另一种意义上,从马克思当前的内在思路来看,他是在不自觉地放弃那种从抽象的人的类本质出发的人本学逻辑,这显然受到了经济学事实和实证方法的影响。对古典政治经济学劳动价值论理解的滞后并未阻止马克思此时在客观现实逻辑思路上的发展,尽管他对现实劳动的理解还没有深入对其内在矛盾的解读上,因此不可能真正地摒弃抽象的人学现象学的批判思路。但是,当他一旦意识到这是一种方法论上的深层变革,就必然会自觉地走向对人本学逻辑思路的解构。从这里的文本语境看,马克思的研究方法正在不自觉地向历史唯物主义靠近。他进一步指出:"废除私有财产只有被理解为废除'劳动'(当然,这种废除只有通过劳动本身才有可能,就是说,只有通过社会的物质活动才有可能,而决不能把它理解为用一种范畴代替另一种范畴)的时候,才能成为现实。"[1]因此,马克思指出,"一种'劳动组织'就是一种矛盾。这种能够获得劳动的最好的组织,就是现在的组织,就是自由竞争,就是所有它先前的似乎是'社会的'组织的解体。"[2]这里的理论思路已经开始指向社会内在矛盾了,也就是说,马克思已经开始从矛盾的角度来理解社会物质生产活动了,并且认识到只有通过这种矛盾着的社会物质生产活动的发展,才能实

---

[1] 《马克思恩格斯全集》第 42 卷,人民出版社 1979 年版,第 255 页。
[2] 《马克思恩格斯全集》第 42 卷,人民出版社 1979 年版,第 255 页。

现废除私有财产的目标。这也客观上表达了对斯密市民社会理论的认同,其方向的转变显然是受到了《布鲁塞尔笔记》前期的经济学理论研究的影响。当然,尽管马克思已经看到了交换价值的不合理与整个社会发展本身的矛盾,至于这种矛盾具体是什么,他此时并不清楚。马克思何时能够拉出一条生产力与生产关系之间矛盾运动的线索,他何时就能真正理解社会物质生产活动中所表现出来的矛盾。

我们看到,随着从社会现实出发的客观逻辑的不断生长,马克思也开始认识到了工业的社会历史意义。他认为,看待工业的时候不能"撇开了当前工业从事活动的、工业作为工业所处的环境",否则对工业的理解就"不是处身于工业时代之中,而是在它之上;那就不是按照工业目前对人来说是什么,而是按照现在的人对人类历史来说是什么,即历史地说他是什么来看待工业",倘若如此,我们所认识的工业"就不是工业本身,不是它现在的存在,倒不如说是工业意识不到的并违反工业的意志而存在于工业中的力量,这种力量消灭工业并为人的生存奠定基础"。[1] 马克思此时从现实工业出发的理论思路直接肯定了这种"工业"所创造的"世界历史意义",这显然也是受到古典经济学理论的影响而获得的对资产阶级社会现实的认知。同时,他还认识到,无产阶级革命的根据不是消除工业,而是要"摆脱工业力量现在借以活动的那种条件、那种金钱的锁链,并考察这种力量本身"[2],也就是说,要想打破"工业的羁绊",首先是要消除工业的资产阶级社会形式,因为资产阶级社会中的"工业"只是"一个过渡时期",而工业本身却正是否定

---

[1] 《马克思恩格斯全集》第42卷,人民出版社1979年版,第257页。
[2] 《马克思恩格斯全集》第42卷,人民出版社1979年版,第259页。

资产阶级社会的力量。当然,在这里阐述工业的社会历史意义时马克思的理论逻辑中仍旧存在着那条"人通过对象化劳动扬弃异化劳动关系,从而获得真正的人类本质"的思路。这也是《评李斯特》中时常呈现出来的复杂语境,即历史唯物主义同人本主义双重逻辑的僵硬对接,虽然这种逻辑复杂性在《1844年手稿》中就已经开始存在。但不同的是,在《评李斯特》中,两种逻辑思路共存于马克思总体思想格局中彼此的地位已经发生了重大的变化,立足于客观现实的历史唯物主义思路已经开始成为马克思理论逻辑运演中的主要思考尺度,而抽象的人学现象学思路尽管仍在发挥着作用,却已经开始丧失原先的逻辑统摄地位。在对李斯特的历史学派经济学观点进行批判的过程中,马克思的理论阐述时常会出现两种逻辑思路交错甚至对立的状况。随着对经济学理论的进一步深入研究,他必将真正开始反思自己思想中的内在逻辑难题,实现一场彻底的哲学革命。

第三节
徘徊于斯密的经济学视域及其所带来的哲学影响

在《评李斯特》之后,经过《关于费尔巴哈的提纲》的哲学话语的根本转换,马克思和恩格斯在《形态》中已经进入了历史唯物主义的哲学新视域。虽然这只是一种逻辑指认,但是他们已经在这种基于人的历史性存在的新唯物主义的科学世界观中来讨论现实的人的解放问题了。马克思和恩格斯在这里已经获得了对资本主义进行批判的一般逻辑,即广义历史唯物主义。与此同时,随着马克思在《布鲁塞尔笔记》和《曼彻斯特笔记》中对经济学研究的深入,在这条广义历史唯物主义的逻辑线索之外,又展开了另一条基于现实历史的狭义的科学实证批判思路,从而开始直接建构起有关现实资本主义的批判性话语。正如柯尔施已经指出的,"随着马克思革命的社会理论唯物主义的成熟,便出现了越来越强调狭义的经济学理论。经济学以其传统的形式,就像它由伟大的资产阶级古典经济学家特别是重农学派亚当·斯密和李嘉图所阐发的那样,对于有关资产阶级社会和彻底变革这个社会的实际通路的唯物主义理论来说,具有重要意义"[1]。这一思路是马克思对经济学研究的初步肯定的体现,也是构成后来马克思政治经济学批判的最基本语境。但是,哲学世界观的转变并未推动马克思和恩格斯此时在经济学层面上的理论视域的提升。从根本上看,《形态》中的马克思和恩格斯在经济学上仍然处于斯密的理论视域,即以工场手工业资产阶级社会的生产特征为参照,以单纯的物质条件的生产和再生产线索层面的分工来观察生产,从一般性的交换关系形式层面的交往来理解社会关系,还没有上升到李嘉图的资产阶级社会大工业生产的经济学视域。正因为马克思和恩格斯此时无法对斯密和李嘉图的经济学视域作出正确区分,这就导致他们在对唯物史观的深化上及对资产阶级社会批判话语的建构上都难以深入下去。

一、"分工"与"交往":基于斯密经济学意义上的理解

《形态》中"分工"与"交往"无疑是两个非常重要的概念,马克思和恩格斯正是通过它们构建起了对私有制社会本质的理解。但

---

[1] [德]柯尔施:《卡尔·马克思》,熊子云等译,重庆出版社1993年版,第72页。

是，此时的"分工"和"交往"究竟处在经济学理论视域的何种层面，这是我们必须认真思考的关键问题。对《形态》中这两个概念的经济学理论视域的准确定位，直接影响着我们对马克思和恩格斯此时在历史唯物主义哲学新世界观方面成熟程度的准确把握。事实上，从该文本的整体思路来看，马克思和恩格斯对"分工"和"交往"这两个概念的把握，仍然是基于斯密经济学意义的理解，还没有进入李嘉图的资本主义大工业生产的经济学视域。

马克思本人对分工问题的讨论最早在巴黎时期就已经出现了，但在当时他主要还是在人的劳动异化的思路中去理解分工问题的。如马克思在《穆勒评注》中指出，"同人的活动的产品的相互交换表现为物物交换，表现为做买卖一样，活动本身的相互补充和相互交换表现为分工，这种分工使人成为高度抽象的存在物，成为旋床等等，直至变成精神上和肉体上畸形的人。现在正是人的劳动的统一只被看作分离，因为社会的本质只在自己的对立物的形式中、在异化的形式中获得存在。分工随着文明一同发展"。[1] 这一时期的马克思是把分工放置在抽象人本主义的逻辑框架中进行解读的。在他看来，私有制社会中的"劳动只是人的活动在外化内部的表现，只是作为生命外化的生命表现，所以分工也无非是人的活动作为真正类活动或作为类存在物的人的活动的异化的、外化的设定"[2]。因此，马克思从人本主义异化史观的角度得出了"分工是关于异化内部的劳动社会性的国民经济学用语"[3]的结论。

到了《形态》，马克思和恩格斯已经进入了历史唯物主义的哲学新视域，因此，对分工概念的把握已不再立足于人本主义异化史

---

[1] 《1844年经济学哲学手稿》(单行本)，人民出版社2000年版，第175页。
[2] 《1844年经济学哲学手稿》(单行本)，人民出版社2000年版，第134页。
[3] 《1844年经济学哲学手稿》(单行本)，人民出版社2000年版，第134页。

观的逻辑。我们看到,在《形态》中马克思和恩格斯对分工问题的讨论是从一种对现实历史的科学实证批判思路中展开的,而不再用"异化"那种只有"哲学家易懂的话"[1]来阐述分工。他们在这里引出分工概念的目的,是想沿着分工和所有制的线索展开对私有制阶段的各社会形态的分析。在马克思和恩格斯看来,分工是生产力发展的表现形式,"一个民族的生产力发展水平,最明显地表现于该民族分工的发展程度","任何新的生产力,……都会引起分工的进一步发展"。[2] 而分工又决定了所有制的各种不同形式,也就是说"分工发展的各个不同阶段,同时也就是所有制的各种不同形式"[3],并且这种所有制的各种不同形式就是指那些与劳动材料、劳动工具和劳动产品有关的个人之间的相互关系。其实,马克思和恩格斯这里表达的所有制的含义实际上就是生产关系的内容,而分工和所有制的历史发展过程也就是生产力和生产关系的历史发展过程。只是由于马克思和恩格斯在这一转向历史唯物主义哲学新视域的过程中,对某些范畴的界定还比较模糊,从而没有把这些内容完全表述清楚。因此,我们在分析《形态》这一正处于马克思和恩格斯思想发展过程中形成的阶段性文本时,就不能只从形式上去理解某些概念,而要把它们放置在马克思和恩格斯此时的思想历程中,去考察其所表达的真实内容。

马克思和恩格斯阐述了与分工的不同发展阶段相对应的不同的所有制发展形式。第一种所有制形式是部落所有制。这个阶段的分工还很不发达,即生产力处于不发达的状态。因此,分工"仅

---

[1] 《德意志意识形态》(节选本),人民出版社2003年版,第30页。
[2] 《德意志意识形态》(节选本),人民出版社2003年版,第12页。
[3] 《德意志意识形态》(节选本),人民出版社2003年版,第12页。

限于家庭中现有的自然形成的分工的进一步扩大"[1],与此相对应的所有制形式也只能限于家庭的扩大。第二种所有制形式是古典古代的公社所有制和国家所有制。与这个阶段相对应的分工已经比较发达,并且随着这种分工状况在工商业劳动和农业劳动之间的加剧,社会结构中产生了城乡之间的对立,最后发展成了一些代表城市利益的国家与另一些代表乡村利益的国家之间的相互对立,这就必然在所有制形式上表现为公社所有制和国家所有制共存的状况。第三种所有制形式是封建的或等级的所有制。在这个阶段,生产力水平呈现为小规模的粗陋的土地耕作以及手工业式的工业状况,与这种很不发达的生产力相对应,分工也是很不发达的。在农业中,土地的小块耕作使得分工受到阻碍,与此相对应的必然是封建土地所有制形式;在工业中,不仅各手工业内部根本没有实现分工,就连各手工业之间的分工水平也非常之低,因此,处在这种分工状况下的所有制必然是与土地占有的封建结构相适应的同业公会所有制形式。[2]

我们必须看到,马克思和恩格斯这里的分工并不是处于严格意义上的历史唯物主义视域中的概念,就此时的分工本身来说,它实际上还只是一个斯密经济学意义上的概念。因为,历史唯物主义视域中的分工不应该是一个抽象的概念,而应该是一种建立在历史发生学意义上的分工,并且在从分工和所有制的对应关系的角度考察社会历史过程时,不应该只进行一种经验式的描述,而应该从二者构成的内在矛盾的线索去把握社会历史发展的过程本身。但是,在上述这段文本中,马克思和恩格斯的分工事实上是指

---

[1] 《德意志意识形态》(节选本),人民出版社2003年版,第13页。
[2] 《德意志意识形态》(节选本),人民出版社2003年版,第14页。

斯密那种受影响的社会自然力的"赐予",还不是历史发生学意义上的分工。如马克思和恩格斯在谈到第一种部落所有制形式的时候,若是讨论具体的历史性的分工,就应该从社会内在矛盾的角度去分析奴隶同奴隶主之间的分工,而不是经验性地描述一种分开来工作的状况。后来在《哲学的贫困》中,马克思本人专门从这一角度对蒲鲁东进行了批判。而在斯密那里,分工就是一个抽象的概念。因为斯密是在用创造使用价值的社会自然力赐予的角度去反对重农学派时讨论分工问题的,这就决定了斯密的分工只能是一个笼统的概念,是指一般的人类自然力。马克思和恩格斯此时受斯密的影响,只是一个阶段接着一个阶段笼统地描述与分工相对应的所有制形式的变化,但是无法讲清所有制形式何以会随着分工的发展而发展,也无法解释各个历史阶段如何进行过渡。

从根本上说,马克思和恩格斯在《形态》中的分工概念之所以受到斯密的影响,是因为他们此时还是在斯密时代手工业资产阶级社会的经济学视域中讨论劳动分工的发展水平问题。这就必然导致其对分工问题的理解无法深入下去,也不可能对分工的不同性质和不同历史形式作出准确的区分。马克思本人在之后的《哲学的贫困》中才越出斯密的藩篱,进入李嘉图大工业生产的经济学视域理解分工问题,并且在1857年以后的经济学研究中才真正科学地解决分工问题。那么,此时在《形态》中徘徊在斯密的经济学视域,这就注定了马克思和恩格斯对分工的理解也和斯密一样,是从单纯的物质条件的生产和再生产的线索上展开的。从马克思和恩格斯通过分工和所有制的对应关系来对社会历史过程的阐述来看,他们对分工的理解事实上只是沿着物质条件的生产和再生产的线索,在经验层面上阐述了分工与所有制的各自发展变化之间的对应关系,并把分工经验性地理解为工商业劳动和农业劳动的分离、城乡的分离、商业劳动和工业劳动的分离以及工业劳动部门内部的分工。这种理解缺少了分工的社会生活内容,也就是缺少了后来在《哲学的贫困》中谈到的各个不同历史时代的分工所具有的内容,所以他们还没有把工场手工业条件下的分工同资本主义大工业条件下的分工两者间的内容差异放置在此时的理论视域之中。由此,马克思和恩格斯此时也就无法理解,资本主义大工业已经不再是以分工占统治地位的生产方式了,而是发展到以劳动力的结合和科学力量的应用占统治地位的生产方式。因为,在资本主义大工业社会中,"劳动的结合和所谓劳动的共同精神都转移到机器等上面去了"[1]。而此时,由于马克思和恩格斯的经济学理论研究方面的滞后,显然对经济社会过程的认识还不深刻,在经验层面的分析思路也使得他们无法从矛盾的角度去阐释分工和所有制的关系,即它们所代表的生产力和生产关系之间的内在联系。由此带来的问题就是,马克思和恩格斯此时对社会发展形态的理解缺失了现实历史的矛盾运动线索,从而遮蔽了在对资产阶级社会批判中最重要的理论支点,即劳动者与劳动资料在资本主义生产过程中相互分离的事实。

在《形态》中,与"分工"紧密相连的是"交往"概念。有了分工,人们之间才产生了交往的需要,并且分工的扩大使生产和交往产生了分离。[2] 在这里,历史唯物主义正是以批判性的分工理论为中介,通过交往这一概念实现了对资本主义的批判。因此,在一定意义上可以说,对分工概念的理解将直接影响马克思和恩格斯此时对交往概念的理解。我们看到,在《形态》中,他们也是在斯密的

---

[1] 《马克思恩格斯全集》第30卷,人民出版社1995年版,第588页。
[2] 《德意志意识形态》(节选本),人民出版社2003年版,第51页。

经济学视域中去讨论交往概念的,也就是在基于工场手工业条件下一般性的交换关系层面去理解交往,继而从这种人与人的直接交往关系去理解社会关系。所以,与此相对应的在哲学层面讨论的"交往形式"的概念,就不可能等同于马克思后来在历史唯物主义意义上所表达的"生产关系"概念的内涵。在文本中,我们会看到马克思和恩格斯还是从交换关系和商业关系的视角去理解交往。如在谈到由分工的发展所带来的社会形态变化时,他们把受自然界支配的社会形态中的交往看作"人和自然之间的交换,即以人的劳动换取自然的产品",而把受资本统治的社会形态中的交往视为"人与人之间进行的交换",并且这种社会形态的前提是各个个人彼此互不依赖,只以交换集合在一起。[1] 在谈到人类历史时,他们说"始终必须把'人类的历史'同工业和交换的历史联系起来研究和探讨"[2]。马克思和恩格斯此时由于经济学理论水平的滞后,对"交往"概念的理解事实上并没有走出一般性的人与人之间进行物物交换的理论视域,达到具体的社会关系中的劳动力与资本之间的交换层面。如他们在阐述市民社会问题时说:"市民社会包括各个个人在生产力发展的一定阶段上的一切物质交往。它包括该阶段上的整个商业生活和工业生活,……这一名称始终标志着直接从生产和交往中发展起来的社会组织。"[3] 我们知道,从交换关系和商业关系的角度去理解交往形式,是不可能进入现实生产关系的理论视域的。因为这一思路必然会使马克思和恩格斯对社会关系的理解停留在流通领域,并把在此关系之中的物物交换看作生产这些物的自由自主的人与人之间的"交往",从而在一般

---

[1] 《德意志意识形态》(节选本),人民出版社 2003 年版,第 47 页。
[2] 《德意志意识形态》(节选本),人民出版社 2003 年版,第 24 页。
[3] 《德意志意识形态》(节选本),人民出版社 2003 年版,第 75 页。

的人与人之间的社会关系中去理解资本主义社会中现实的具体的生产关系，也就是工人与资本家在生产过程中所组成的现实社会关系。循此思路，他们也必然看不到资本主义生产方式中工人与资本家之间的交往并不是普通的物物交换关系，而是劳动力与资本的交换。因此，这一时期的马克思和恩格斯也不可能认识到劳动力这一特殊商品的性质所在。古典经济学家正是由于无法深入资本主义生产关系的理论视域，因此无法区分劳动和劳动力，看不到劳动力的特殊性在于它在生产过程中创造出剩余价值，以为工人出卖的是劳动而不是劳动力商品，从而无法认识到在劳动力与资本进行交换的时候所表现出来的特殊状况。马克思和恩格斯此时的思路也同这些古典经济学家一样，因此才会把"商人的资本"看成是现代意义上的真正的资本[1]，而且从"积累起来的劳动"的角度去理解"资本"[2]。从上面的分析中我们看到，这种从交换去理解交往、从一般性的人与人的社会关系去理解交往形式的理论思路，说明了马克思和恩格斯此时在经济学理论水平上的滞后；由此带来的后果就是，他们在哲学层面还无法真正进入历史唯物主义的视域。

二、无法正确区分斯密和李嘉图对马克思思想发展带来的遗憾

总体来说，马克思在《形态》中是从斯密的经济学视域去解剖资本主义社会的，并力图透过这样的社会去理解资本主义以前的社会历史过程。因此，我们看到，马克思沿着斯密的分工和交换的

---

[1] 《德意志意识形态》(节选本)，人民出版社 2003 年版，第 53 页。
[2] 《德意志意识形态》(节选本)，人民出版社 2003 年版，第 47 页。

线索展开自己的理论思路,从分工出发去观察生产,从一般性的人与人的直接社会关系出发去观察社会生活,他实际上参照的只是斯密所处的手工业资本主义时代的生产特征。这一时代与重农学派时期相比较,在劳动本身的自然力的分工方面已经有了很大的提高,由此创造了大量的财富。这就导致由财富的增多而引发的超出劳动者自身消费的那部分剩余产品的交换也迅速发展起来。所以,我们看到,斯密的理论思路是从分工的角度去理解生产力的发展,并把分工和交换紧密地结合在一起。相较于后来李嘉图所处的大工业资本主义时代,这种理论视域显然只能表述资本主义社会初级阶段的特殊经济属性,因为在李嘉图的经济学视域中,资本主义生产发展的标志已经从分工的扩大转为固定资本的发展。用马克思后来的话说,在斯密所处的工场手工业资本主义时代,真正由资本本身创造的那种劳动生产力还不存在,同时这也意味着真正资本化的社会交换关系也还没有出现。

马克思在《形态》中对资本主义社会生产的理解主要是受到了斯密的劳动概念的影响。斯密的劳动概念超越了重农学派的狭隘的农业劳动生产的限制,他把劳动作为一般性的劳动进行考察。但是斯密的劳动概念中间包含了很强的物的生产的特性,也就是使用价值的生产的特性,而忽略了社会关系的生产的特性。这就使得斯密的劳动指向一般人类自然力,表现为一种自为存在的生产性,而不是被理解为工人的劳动力、农民的劳动力。这样的理解是无法洞悉内在矛盾的,因此斯密在这种一般性的劳动中根本看不到资本家和工人之间的剥削关系,不知道社会的内在矛盾关系。既然斯密理解的劳动不是跟资本相对立的雇佣劳动,不是跟地主相对立的农民劳动,而是一般人类自然力的使用价值的生产,那么,对于这种生产来说,关系的生产本身必然在他的论述过程中不占主导地位,是被理解为一种在流通领域的交换关系或者商业关系的。马克思此时就是受到斯密上述思路的影响,因此从分工和交换的角度出发对资本主义社会进行批判,这样无法对现实社会做出清楚的分析。马克思如果能够越出斯密的手工业资本主义视域而达到李嘉图的大工业资本主义的视域,他对劳动生产概念的理解就能从劳动本身的自然力分工的角度进入机器大生产之上的技术协作所创造的生产力层面,对社会关系的理解也就能透过一般的人与人之间的直接交换关系进入工人和资本家的生产关系,最终就能科学地抽象出关于资本主义社会结构本质的理解。关于这一问题,马克思是在1847年的《哲学的贫困》中才逐渐达到李嘉图的经济学视域,而在《1857—1858年经济学手稿》中才在哲学视域中建构起对李嘉图经济学的科学批判起点。

那么,接下来要思考的问题就是:无法正确区分斯密和李嘉图各自的理论视域,给马克思的思想发展带来了何种遗憾。我们知道,随着《布鲁塞尔笔记》和《曼彻斯特笔记》中经济学研究的深入,马克思不仅在阅读拜比吉、尤尔等人的经济管理著作的基础上进一步确定了生产和分工在整个社会发展过程中所起到的作用,而且通过在曼彻斯特期间阅读英国李嘉图式社会主义经济学家的著作发现了从李嘉图的经济学出发批判资本主义的可能,认识到只有在资产阶级政治经济学的客观现实逻辑的基础上才能找到批判资产阶级社会的真正现实的路径。正是在这种经济学背景下,马克思此时已经把源于经济生活内容的现实思路拉进了自己理论分析的主导线索,并以此来理解社会历史过程的本质,从而提供了一个真实呈现新世界观的逻辑平台。但是,马克思在这里的思想也同时受到了经济学研究的制约。在《形态》中,从哲学世界观的角度看,马克思显然已经转向了历史唯物主义,并进行了最基本的科学的哲学概括。但实际上,由于他此时并没有真正理解经济学,还无法正确区分斯密和李嘉图的经济学视域,特别是还没有形成自己独立的经济科学理论和体系,因此马克思在这里对社会历史过程的理解其实并未进入真实的历史视域,也就是还没有真正从历史发生学意义上去把握它的形成。这就使得马克思此时也不可能通过经济事实科学地认识到资本主义经济现实的本质,即从历史发生学的意义上去认识资本关系的形成过程。可以说,此时在经济学研究方面的局限严重影响着马克思在哲学历史观上的发展和深入。所以,我们在《形态》中会看到,马克思有着明显不同的两种表述思路:一种是一般性的历史抽象的思路,即对一般社会存在和本质的抽象描述;一种是从科学的认识论出发的经济学实证批判思路,即基于现实经济事实的历史表述。当然,尽管此时的马克思并没有真正进入历史视域中,但他还是科学地超越了资产阶级政治经济学的局限性,因为当他从哲学人本主义转换到历史唯物主义的时候就已经开始了一种把历史性的社会本质作为出发点的历史的科学抽象。而资产阶级经济学家却把资本主义生产方式视为一种永恒的非历史的自然规律,因此他们看不到资本主义社会的本质,反而把资本主义经济现实本身在历史发生过程中经过变异的假象当作真相。资产阶级经济学家在这个颠倒了的扑朔迷离的历史阶段打转,而已经转到历史唯物主义立场的马克思,从一开始就站在了必然超越他们的出发点,不过由于《形态》时期的经济学研究的滞后,马克思还不可能完全达到这样的理论水平。马克思在《形态》中依旧徘徊在斯密的经济学视域,把分工作为理解生产力发展的视角,并从一般性的人与人之间的交换关系出发去理解资本主义社会关系的本质。尽管表面上看起来,马克思此时已经把分工和所有制等经济方面的因素放置在了他的哲学思路的基础性层面,但是在这里他还没有能够真正地理解这些经济因素之间的关系及其本质,因此,仅仅停留在斯密的经济学视域中无法为马克思的哲学思路提供反思和深化的机会和动力,更无法对社会历史过程作出真实的科学的分析。这不仅使得马克思不能找到李嘉图对大工业经济关系进行抽象的资本主义社会这个真正的"人体",而且也影响了对资本主义社会以前的各社会阶段的"猴体"的理解水平。可以说,马克思只有正确区分开斯密和李嘉图,真正在经济学意义上立足于李嘉图已经达到的政治经济学的最高历史水平,他才有可能实现对全部社会历史过程的真实解剖,也才能够超越资产阶级政治经济学而形成真正科学的经济学批判理论,并在这一过程中不断地深化自己原有的哲学思路,最终真正地进入历史唯物主义的哲学境域。

当然,尽管马克思此时在经济学视域上的局限影响着他在哲学世界观上的发展和深入,但是历史唯物主义基本立场的转变已使得马克思对古典经济学劳动价值论的解读视角找到了正确的方向,从而为科学解读李嘉图经济学作了理论上的准备。从文本内容来看,马克思在《形态》中对价值及与此有关的问题的论述篇幅并不多,但这里所表现出来的理论意义是非常深远的,它推动了马克思在价值问题研究上的进一步发展,并清晰地反映出马克思对劳动价值论从否定到承认的重大思想转折。在历史唯物主义的视域下,马克思把物质生产活动当作人类生存和发展的唯一基础,这一点就使他在转向劳动价值论时采取了正确的看法,而不再把竞争作为价格形成中的一个决定性因素。在前面的分析中,我们已经知道,从《巴黎笔记》开始马克思就认为由竞争决定的价格完全是偶然的,因此,价格同劳动或生产费用没有任何联系。到了《神圣家族》,马克思虽然看到了价值是由劳动时间决定的,但仍然没有摆脱竞争是其中一个决定因素的看法。而在《形态》中，马克思已经接受了劳动价值论，他直接承认了价格在竞争中是由生产费用决定的，当他在同施蒂纳进行论战的时候就批评其"甚至没有从竞争中了解到……在竞争的领域中面包的价格是由生产成本决定的，而不是由面包师任意决定的"[1]。此时，马克思所理解的生产费用就是指生产某种商品所花的费用，包括全部物化劳动和活劳动的消耗。由生产费用所决定的商品价格，在雇佣劳动条件下就表现为工资、利润、利息和地租等的总和，而这一切都是由工人在生产中所耗费的活劳动创造出来的。并且，马克思之所以明确地把生产费用同耗费的劳动等同起来，不仅在于商品价值是由劳动决定的，他还指出，作为交换手段的货币也是以劳动为基础的。因为金属货币的价值，"完全是由生产成本即劳动所决定的"[2]。同时，马克思也摆脱了之前在竞争与价值的关系问题上的认识局限，因为在此之前他一直认为竞争是作为一种能够消灭一切商品的内在价值的破坏性力量而存在的。但是在这里，马克思已经赋予了竞争以全新的意义，即认为竞争具有根据社会需要来调节社会劳动的分配的力量，而这也是竞争的革命性的方面。正是在这一意义上马克思认为，只有通过竞争的作用，商品的价值由生产该商品所耗费的劳动而决定的问题才能得到解决。可见，对竞争所赋予的这一全新的意义，在马克思对劳动价值论的认识方面也是不可或缺的。当然，马克思在这里还没有深入地研究竞争如何使价格和生产费用相平衡的问题，他还没有解决劳动决定价值与资本主义商品生产中所出现的利润平均化之间的矛盾的问题。这一问题

1　《马克思恩格斯全集》第 3 卷，人民出版社 1960 年版，第 430 页。
2　《马克思恩格斯全集》第 3 卷，人民出版社 1960 年版，第 466 页。

直到十九世纪五十年代,马克思才得以真正地解决。我们看到,尽管马克思在《形态》中并没有系统地论证劳动价值论本身,甚至对价值规律中的一些问题也还没有深入地研究思考,如他还没有阐明决定商品价值的劳动的性质和内涵,也还没能正确地区分价值、交换价值以及价格。但对古典经济学劳动价值论的承认就使得马克思完全改变了他以前对古典经济学的否定态度,而转向了对其成就的肯定性评价。马克思认为:"在政治经济学里已经提出了一种思想:主要的剥削关系是不以个人意志为转移,是由整个生产决定的,单独的个人都面临着这些关系。"[1] 所以,政治经济学是基于一种客观事实基础,对资本主义社会中的社会关系的机制和过程的抽象研究和描述。马克思认识到,正是在这个意义上政治经济学才算得上是一门严格的科学。不久之后,马克思在写给安年柯夫的信和《哲学的贫困》中就完全站在了李嘉图的经济学立场,并第一次系统地把历史唯物主义的观点和方法运用在政治经济学的研究之中。

---

[1] 《马克思恩格斯全集》第 3 卷,人民出版社 1960 年版,第 483 页。

第三章　经济学上对李嘉图学说的正面接受及社会历史观上的初步扬弃

　　1847年,针对蒲鲁东的小资产阶级思想,马克思撰写并发表了《哲学的贫困》,这是他公开发表的第一部经济学著作,也是他把历史唯物主义运用于经济学研究的结果。在这本著作中,马克思在经济学上对李嘉图给予了充分的肯定,并完全从李嘉图劳动价值论的观点出发对蒲鲁东的经济学观点进行了彻底的批判。正是马克思此时对李嘉图经济学理解上的推进,使得他在对社会关系概念的认识上也更加深入,从而超越了一般性的人与人之间关系的理论层面,开始专注于对现实社会生产关系的研究。但是,对李嘉图经济学无批判的接受和运用,也使得马克思无法认清李嘉图学说的局限性,导致他在具体经济观点上还不能区分劳动商品和劳动力商品的概念,因而也不可能得出剩余价值理论。这就意味着马克思在《哲学的贫困》中还无法超越李嘉图的劳动价值论,也无法对资产阶级生产方式作出科学的把握。同时,李嘉图在社会关系问题上的思路局限也在很大程度上影响着马克思,因为从李嘉图所立足的工人与资本家之间的分配关系出发,马克思是不可能真正理解资产阶级社会的内在矛盾的,他只有深入对生产关系领域中不平等现象的分析,才能找到资产阶级社会必然灭亡的内在矛盾根源。不过说到底,《哲学的贫困》体现了分别在哲学和经济学的两条线索上展开的思路。而真正将历史唯物主义有机地深化到经济学研究中的就是1849年以社论形式公开发表的一组演讲稿——《雇佣劳动与资本》。在这一文本中,马克思第一次正面系统地阐述了自己的经济学思想,并且也是第一次真正地在经济学维度对资产阶级社会进行了批判。马克思这里立足于李嘉图的劳动价值论,对雇佣劳动与资本之间的对抗性关系进行了具体的、历史的分析,获得了经济学和哲学双重维度上的推进。但也正由于马克思很大程度上仍然是参照李嘉图的学说,所以也受到这一理论范式的制约。在没有准确地得出剩余价值理论之前,马克思还不可能从根本上说清楚资产阶级社会中剥削关系发生的内在过程。

第一节
《哲学的贫困》中对李嘉图经济学的正面接受及其哲学意义

《哲学的贫困》是马克思针对蒲鲁东的《贫困的哲学》所作的论战性文字。在这一文本当中,马克思在经济学上第一次正面接受了李嘉图的经济学理论,他直接肯定李嘉图学说是古典经济学理论的最高点。我们看到,马克思在对李嘉图经济学的认识上是经历了一个理解过程的:从四十年代初的《巴黎笔记》和《1844年手稿》中对李嘉图经济学的简单拒斥,特别是对劳动价值论的直接否定,到《神圣家族》《评李斯特》和《形态》中对劳动价值论解读视角的逐步转换,直至此时在《哲学的贫困》中对李嘉图经济学的完全肯定。归结起来,这一思想转变过程一方面是由于马克思在政治经济学理论研究方面的逐渐深入,另一方面,也是最重要的,就是由于马克思历史唯物主义哲学世界观的确立。当然,由于马克思此时对价值问题的理解完全是依据李嘉图的劳动价值论,因此,在接受李嘉图学说的合理性的同时,他也忽略了其理论中存在的缺陷。或者说,马克思这时由于经济学研究方面的不足,还没有能力正确地指出李嘉图的价值理论中存在哪些缺陷。但是,在这一文本中对李嘉图劳动价值论的科学性的高度评价,以及在此基础上对一些经济学问题所做出的分析,都为马克思之后充分地利用并且批判地吸收李嘉图学说以及资产阶级古典经济学中的科学要素开辟了道路。更为重要的是,李嘉图的劳动价值论所触及的具体的、客观的社会关系问题对马克思关于社会生产关系的认识产生了重要的影响。在《哲学的贫困》中,马克思正是通过对李嘉图劳动价值论的进一步研究,把对社会生产关系的理解提升到了历史唯物主义的理论层面,从而走向了对社会生产关系概念的深入理解。

一、在经济学上对李嘉图经济学的充分肯定

马克思在《哲学的贫困》中所阐述的经济学观点主要是围绕着价值问题展开的,具体地说,在这一文本中,他已经正面接受了李嘉图的劳动价值论,并且从李嘉图的经济学角度出发对蒲鲁东的经济观点进行了彻底的批判。马克思此时高度评价了李嘉图在政治经济学领域中的理论贡献,认为"李嘉图的学说严峻地总括了作

为现代资产阶级典型的整个英国资产阶级的观点"[1]。他把李嘉图的价值理论看作"对现代经济生活的科学解释"[2],因为李嘉图是把现代社会当作出发点的,从而为我们指出了资产阶级生产的实际运动,即构成价值的运动。马克思说道,只要把李嘉图的简单明了而又准确的语言同蒲鲁东的那种玩弄词句的企图比较一下,就完全能够看出李嘉图经济学的理论贡献。[3] 此时的马克思已经不是一般性地承认劳动价值论和肯定古典经济学的科学性了,他在这一文本中的大部分经济学观点都已经转到了古典经济学的最高理论水平——李嘉图的经济学立场。[4] 可以说,马克思在这里已经是"作为劳动价值论的辩护人"[5]而出现的。而在写作《哲学的贫困》的三个月的时间当中,马克思并没有特别为这一论战进行更加广泛的经济学理论研究,他所依据的经济学理论都是在写作《形态》前后的经济学研究中所获得的认识。由于那时对资产阶级经济学各种流派的研究,在《哲学的贫困》中,马克思已经能够从古典经济学中区分出斯密和李嘉图,这种区分明显地超出了《形态》时期的经济学视域。马克思直接肯定了李嘉图作为古典经济学理论的最高点,因为他"已经科学地阐明作为现代社会即资产阶级社会的理论",并认为李嘉图的学说"严峻地总括了作为现代资产阶级典型的整个英国资产阶级的观点"[6]。马克思在这里对李嘉图的态度转向非常明确,在针对蒲鲁东批判的李嘉图把帽子的生产

---

[1] 《马克思恩格斯全集》第4卷,人民出版社1958年版,第89页。
[2] 《马克思恩格斯全集》第4卷,人民出版社1958年版,第93页。
[3] 《马克思恩格斯全集》第4卷,人民出版社1958年版,第92—93页。
[4] 庄福龄、孙伯鍨:《马克思主义哲学史》(黄楠森等主编,八卷本)第2卷,北京出版社1991年版,第118页。
[5] [德]图赫舍雷尔:《马克思经济理论的形成和发展(1843—1858)》,马经青译,人民出版社1981年版,第200页。
[6] 《马克思恩格斯全集》第4卷,人民出版社1958年版,第89页。

费用和人的生活费用混为一谈的问题时,马克思为李嘉图辩护道:"当然,李嘉图的话是极为刻薄的。把帽子的生产费用和人的生活费用混为一谈,这就是把人变成帽子。但是用不着对刻薄大声叫嚷!刻薄在于事实本身,而不在于表明事实的字句!……如果他们责难李嘉图和他的学派言词刻薄,那是由于他们不乐意看到把现代经济关系赤裸裸地揭露,把资产阶级最大的秘密戳穿。"[1] 同样是这种"刻薄的话语",在这里马克思就承认,这是李嘉图对资本主义剥削和发财致富的秘密的揭露,而在《巴黎笔记》时期马克思却认为那是对现实的个人的真正侮辱与诽谤,它使"人愈来愈被抽象掉,现实生活也愈来愈被抛在一边,而考察物质的、非人的财产的抽象运动"[2]。我们看到,从《巴黎笔记》和《1844年手稿》中马克思对李嘉图经济学的简单拒斥,特别是对劳动价值论的直接否定,到《神圣家族》《评李斯特》和《形态》中对劳动价值论解读视角的逐步转换,马克思在《哲学的贫困》中已经完全肯定了李嘉图学说,并直接站到了劳动价值论的经济学立场。这一方面是由于马克思在政治经济学理论研究方面的逐渐深入,另一方面是由于历史唯物主义哲学世界观的确立,而这二者彼此相连,并始终处于辩证的相互作用之中。

如上所述,马克思在《哲学的贫困》中对李嘉图经济学的肯定是围绕价值这一政治经济学范畴体系中的中心范畴展开的。马克思此时也认识到,价值问题是政治经济学全部科学结构的出发点,他已经充分地肯定了李嘉图的劳动价值论,看到这一理论是科学

---

[1] 《马克思恩格斯全集》第4卷,人民出版社1958年版,第94页。
[2] 《马恩列斯研究资料汇编(1980年)》,书目文献出版社1982年版,第43页。

地阐明工人阶级受剥削和科学共产主义的经济依据的唯一钥匙。[1] 尽管马克思此时并没详细地论证价值规律发生作用的整个机制,但是向劳动价值论立场的转换就使得他在经济学观点上发生了质的变化。马克思只有从劳动价值论的角度出发才能认识到支配商品生产和交换的规律,因为它使劳动的耗费不断地化为社会必要的尺度,从而迫使单个生产者意识到他们劳动的社会联系,因此承认了劳动价值论也就是认识到了在私人商品生产者内部调节着分为不同生产领域的社会总劳动的规律。[2] 在古典经济学的劳动价值论问题上,李嘉图比斯密要彻底得多。斯密一方面认为价值决定于生产商品所必要的劳动量,后者确定了一切商品的交换价值的基础,另一方面他又看到工人的工资在资本主义生产条件下通常少于工人的劳动产品,这样价值又取决于商品所能买到和支配的劳动量,也就是决定于劳动本身的价值。李嘉图严肃地指出了斯密在劳动价值论问题上的混乱,他彻底地表述和发挥了劳动价值论,使其达到了古典经济学理论的最高水平。李嘉图清楚地认识到,决定价值的劳动和劳动的价值所表达的是完全不同性质的两种含义。前者指的是生产商品所耗费的必要劳动量,而后者指的是劳动的报酬或者工资。劳动本身的价值同其他商品的价值一样,也要受到供求关系及其他商品价格变动的影响而经常变动,因此,劳动的价值是不能作为价值的尺度的,也就是说不能把商品所能买到和支配的劳动量作为衡量其他一切商品的价值尺度。马克思在此高度评价了李嘉图在政治经济学领域所做出的重

---

[1] [苏]马雷什:《马克思主义政治经济学的形成》,刘品大等译,四川人民出版社1983年版,第181页。
[2] [德]图赫舍雷尔:《马克思经济理论的形成和发展(1843—1858)》,马经青译,人民出版社1981年版,第193页。

大贡献,他指出李嘉图的劳动价值论是"对现代经济生活的科学解释",因为李嘉图是"从一切经济关系中得出他的公式,并用来解释一切现象,甚至如地租、资本积累以及工资和利润的关系等那些骤然看来好象是和这个公式抵触的现象,从而证明他的公式的真实性;这就使他的理论成为科学的体系"[1]。当然,马克思此时对价值问题的理解完全是依据李嘉图的劳动价值论,因此,在接受了李嘉图学说的合理性的同时也忽略了其理论中存在的缺陷。或者说,马克思这时由于经济学研究方面的不足,还没有能力正确地指出李嘉图的价值理论中存在哪些缺陷。我们看到,在《哲学的贫困》中,马克思事实上同李嘉图一样,也没有区分开价值与其表现出来的各种价值形式之间的不同,有时会用一个概念表示不同的内容,而有时又会用不同的概念去表示同一个内容,如他经常用"价值"表示交换价值或者价格。因此,当马克思一方面说道"任何产品的相对价值都恰好由包含在产品中的劳动量来确定"[2]时,我们又会在其他地方看到他说"产品的相对价值由生产它的必要劳动时间来确定"[3],这说明马克思此时还没有严格地区别开价值、交换价值以及价格等概念,对这些术语的使用还处于混乱之中。

基于此时对李嘉图价值问题的理解,马克思在《哲学的贫困》中讨论货币本质的问题时,也是从李嘉图的货币理论出发来阐述自己的货币概念的。我们知道,李嘉图在对货币问题的理解上是存在着矛盾的。他一方面以劳动价值论为基础来说明货币价值的决定问题,正确地指出金银的价值决定于物化在金银中的劳动时间,因此,流通手段的数量首先决定于货币本身的价值,所需要的

---

[1] 《马克思恩格斯全集》第4卷,人民出版社1958年版,第93页。
[2] 《马克思恩格斯全集》第4卷,人民出版社1958年版,第102页。
[3] 《马克思恩格斯全集》第4卷,人民出版社1958年版,第106页。

货币量同金属货币的价值成反比。[1]另一方面他却又认为确定货币价值的不是劳动时间，而是供求规律，在面对具体经济事实的时候他又认为货币是没有价值的，从而放弃了劳动价值论，转向了商品价格和流通中货币数量的表面现象之间的关系，由此错误地走向了货币数量论。所以，在李嘉图看来，并不是在任何情况下金属货币的价值都是由物化在其中的劳动时间决定的。如果货币发行的数量超过了该社会在一定时期内的全部商品流通所需的那部分数额，那么货币的价值就会下降，而商品的价格就必然会相应地上涨。反之，货币的价值就必然会上升，而商品的价格则相应地下降。只有当货币发行的数量同该社会在一定时期内市场上所流通的商品数量及其价格总额稳定在正常比例的时候，金属货币的价值才决定于其中物化的劳动时间。这就说明当李嘉图面对具体经济事实的时候，只看到了货币的流通手段职能，完全忽视了货币的价值尺度职能，从而不懂得金属货币的流通和纸币的流通的区别，用纸币的流通规律来说明金属货币的流通。马克思此时接受并高度评价了李嘉图的这一货币理论，他说："李嘉图非常理解这个真理，他把价值取决于劳动时间作为他的整个体系的基础，并且指出：'金银象一切其他商品一样，它们所具有的价值，只是与生产它们并把它们投入市场所必要的劳动量相适应'，但是他又补充说，确定货币价值的不是实物所包含的劳动时间，而只是供求规律。"[2]并且，马克思还指出，纸币代替金属货币执行职能这一事实本身就恰恰证明了李嘉图货币数量论的正确性。他说："在一切商品中，只有作为货币的金银不是由生产费用来确定的商品：这一点

1　《李嘉图著作和通信集》第4卷，蔡受百译，商务印书馆1980年版，第53页。
2　《马克思恩格斯全集》第4卷，人民出版社1958年版，第125页。

是确实无疑的,因为金银在流通中可以用纸币来代替。只要流通的需要和发行货币……的数量之间保持着一定的比例,那就不可能产生保持货币的内在价值……和名义价值之间的比例问题。"[1]因此,在马克思看来,只有在国际贸易当中,货币才同其他一切商品一样决定于劳动时间。因为只有在这种情况下,金银才只是以产品的身份而不是以货币的身份作为交换手段的,所以要由生产它们所需要的劳动时间来确定。马克思在这里是不加批判地接受了李嘉图的货币数量论,还没有认识到这一理论的局限性,以及这一理论对他在劳动价值论问题的理解上所带来的影响,直到五十年代初的《伦敦笔记》中马克思才真正从根本上克服李嘉图货币数量论的缺陷。

围绕着价值问题,马克思此时在关于地租的问题上也接受了李嘉图的理论。我们知道,李嘉图的地租理论也是从劳动价值论的基础出发,认为农产品的价值决定于最大的劳动耗费量,但同时他又认为,人口增长所带来的对农产品需求的增加会引起农产品价格的上涨和地租额的提高,从而使人们不得不耕种越来越劣等的土地,这样就把地租理论与土地收益递减的观点联系起来了。马克思在《哲学的贫困》中还没能看到李嘉图地租理论的缺陷,因此不加批判地认同这种观点,也认为当人口数量增长的时候,人们就必然会开始耕种劣等的土地,或者在原有的土地上追加投资,这样追加的投资的收益相对于原始投资的收益就会减少,也就是接受了李嘉图把地租的产生同"土地收益递减论"联系起来的观点。马克思把李嘉图的地租理论看作资本主义在农业中的表现,他认为李嘉图所说的地租就是"资产阶级状态的土地所有权",也就是

---

[1] 《马克思恩格斯全集》第 4 卷,人民出版社 1958 年版,第 125 页。

"从属于资产阶级生产条件的封建所有权"[1],这种地租"把宗法式的农业变成商业性的企业,把经营资本投入土地,使城市资产阶级移到乡村"[2]。当然,马克思也责备了李嘉图把资本主义的地租关系永恒化的错误。他认为李嘉图假定了资产阶级的生产是地租存在的必要条件,然后把自己的地租概念扩大到可以用于一切时代以及一切国家的土地所有权关系上,从而也犯了所有资产阶级经济学家把资本主义视为永恒合理的制度的通病。[3]

我们看到,马克思此时在许多经济学问题上都不加批判地接受了李嘉图的理论,由于自身经济学研究的不足,他在这里还没有认识到存在于李嘉图理论中的某些错误教条,更谈不上去解决那些理论矛盾。也就是说,此时的马克思还不完全能够批判地接受资产阶级古典政治经济学家的理论,并且自身的经济学观点的完整体系也尚未形成,在一些经济学问题上的认识还只是处于初级阶段。因此,从经济学的角度来说,《哲学的贫困》还不能像卢森贝所评价的那样已经成为"政治经济学方面的经典著作"[4]。不过,马克思此时对李嘉图劳动价值论的科学性的高度评价以及在此基础上对一些经济学问题的分析,为他之后充分地利用并且批判地吸收李嘉图学说以及资产阶级古典经济学中的科学要素开辟了道路。经过五十年代初的《伦敦笔记》时期,马克思才逐渐地形成对一些经济学理论问题的正确认识。但是,就此阶段《哲学的贫困》这一文本的写作目的而言,马克思以李嘉图的经济学理论为基础就足以对蒲鲁东的小资产阶级社会主义思想展开彻底批判。

---

1 《马克思恩格斯全集》第 4 卷,人民出版社 1958 年版,第 183 页。
2 《马克思恩格斯全集》第 4 卷,人民出版社 1958 年版,第 185 页。
3 《马克思恩格斯全集》第 4 卷,人民出版社 1958 年版,第 186 页。
4 [苏]卢森贝:《十九世纪四十年代马克思恩格斯经济学说发展概论》,方钢等译,生活·读书·新知三联书店 1958 年版,第 237 页。

二、运用李嘉图经济学对蒲鲁东经济学的批判

既然《哲学的贫困》是马克思针对蒲鲁东的《贫困的哲学》所做的论战性的文本,因此,在该著作中,马克思并不是直接系统地阐述自己的经济学观点。可以说,他自身的经济学理论观点是在批判蒲鲁东的经济学观点的过程中逐步显现出来的,而这正是以李嘉图学说为理论基础。当然,我们必须要清楚一点,马克思在经济学上运用李嘉图学说去反对蒲鲁东的经济学观点并不表明他在捍卫李嘉图的理论。[1] 他确实认识到了李嘉图劳动价值论的科学性,其中一个本质原因就在于这一认识建立在历史唯物主义一般理论框架的基础之上。因此,此时的马克思无论是在方法论上,还是在世界观以及阶级立场上都严格区别于李嘉图。所以说,马克思既不同于以李嘉图为代表的那些只顾着用价值规律去解释资本主义生产过程中一切具体环节的资产阶级古典经济学家,更不同于像蒲鲁东那样企图通过实现价值去实现社会平等,从而彻底消除资本主义社会弊病的小资产阶级社会主义者。马克思研究劳动价值论的目的是想要证实价值与资本主义生产方式的基础之间存在着紧密而不可分割的关系,同时说明价值只有在竞争的条件下并且通过竞争的作用才能得以实现,从而最终揭示出资本主义生产方式的运动规律。马克思是想向人们揭露,在这个以个人交换和劳动价值转化为商品作为基础的现代工业社会中,只有使整个资本主义生产方式本身发生彻底地改变,才能消灭那既是"灾难丛

1　[德]图赫舍雷尔:《马克思经济理论的形成和发展(1843—1858)》,马经青译,人民出版社1981年版,第235页。

生的根源,同时又是进步的原因"的竞争以及"生产的无政府状态"[1]。而这一改变正是在资本主义生产方式内部,随着自身的发展而逐渐生长出的革命因素的作用下实现的。因此,我们要看到,马克思在这里对李嘉图劳动价值论的接受从整体上来说,其实是他在推进对资本主义生产方式的研究中所实现的阶段性理论成果。明确这一点有助于我们准确地分析,马克思此时站在李嘉图劳动价值论的立场上批判蒲鲁东的经济学观点时自身所达到的理论认知水平。

具体地说,马克思在《哲学的贫困》中的主要政治经济学观点都是围绕着价值这一问题展开的,他运用李嘉图的劳动价值论对蒲鲁东以"构成价值"论为核心的经济学观点进行了彻底地批判。马克思对价值问题的分析首先是从交换价值展开的,他批判了蒲鲁东在交换和价值的历史产生过程以及使用价值和交换价值之间的矛盾的观点,从而坚持了劳动决定价值的基本原理。马克思坚决反对蒲鲁东在价值起源问题上的观点,因为在蒲鲁东看来,交换价值起源于分工和交换,当人们需要那些不能从自然界直接获得的,必须通过工业生产出来但自己又无法单独生产出的较多东西的时候,就需要向其他行业中的生产者建议,彼此交换产品。所以,蒲鲁东提出的分工和交换是建立在一个生产者同另一个生产者提出建议的基础之上的,而且正是这种建议的出现才使人们摆脱了鲁滨逊式的那种与世隔绝的孤独状态而进入交换世界,由此才出现了价值。[2] 马克思谴责了蒲鲁东在交换价值起源问题上的不顾现实历史发展的纯粹主观唯心主义的说法,他讽刺蒲鲁东本

---

[1] 《马克思恩格斯全集》第4卷,人民出版社1958年版,第109页。
[2] 《马克思恩格斯全集》第4卷,人民出版社1958年版,第78页。

来是想比其他的经济学家更仔细地阐明交换价值的"起源",结果绕来绕去,分工和交换在他那里却都成了"凭空掉下来的"[1]。这说明蒲鲁东根本不知道人类社会生活存在所具有的历史性特征,"并没有细究这些关系的始末,他只是给交换这一事实盖了历史的印记,把交换看做急欲确立这种交换的第三者可能提出的建议"[2]。马克思批评蒲鲁东全然不理解李嘉图等古典经济学家的"历史的叙述的方法",交换的出现并不是像他那样凭空假设的,使用价值到交换价值也不是什么"神秘的变化","交换有它自己的历史",商品交换的基础只能是与社会生产力发展的程度相适应的一定的生产方式,而且这种生产方式又是与社会劳动过程中的一定的分工相适应的。所以,交换不仅有自己的历史,还要"经过各个不同的阶段"[3],并且也只能是一定历史时期中的特定的"交换"。

对于蒲鲁东在使用价值和交换价值之间的关系问题的解释,马克思指出,蒲鲁东自己标榜的揭示了"价值的矛盾的本性"这一"深奥的秘密"[4],其实早在他之前经济学家们就已经阐明了,特别是在李嘉图的经济学理论中已经明确地说明了二者之间的矛盾关系。尽管蒲鲁东正确地说出了"使用价值和交换价值虽然按性质来说经常力图互相排斥,但两者必然是互相联系的"[5],但是这一理解是从一种极为荒谬的推论中得出来的。因为,蒲鲁东根本不理解使用价值和交换价值矛盾关系的根源和性质,所以他完全撇开需求不谈,把使用价值等同于众多,把交换价值等同于稀少,然后轻而易举地将使用价值与交换价值的矛盾从众多和稀少的矛盾

---

[1] 《马克思恩格斯全集》第 4 卷,人民出版社 1958 年版,第 78 页。
[2] 《马克思恩格斯全集》第 4 卷,人民出版社 1958 年版,第 79 页。
[3] 《马克思恩格斯全集》第 4 卷,人民出版社 1958 年版,第 79 页。
[4] 《马克思恩格斯全集》第 4 卷,人民出版社 1958 年版,第 80 页。
[5] 《马克思恩格斯全集》第 4 卷,人民出版社 1958 年版,第 82 页。

归结为供给和需求的矛盾,或者说是效用和意见的矛盾。[1] 马克思批评道,蒲鲁东的这种解释"既不能在稀少和交换价值中发现使用价值,又不能在众多和使用价值中发现交换价值"[2],他随便地"把供给和效用、需求和意见混为一谈的那种对照,不过是建立在空洞的抽象概念之上而已"[3],最终只能付诸"神秘",或者干脆把使用价值和交换价值之间的矛盾看作由人的"自由意志"引起的。[4]

那么,蒲鲁东如何解决这个只是在自己的头脑中产生出来而不是实际包含在商品本身中的矛盾呢?蒲鲁东认为,这个矛盾在"构成价值",也就是说在由劳动时间所构成的价值中,使用价值和交换价值之间的矛盾才能得到解决。这种做法在马克思看来"太幼稚了",因为在很早以前李嘉图及其学派就已经提出过"作为二律背反的一方面即交换价值的科学公式",而蒲鲁东现在却把它"当做效用和交换价值之间的二律背反的解决"。其实蒲鲁东不过是硬把李嘉图已经"科学地阐明作为现代社会即资产阶级社会的理论"当作"将来的革命理论"[5]。在这里,马克思完全承认使用价值和交换价值之间存在着矛盾,但是对于蒲鲁东用所谓的"构成价值"来调和这一矛盾的做法,他是坚决反对的。马克思在肯定李嘉图劳动价值论的基础上对蒲鲁东的价值观点进行了批判。他首先直截了当地让我们自己对比李嘉图在阐述劳动价值论时的简单而又准确的语言,和蒲鲁东企图用劳动时间确定相对价值的那种"玩

---

[1] 《马克思恩格斯全集》第4卷,人民出版社1958年版,第84页。
[2] 《马克思恩格斯全集》第4卷,人民出版社1958年版,第83页。
[3] 《马克思恩格斯全集》第4卷,人民出版社1958年版,第85页。
[4] 《马克思恩格斯全集》第4卷,人民出版社1958年版,第84页。
[5] 《马克思恩格斯全集》第4卷,人民出版社1958年版,第89—90页。

弄辞句"的语言。[1] 马克思在文中将二者的观点进行了比较性分析,他说:"李嘉图给我们指出资产阶级生产的实际运动,即构成价值的运动。蒲鲁东先生却撇开这个实际运动不谈,而'煞费苦心地'去发明按照所谓的新公式(这个公式只不过是李嘉图已清楚表述了的现实运动的理论表现)来建立世界的新方法。李嘉图把现实社会当做出发点,给我们指出这个社会怎样构成价值;蒲鲁东先生却把构成价值当做出发点,用它来构成一个新的社会世界。……在李嘉图看来,劳动时间确定价值这是交换价值的规律,而蒲鲁东先生却认为这是使用价值和交换价值的综合。"[2] 按照马克思的说法,李嘉图用他那科学的资产阶级政治经济学的理论揭开了资产阶级经济关系的各种丑恶面纱,让人们看到了隐藏在各种表面现象背后的整个资产阶级的秘密。李嘉图的劳动价值论是"对现代经济生活的科学解释"[3]。而蒲鲁东根本不理解李嘉图的价值理论,他不过是"完全凭任意的假设"[4]歪曲李嘉图学说,然后利用一些捏造的孤立的经济事实作为自己价值理论的例证。蒲鲁东企图使由劳动时间衡量的交换价值作为无产阶级获得解放的"革命理论",但它注定成为"工人遭受现代奴役的公式",这只能说明"把劳动时间作为价值尺度这种做法和现存的阶级对抗、和劳动产品在直接劳动者与积累劳动占有者之间的不平等分配是多么的不相容"[5]。因此,马克思说道,蒲鲁东的"构成价值"论不过是对李嘉图理论的"乌托邦式的解释"而已。

马克思接下来具体地分析了蒲鲁东的乌托邦式空想的谬误。

---

[1] 《马克思恩格斯全集》第4卷,人民出版社1958年版,第92页。
[2] 《马克思恩格斯全集》第4卷,人民出版社1958年版,第93页。
[3] 《马克思恩格斯全集》第4卷,人民出版社1958年版,第93页。
[4] 《马克思恩格斯全集》第4卷,人民出版社1958年版,第93页。
[5] 《马克思恩格斯全集》第4卷,人民出版社1958年版,第95页。

蒲鲁东认为"劳动时间先天决定交换价值"[1],只要先开始用生产产品时所耗费的实际劳动时间来衡量它们的交换价值,那么就会出现正确的比例性关系,供求之间的矛盾就会达到平衡,生产和消费也因此相适应。这样,产品就能获得构成价值,可以永远顺利地进行交换,产品的市场价格也刚好表现出它们的真正价值。[2] 针对蒲鲁东的这一观点,马克思批评他恰恰把实际关系颠倒了,因为只有当供给与需求达到相互平衡的时候,任何产品的相对价值才恰好是由包含在产品中的必要劳动量来决定的,而不是像蒲鲁东那样把实际情况颠倒过来,为了使产品的价值按照劳动时间"构成的价值"进行交换,就建立起供求之间的"比例性关系"。马克思讽刺道,这就好比"天气好的时候,可以碰到许多散步的人;可是蒲鲁东先生却为了保证大家有好天气,要大家出去散步"[3]。那么,按照蒲鲁东这种颠倒了的因果关系得出来的结果就是:不论供求关系如何,产品的交换只能永远像它们的生产量完全适合需求那样进行,按照耗费在产品中的劳动时间来交换。[4] 马克思说,现实经济生活根本不是像蒲鲁东所想的那样,因为商品价值由劳动时间决定这一状况是社会性的,总是与供求关系相关联的。只有供求关系发生了变动,市场才会告诉生产者,某种商品应该生产多少才能在交换中收回原来的生产费用,也就是说使生产者意识到商品生产量的增减问题,这就是供求的"比例性关系",即表明一种产品在生产总量当中所占的比例。正是这种经常性的变动,才使得产业资本不断地出入各个不同的工业部门。在这里可以看出,马克

---

1 《马克思恩格斯全集》第 4 卷,人民出版社 1958 年版,第 103 页。
2 《马克思恩格斯全集》第 4 卷,人民出版社 1958 年版,第 102 页。
3 《马克思恩格斯全集》第 4 卷,人民出版社 1958 年版,第 102—103 页。
4 《马克思恩格斯全集》第 4 卷,人民出版社 1958 年版,第 103 页。

思实际上分析的并不是价值,而是生产价格,这就表明在《哲学的贫困》中他所阐释的价值观点还是不完全和不充分的。从文本中我们看到,马克思此时批判蒲鲁东的观点正是基于李嘉图在这一问题上的解释,他摘录了李嘉图的一段话来佐证自己的论点,因为李嘉图也认为,正是由于供求关系的变动,"资本才按照适当的比例……投入各种有需求的商品的生产中去"[1]。所以不存在蒲鲁东所假设的"劳动时间先天决定交换价值"的情况,就连供求关系的经常性的平衡状态在现实经济生活中也是不可能的,用马克思的话说就是"完全构成了的'比例性关系'是不存在的,只有构成这种关系的运动"[2]。其实,马克思这里明确地表达了一个关于"劳动时间决定价值"同供求之间的关系问题,也就是说要想承认劳动时间决定价值,那就必须要承认供求关系的变动已使劳动时间成为价值尺度。决定价值的是劳动时间,但这一"劳动时间"不是直接的,而是总体地确定的。沿着这一思想发展下去也就是后来马克思所说的"决定价值的劳动时间是社会必要劳动时间"的观点,当然这里还只是这一观点的雏形而已。

针对蒲鲁东错误地把商品的交换价值精确地用其所包含的劳动时间进行衡量的观点,马克思也站在李嘉图劳动价值论的立场上进行了批判。蒲鲁东认为,只要用商品中所包含的劳动时间确定商品的价值,就可以使商品的交换价值保持不变,从而得出这样的结论:"一定的劳动量和同一劳动量所创造的产品是等价的。任何一个劳动日和另一个劳动日都是相等的:这就是说,一个人的劳动和另一个人的劳动如果数量相等,二者也是等值的,两个人的劳

---

1 《马克思恩格斯全集》第 4 卷,人民出版社 1958 年版,第 106 页。
2 《马克思恩格斯全集》第 4 卷,人民出版社 1958 年版,第 106 页。

动并没有质的差别。在劳动量相等的前提下,一个人的产品和另一个人的产品相交换。所有的人都是雇佣工人,而且都是以相等劳动时间得到相等报酬的工人。交换是在完全平等的基础上实现的。"[1]简单地说,在蒲鲁东的头脑里,按照两小时劳动生产的产品永远两倍于一小时劳动生产的产品进行交换,就是他自称为"比例规律"的价值衡量尺度。在马克思看来,这个所谓的比例规律必然会变为"比例失调的规律"[2]。因为倘若只要有任何一种发明的出现能够在生产同样数量的产品时把生产时间压缩为过去的一半,那么势必会使市场上所有的这类产品降低价格。这样一来,供求关系,即竞争就会迫使生产者在出卖花费两个小时生产的产品时价格绝对不能高于花费一个小时所生产的产品。所以"竞争实现了产品的相对价值由生产它的必要劳动时间来确定这一规律。劳动时间成为交换价值的尺度这一情况因而也就成了劳动不断跌价的规律。不仅如此,跌价的不仅是远到市场上去的商品,而且连生产工具及整个企业也都在内"[3]。马克思用李嘉图在这个问题上的看法证明了自己的观点,他说李嘉图也已经指出同样的事实,"由于生产日益便利,因而过去生产的某些东西的价值也就不断下降"[4]。他甚至在另一处直接转述了李嘉图的观点,可见马克思在这一问题上的看法也完全基于李嘉图学说的基础之上,"我们看到,根据李嘉图的学说,一切物品的价格归根到底取决于生产费用,其中包括经营利润;换句话说,价格取决于所用劳动时间的多少。在工业生产中,使用劳动量最少的产品的价格决定着其余的

---

1 《马克思恩格斯全集》第4卷,人民出版社1958年版,第93页。
2 《马克思恩格斯全集》第4卷,人民出版社1958年版,第106页。
3 《马克思恩格斯全集》第4卷,人民出版社1958年版,第106页。
4 《马克思恩格斯全集》第4卷,人民出版社1958年版,第107页。

同类产品的价格,因为最便宜而效率又最高的生产工具可以无限增加,而自由竞争必然产生市场价格,就是说,产生一种一切同类产品的共同价格"[1]。马克思最后指责道,蒲鲁东提出的精确地遵循劳动时间对等交换的原则其实就是"把至多不过是一种没有根据的假设看做结果"[2];如果说这种用劳动时间去衡量价值的产品之间的交换能够让所有的生产者都获得平等的报酬,那么它也只能是一种假设,即平等分配这种状况还在交换以前就已经存在了。

当然,尽管不同的劳动日的价值不一定相等,但是价值还是可以用劳动时间来衡量的。那么,这里就出现了一个必须要解决的问题:在用劳动时间作为价值的尺度时,如何衡量各个劳动日的价值呢?马克思认为,能够解决这个问题的就是竞争。竞争决定着一定形式的劳动日具有多少价值。此时马克思用李嘉图在简单劳动与复杂劳动问题上的观点进行了解释,他认为只有竞争才能提供比较各种不同劳动日价值的尺度表,"竞争决定着一个复杂劳动日中包含多少简单劳动日",[3]它本身使商品中内涵的劳动还原为简单劳动,由此复杂劳动可以看作复合的简单劳动。在这里我们看到,马克思其实已经明确地说出了决定商品价值的劳动的性质,即简单劳动。[4] 他指出:"如果只把劳动量当做价值尺度而不问它的质量如何,那也就是假定简单劳动已经成为生产活动的枢纽。这就是假定:由于人隶属于机器或由于极端的分工,各种不同的劳动逐渐趋于一致;劳动把人置于次要地位;钟摆成了两个工人相对

---

[1] 《马克思恩格斯全集》第 4 卷,人民出版社 1958 年版,第 183 页。
[2] 《马克思恩格斯全集》第 4 卷,人民出版社 1958 年版,第 96 页。
[3] 《马克思恩格斯全集》第 4 卷,人民出版社 1958 年版,第 96 页。
[4] 顾海良、张雷声:《马克思劳动价值论的历史与现实》,人民出版社 2002 年版,第 44 页。

活动的精确的尺度,就象它是两个机车的速度的尺度一样。"[1]

但是马克思强调,这种劳动的平均化绝对不是像蒲鲁东解释的那种"永恒的公平",这不过是在现代工业社会中存在的一个事实而已。然而,蒲鲁东却从李嘉图学说中错误地引出一切"平等"的结论,把"他打算在'将来的时代'中普遍实现的'平均化'的刨子用到机器劳动中早已实现的这种平等上"[2]。马克思批评蒲鲁东这一结论完全是建立在"一个根本谬误的基础上","他把用商品中所包含的劳动量来衡量的商品价值和用'劳动价值'来衡量的商品价值混为一谈",[3]也就是说蒲鲁东完全混淆了"劳动价值"和"劳动的价值产品"。针对蒲鲁东的这一错误,马克思依据李嘉图的劳动价值论展开了批判。如前所述,李嘉图在《政治经济学及赋税原理》中开篇就严肃地指出了斯密在劳动价值论问题上的混乱,并批判了他的双重价值尺度的观点。李嘉图坚持认为,价值是由生产商品所花费的劳动量决定的,从而确定了一切商品的交换价值的基础,除此之外并不存在斯密所提出的第二种价值尺度,也就是价值还取决于商品在市场上所能购买和支配的劳动量,即"劳动价值"的劳动量。因为劳动本身的价值同其他商品的价值一样,也因供求关系以及其他商品价格变动的影响而经常变动,所以"劳动价值"是不能作为价值尺度的。马克思此时所持有的正是李嘉图的价值观点,他指出蒲鲁东的错误就在于把"劳动价值"作为衡量商品的价值尺度,认为任何人的劳动都可以购买该劳动中所包含的价值,这样产品中包含的那部分劳动量就同劳动者的报酬即工资相等,由此就可以消除资本主义社会现实的弊端,实现真正的永恒

---

[1] 《马克思恩格斯全集》第4卷,人民出版社1958年版,第96页。
[2] 《马克思恩格斯全集》第4卷,人民出版社1958年版,第97页。
[3] 《马克思恩格斯全集》第4卷,人民出版社1958年版,第97页。

平等。在马克思看来,蒲鲁东"用劳动价值来确定商品的相对价值是和经济事实相抵触的。这是在循环论证中打转,这是用本身还需要确定的相对价值来确定相对价值"[1]。马克思在文中还将蒲鲁东同斯密、李嘉图进行了比较,清楚地指出了蒲鲁东的问题所在:"亚当·斯密有时把生产商品所必要的劳动时间当做是价值尺度,有时却又把劳动价值当做价值尺度。李嘉图揭露了这个错误,清楚地表明了这两种衡量方法的差别。蒲鲁东先生加深了亚当·斯密的错误。亚当·斯密只是把这两个东西并列,而蒲鲁东先生却把两者混而为一。"[2]当然,我们知道,李嘉图在其理论中只是从量的角度去理解"劳动价值"和"劳动的价值产品"的区别,他在《政治经济学及赋税原理》第一章"论价值"的开篇就表明"商品的价值或其所能交换的任何另一种商品的量,取决于其生产所必需的相对劳动量,而不取决于付给这种劳动的报酬的多少"[3]。李嘉图始终把自己的价值理论建立在价值是由生产商品所必需的劳动量决定的这个基础之上。但是,他研究的只是价值量,指的只是相对价值或比较价值,马克思此时不加批判地接受了李嘉图的劳动数量论的观点,他丝毫没有责备李嘉图常常忘记价值本身,忘记劳动是价值的实体[4]。在这里,马克思跟李嘉图一样也没有抓住价值的质的方面,直到后来的《政治经济学批判》中他才对这个问题进行了科学地分析,并在此基础上彻底铲除了蒲鲁东主义[5]。不过,在此阶段马克思在"劳动价值"和"劳动的价值产品"的区别上的清楚

---

[1] 《马克思恩格斯全集》第4卷,人民出版社1958年版,第98页。
[2] 《马克思恩格斯全集》第4卷,人民出版社1958年版,第99页。
[3] 《李嘉图著作和通信集》第1卷,郭大力、王亚南译,商务印书馆1962年版,第7页。
[4] [苏]马雷什:《马克思主义政治经济学的形成》,刘品大等译,四川人民出版社1983年版,第183页。
[5] 《马克思恩格斯全集》第29卷,人民出版社1972年版,第445页。

认识，对于他在资本主义生产方式的研究上起着极为关键的作用，并为他后来创立以价值理论为基础的剩余价值论奠定了科学的基础。

如前所述，马克思论及货币问题，也是在李嘉图货币理论的基础之上批判了蒲鲁东的错误观点。我们知道，货币理论是价值理论的直接结果，那么蒲鲁东既然不理解交换价值的本质，自然也就不可能理解货币的本质[1]。"蒲鲁东先生是用产品中所包含的劳动比较量确定价值的方法来构成产品的价值"，[2]所以他认为任何按劳动时间来衡量价值的产品都永远具有"交换性能"，而货币作为达到构成状态的价值正是他选择作为证明这一观点的实际例子。这是由于"金银除了象其他商品一样是由劳动时间来衡量价值的商品以外，还具有普遍交换手段，即货币的特性"[3]。因此，在蒲鲁东看来，金银是由劳动时间所"构成的价值"的最初应用，只要证明其他任何商品的价值都严格地由它所包含的劳动时间来衡量，那么它们都将具有"交换性能"，都将成为货币。马克思正确地指出了蒲鲁东的逻辑错误，即"把金银做为货币的特性运用于由劳动时间衡量价值的一切商品"[4]。马克思讽刺道，这种荒谬的论证就像是一套"幼稚多于狡猾"的戏法。蒲鲁东没有想到，在他谈及金银的时候，其实是把金银当作货币而不是当作商品来看的，因为在一切商品中，只有作为货币的金银的价值才不是由生产它们的劳动时间决定的。所以在经济现实中，人们才会用纸币替代作为流通手段的金银，而纸币本身根本不具有任何内在价值。也就是

---

[1] 孙伯鍨：《探索者道路的探索》，南京大学出版社2002年版，第342页。
[2] 《马克思恩格斯全集》第4卷，人民出版社1958年版，第118页。
[3] 《马克思恩格斯全集》第4卷，人民出版社1958年版，第118页。
[4] 《马克思恩格斯全集》第4卷，人民出版社1958年版，第118页。

说,作为货币的金银同作为商品的金银事实上是完全不同的。前者作为普遍交换的手段,只是起着价值符号的作用去充当一切商品价值的等价物;而后者同其他一切商品一样是由劳动时间所决定的普通商品。我们看到,马克思此时对蒲鲁东货币观点的批判完全是基于对李嘉图货币数量论的理解,即仅仅从流通手段的职能上去考察货币,而忽略了货币的价值尺度的职能。但是论及关于货币的本质问题,马克思在批判蒲鲁东的过程中还是正确地阐述了自己的货币概念。马克思指出,蒲鲁东的货币理论是把货币作为一种预先假定的存在,那么他就不可能弄明白,为什么在已经形成的社会交换中还必须要创造出一种特殊的交换手段去使交换价值个别化。马克思在这里正面阐述了自己的观点:"货币不是东西,而是一种社会关系。"[1] 货币所表现出来的关系也同其他任何经济关系一样,是一种生产关系,从社会发展的历史过程上来说它是一系列交换行为的结果。货币关系是全部经济关系所构成的那个锁链中的一个环节,因此与其他经济关系是紧密地联系在一起的,并且这一关系与个人交换一样,也是同一定的生产方式相适应的。蒲鲁东没有从商品生产和商品交换的历史发展过程上去认识货币的存在:"他首先把货币从现在的生产方式的总体中分离出来,然后使它成为想象中的系列,即尚待发现的系列的第一个要素。"[2] 所以我们看到,蒲鲁东在货币的起源和本质问题上做出的荒谬解释。蒲鲁东竟然认为,货币的存在是国家执政者意志的产物,"经过君主的神圣化以后就产生了货币:君主们占有金银,并且在上面打了自己的印章"[3]。对于这种唯心主义的解释,马克思批

---

[1] 《马克思恩格斯全集》第4卷,人民出版社1958年版,第119页。
[2] 《马克思恩格斯全集》第4卷,人民出版社1958年版,第119页。
[3] 《马克思恩格斯全集》第4卷,人民出版社1958年版,第121页。

判道:"只有毫无历史知识的人才不知道:君主们在任何时候都不得不服从经济条件,并且从来不能向经济条件发号施令。无论是政治的立法或市民的立法,都只是表明和记载经济关系的要求而已。"[1]货币是商品生产和交换的产物,是一种社会关系,绝不是人为意志的结果。之所以随着经济现实的发展,一般交换手段的职能固定在了金银上面,那只是因为"它们具有事实上的交换能力",而事实上的交换能力又是由于"当前的生产组织需要普遍的交换手段"[2]。从整体上来看,马克思在批判蒲鲁东货币论时所阐释的观点还是建立在李嘉图货币数量论的基础上,尽管能够对蒲鲁东的谬误进行反驳,但同时也持有着受李嘉图货币数量论影响的错误观点。关于这些问题,马克思在后来的《伦敦笔记》中才得以重新认识。

从《哲学的贫困》这本著作的全部内容来看,马克思对蒲鲁东经济学具体观点的批判主要就是针对他的"构成价值论",也就是第一章"科学的发现"的部分。如上所述,马克思在这里完全是从李嘉图经济学的观点出发,批判了蒲鲁东的"构成价值论"以及以此为基础的交换、交换价值、货币等唯心主义观点的荒谬性。与此相应,在该著作的第二章中,马克思还分析了与价值问题相关的分工和机器、竞争和垄断、所有权和地租以及罢工和工人同盟等历史发展进程中的具体问题,在批判蒲鲁东在这些问题上的错误观点的同时,也直接阐述了自己此时对资本主义生产方式的理解,这体现了他在资本主义认知观上的不断深化。

---

[1] 《马克思恩格斯全集》第4卷,人民出版社1958年版,第121—122页。
[2] 《马克思恩格斯全集》第4卷,人民出版社1958年版,第124页。

三、在对李嘉图经济学的理解上推进对社会生产关系的理解

通过上面的分析,我们已经明确了马克思在《哲学的贫困》中在经济学思想上所发生的根本转变。他现在不仅一般地承认了劳动价值论和古典经济学的科学性,而且在几乎一切问题上,都站到了古典经济学的最高成就者李嘉图的立场上。[1] 此前的分析主要着眼于,在具体经济学理论上马克思是如何从李嘉图的劳动价值论出发批判蒲鲁东的价值观点的,而《哲学的贫困》这一文本所表达的更重要的理论意义还在于,马克思通过对李嘉图经济学的理解,特别是对在劳动价值论的基础上揭示出来的资产阶级现实社会关系的认识推进了他对社会生产关系的深入理解。我们知道,李嘉图的经济学中所蕴含的一个最重要的哲学意义就在于它触及了具体的、客观的社会关系层面。他的劳动价值论从数量关系的角度揭示了资本主义经济现实中存在的阶级对立,或者说,它本身就是从现实生产关系的层面展开的理论研究。具体地说,就是李嘉图从劳动价值论出发引出了资本主义社会中工人、资本家、地主三大阶级之间的根本利益对立关系。我们看到,从李嘉图经济学研究中引申出来的这一重要哲学层面的理论线索极大地影响着马克思此时的思想发展,正是在《哲学的贫困》中,他通过对李嘉图劳动价值论的进一步研究走向了对社会生产关系概念的深入理解。马克思在文中已经明确地提出,社会生产关系不是个人与个人的关系,而是工人和资本家、农民和地主的关系,是建立在阶级对抗

---

[1] 庄福龄、孙伯鍨:《马克思主义哲学史》(黄楠森等主编,八卷本)第2卷,北京出版社1991年版,第119页。

上的关系。[1] 这表明马克思此时已经把现实社会生产关系提升到了历史唯物主义的哲学层面。因此，他在这里意识到，政治经济学应该是一门历史科学，而它的科学性就在于把"理解经济发展"[2]作为研究任务，也就是研究"人们借以进行生产、消费和交换的经济形式"[3]及其发展规律，即与社会生产力发展的一定阶段相适应的历史的暂时的社会生产关系的产生、运动以及它自身的内部联系。所以，我们说，在《哲学的贫困》中正是对李嘉图学说的进一步认识推进了马克思对社会生产关系概念的理解，使得他此时能够自觉地从社会生产关系入手去研究资本主义生产方式的运动规律。

马克思对现实社会生产关系概念的推进也是通过批判蒲鲁东在社会关系问题上的形而上学观点表述出来的。在第一章"科学的发现"中，马克思在依据李嘉图的经济学观点批判蒲鲁东的错误时已经认识到，李嘉图把人变成帽子[4]实际上是客观地揭示了人与人之间的关系在资产阶级社会的经济现实中变成物的过程。针对蒲鲁东把经济范畴当成"不依赖实际关系而自生的思想"[5]的极端唯心主义观点，马克思进行了反驳。他从历史唯物主义的立场出发，表明科学的经济范畴只能建立在现实的物质基础之上，只是人类"生产方面社会关系的理论表现，即其抽象"[6]。也就是说，经济范畴归根到底来源于现实的社会生产关系，并随着社会生产关系的变化而变化。马克思坚决反对蒲鲁东对经济范畴的抽象化认

---

[1] 《马克思恩格斯全集》第4卷，人民出版社1958年版，第135页。
[2] 《马克思恩格斯全集》第27卷，人民出版社1972年版，第477页。
[3] 《马克思恩格斯全集》第27卷，人民出版社1972年版，第479页。
[4] 《马克思恩格斯全集》第4卷，人民出版社1958年版，第138页。
[5] 《马克思恩格斯全集》第4卷，人民出版社1958年版，第140页。
[6] 《马克思恩格斯全集》第4卷，人民出版社1958年版，第143页。

识,以及把经济范畴同现实的社会关系分割开来的观点,他批判蒲鲁东不是从社会生产关系中抽象出经济范畴,反而却颠倒地认为社会生产关系是"人类的无人身的理性"中的经济范畴的"化身"。[1] 如此说来,蒲鲁东就是把现实的社会关系看作抽象的经济范畴的体现,而且他还认为这些范畴又只是"从世界开始存在时起就存在于天父心怀中的公式"[2]。照这种理解,蒲鲁东就只能"到纯理性的运动中去找寻这些思想的来历了"[3]。其实,蒲鲁东的这种认识是源于其整个理论思路的,因为作为一个小资产阶级社会主义者,他的全部理论基础就是抽象的法权。对于蒲鲁东来说,人类的真正自由与平等的实现只能建立在对法权的遵守基础之上,而与社会历史的发展毫无关联。所以,当他从抽象的法权层面来寻找支配社会的原理或精神的时候,必然只能从现实经济关系之外的思想中虚构出经济范畴,而只有这样才能真正越出所有权的束缚,走向社会自由。

马克思揭露了蒲鲁东思路中的荒谬之处,他强调:"社会关系和生产力密切相联。随着新生产力的获得,人们改变自己的生产方式,随着生产方式即保证自己生活的方式的改变,人们也就会改变自己的一切社会关系。"[4] 也就是说,当人们在发展生产力的时候也同时发展着一定的社会关系,如"手工磨产生的是封建主为首的社会,蒸汽磨产生的是工业资本家为首的社会"[5]。马克思进一步强调道:"必须指出,财富怎样在这种对抗中间形成,生产力怎样和阶级对抗同时发展,这些阶级中一个代表着社会上坏的、否定的

1　《马克思恩格斯全集》第4卷,人民出版社1958年版,第143页。
2　《马克思恩格斯全集》第27卷,人民出版社1972年版,第482页。
3　《马克思恩格斯全集》第4卷,人民出版社1958年版,第140页。
4　《马克思恩格斯全集》第4卷,人民出版社1958年版,第144页。
5　《马克思恩格斯全集》第4卷,人民出版社1958年版,第144页。

方面的阶级怎样不断地成长,直到它求得解放的物质条件最后成熟。这难道不是说,生产方式、生产力在其中发展的那些关系并不是永恒的规律,而是同人们及其生产力发展的一定水平相适应的东西,人们生产力的一切变化必然引起他们的生产关系的变化吗?"[1]因此,马克思反驳蒲鲁东的观点说,人们是依照自己的物质生产的发展而建立起相应的社会关系的,并且人们又是依照已经建立起来的社会关系创造了与此相应的原理、观念和范畴。这些观念和范畴本身也和它们所表现出来的社会关系一样,不是永恒的,只是历史的暂时的产物。那么,资产阶级政治经济学范畴就只能是资产阶级社会经济关系的理论反映。马克思为了确证这一论点,举例说明了为什么"每个原理都有其出现的世纪"[2]。他说,当我们在考察某个原理出现在某个世纪,而不出现在其他某一世纪的时候,我们应该仔细分析"在每个世纪中,人们的需求、生产力、生产方式以及生产中使用的原料是怎样的;最后,由这一切生存条件所产生的人与人之间的关系是怎样的。难道探讨这一切问题不就是研究每个世纪中人们的现实的、世俗的历史,不就是把这些人既当成剧作者又当成剧中人物吗?但是,只要你们把人们当成他们本身历史的剧中人物和剧作者,你们就是迂回曲折地回到真正的出发点,因为你们抛弃了最初作为出发点的永恒的原理"[3]。很明显,马克思这里已经是在历史唯物主义层面上来讨论这一问题了。可是,蒲鲁东不了解现实社会经济发展的真实过程,在他的思路中根本没有社会生产关系这条线索,用马克思的话说就是蒲鲁东只知道"人们是在一定的生产关系范围内制造呢绒、麻布和丝织

---

[1] 《马克思恩格斯全集》第4卷,人民出版社1958年版,第154—155页。
[2] 《马克思恩格斯全集》第4卷,人民出版社1958年版,第148页。
[3] 《马克思恩格斯全集》第4卷,人民出版社1958年版,第148—149页。

品",却永远不知道"这些一定的社会关系同麻布、亚麻等一样,也是人们生产出来的"[1]。问题的关键就在于蒲鲁东只是把整个社会生产过程理解为物的生产过程,而没有看到这一过程同时也是现实社会关系的生产与再生产的过程。所以,当蒲鲁东在理解分工、机器和所有制等生产关系的具体形式的时候,就只能从形而上学的视角把它们界定为思辨的、固定的抽象概念,而不会站在现实的、具体的、历史的角度去解读它们。

通过上面的分析我们看到,这种对经济范畴的历史唯物主义的分析方式不仅使马克思区别于作为小资产阶级社会主义者的蒲鲁东,而且也使他区别于一切资产阶级政治经济学家。因为这些经济学家尽管能够把经济范畴视为社会生产关系的理论表现,但是他们始终认为资产阶级社会生产关系是"固定不变的、永恒的范畴"[2]。包括资产阶级政治经济学家中最优秀的代表人物李嘉图在内,他们在面对以前的社会历史时都不同程度地具有一定的历史观点,尤其是在资产阶级社会代替封建社会的过程中;但是当他们面对资产阶级社会现实本身的时候,却又都把资产阶级社会的生产方式看作人类生存的天然的、永恒的状态。马克思说道:"经济学家们在论断中采用的方式是非常奇怪的。他们认为只有两种制度:一种是人为的,一种是天然的。封建制度是人为的,资产阶级制度是天然的。"[3] 而这些经济学家为什么把资产阶级生产关系说成是天然的呢? 马克思分析说,他们不过是想借此说明,现存的关系"正是使生产财富和发展生产力得以按照自然规律进行的那些关系"。"因此,这些关系是不受时间影响的自然规律。这是应

---

[1] 《马克思恩格斯全集》第4卷,人民出版社1958年版,第143页。
[2] 《马克思恩格斯全集》第4卷,人民出版社1958年版,第139页。
[3] 《马克思恩格斯全集》第4卷,人民出版社1958年版,第153页。

当永远支配社会的永恒规律。于是,以前是有历史的,现在再也没有历史了"[1]。显然,从本质上说这就是资产阶级经济学家在社会历史观上的唯心主义表现。所以,这些经济学家的研究只是解释了生产怎样在资产阶级生产关系下进行,用马克思的话说就是,对于像斯密和李嘉图这样的资产阶级经济学家而言,"他们的使命只是表明在资产阶级生产关系下如何获得财富,只是将这些关系表述为范畴和规律并证明这些规律和范畴比封建社会的规律和范畴更便于进行财富的生产"[2]。但在马克思看来,政治经济学的任务不仅要解释现状,还应该说明"这些关系本身是怎样产生的"[3],也就是要说明社会生产关系从产生、发展到消亡,同时被新的生产关系所代替的"历史运动"规律。这就表明马克思此时已经从历史唯物主义的理论层面上去把握现实社会生产关系,他以历史唯物主义超越了资产阶级政治经济学的方法论,并且自觉地从社会生产关系的线索入手去研究政治经济学本身的方法论前提问题。这是一个极为重要的理论突破。

但是,由于马克思在《哲学的贫困》中无论是对经济范畴的理解,还是对社会生产关系的认识,很大程度都还是依据李嘉图的观点,所以他此时不可能真正地认识到李嘉图学说中存在的错误观点并克服其中的理论缺陷。这就意味着马克思只有在经济学上彻底超越李嘉图学说,才能在哲学层面从本质性角度把握住生产关系概念的真实内涵,在此基础上也才能准确地理解资产阶级社会的内在矛盾,并且从这一内在矛盾中看到资产阶级生产方式的运动规律。当然,在这里,马克思还没能达到这一理论高度。

1　《马克思恩格斯全集》第 4 卷,人民出版社 1958 年版,第 154 页。
2　《马克思恩格斯全集》第 4 卷,人民出版社 1958 年版,第 156 页。
3　《马克思恩格斯全集》第 4 卷,人民出版社 1958 年版,第 139—140 页。

第二节
在经济学上尚不能超越李嘉图学说所带来的哲学影响

如前所述,马克思在《哲学的贫困》中的经济学观点很大程度上都是依据李嘉图的经济学理论,他给予了李嘉图学说以高度的评价,称其"已科学地阐明作为现代社会即资产阶级社会的理论"[1],并认为李嘉图的劳动价值论是"对现代经济生活的科学解释"[2]。这种评价话语已经充分表明,马克思此时对经济学理论的研究明显地超越了《形态》时期。对李嘉图学说在古典经济学中的最高地位的肯定以及从价值理论方面对斯密和李嘉图的区分,使得马克思在《哲学的贫困》中事实上已经找到了历史唯物主义和科学的政治经济学的批判性理论逻辑起点。但是,我们必须要注意的是,正是由于马克思此时对李嘉图的经济学基本上采取的是无批判地接受态度,因此在很多具体的经济学问题上都持有着李嘉图的错误观点。当然,这在批判蒲鲁东的小资产阶级社会主义经济学观点时能够奏效;可是马克思如果不能认识到李嘉图经济学中所存在的错误观点,他就不可能真正地解决政治经济学的深层问题。当马克思同李嘉图一样在经济学上没有对劳动商品和劳动力商品进行区分的时候,他还无法发现剩余价值的存在从而也没有能力超越李嘉图的劳动价值论。由此,在哲学层面马克思难以从本质上把握社会生产关系概念的真实内涵,也就不可能找到资

---

1 《马克思恩格斯全集》第4卷,人民出版社1958年版,第89页。
2 《马克思恩格斯全集》第4卷,人民出版社1958年版,第93页。

本主义社会必然灭亡的内在矛盾根源。

一、在缺乏剩余价值概念的前提下，马克思无法超越李嘉图劳动价值论

仔细分析马克思在《哲学的贫困》中针对蒲鲁东的谬误进行批判时所阐述的理论观点，我们会发现，马克思在这里之所以无法超越李嘉图的劳动价值论，最关键的原因就在于他此时对价值问题的理解缺失了一条关于剩余价值概念的理论线索。也就是说，马克思还没有发现剩余价值的存在。这显然是受制于李嘉图的经济学思路。我们知道，李嘉图在他的劳动价值论中没有发现"劳动力商品"这个概念，当他在谈论工人与资本家、农民与地主之间的阶级对抗性关系的时候，其实是从"劳动商品"的角度展开的。他认为，工人所提供的用于和资本进行交换的商品是劳动本身。因此，在李嘉图那里，资本是直接与劳动相交换，而不是与劳动力进行交换。可是，这也使李嘉图产生了一个困惑：工人把劳动卖给资本家是按劳动的价值，资本家出售商品也是按商品的价值，尽管都按价值进行交换，那么为什么资本家仍然能够得到利润呢？这究竟是如何发生的？也就是说，李嘉图根本无法解释清楚在按照劳动价值论进行商品交换的过程中，是怎样产生出资本和活劳动之间的不平等交换的，即无法说明剩余价值的起源。事实上，李嘉图只是从经验层面说出了资本主义生产过程中的经济现实而已："劳动的价值"即工资价值小于劳动所创造的产品的价值，所以他把产品的价值超出"劳动的价值"的那部分余额看作剩余价值。我们看到，李嘉图这种从经验事实的角度出发对剩余价值问题的理解，根本没有从理论上解释清楚，产品的价值究竟为何会超出"劳动的价

值"。正如马克思后来在《资本论》中所说的,"李嘉图从来没有考虑到剩余价值的起源。他把剩余价值看作资本主义生产方式固有的东西,而资本主义生产方式在他看来是社会生产的自然形式。他在谈到劳动生产率的时候,不是在其中寻找剩余价值存在的原因,而只是寻找决定剩余价值量的原因。"[1]李嘉图自己也曾经感到,价值规律在劳动和资本交换方面似乎受到了永久的破坏。在给同时代的英国经济学家麦克库洛赫的信中他这样写道:"对我所规定的基本价值原则的解释,我自己也感到不满意。我希望有一个比我能干的人来研究这一问题。"[2]这个更能干的人自然就是马克思,只有他才解决了李嘉图的困惑。那就是马克思指出了工人出卖的不是劳动,而是劳动力。正是因为劳动力这一商品所特有的使用价值创造出了比它自身价值更大的价值,所以尽管资本家按照价值购买劳动力和生产资料,同样也按价值出卖工人生产的商品,但还是出现了落进资本家腰包的剩余价值或利润,其原因就在于资本家付给工人的劳动力商品的价值远低于工人用自己的劳动所创造的价值。这样,在资本主义社会里,由于工人已经得到了付给他们劳动力商品的价值,而生产资料又归资本家所有,那么这些资本家自然就无偿地占有了工人用自己的劳动创造的包含在产品中的价值,也就是无偿地占有了工人的劳动。这就是资本主义生产方式的剥削本质。可是,由于经济学研究水平的落后,马克思在《哲学的贫困》中还无法认识到这一点。

我们已经分析过,马克思此时的经济学理论思路完全转向了李嘉图,因此,他在不加批判地接受李嘉图劳动价值论的同时显然

---

[1] 《马克思恩格斯全集》第 23 卷,人民出版社 1972 年版,第 563—564 页。
[2] 转引自[德]鲁德哈德·施托贝尔格:《资产阶级政治经济学史》,吴康等译,商务印书馆 1963 年版,第 66—67 页。

也无法发现剩余价值的存在。马克思受李嘉图的影响,在批判蒲鲁东把由劳动时间衡量的相对价值作为无产阶级获得解放的"革命理论"的过程中,也没有认识到"劳动商品"和"劳动力商品"的区别。尽管马克思在这里已经从现实的、具体的工人与资本家、农民与地主之间的对抗性关系角度去理解社会关系,但是在面对资本主义经济现实中的商品交换时,他还是没能突破物物交换的层面去理解商品交换这一过程中的全部内容。在文本中,我们会看到马克思经常性地用麻布和呢绒之间的交换比拟劳动和资本之间的交换,当然这是在批判蒲鲁东妄想通过"由劳动时间来衡量价值的产品的交换会使一切生产者得到平等的报酬"这种小资产阶级的错误观点;但事实上,马克思在这里是从同样的物物交换视角来批判蒲鲁东从物物交换中得出的谬误的。显然,循此理论线索是不可能看到资本主义社会中资本对劳动的剥削关系的,也就更不会发现剩余价值的存在。所以,马克思才会得出这样的结论:"由于劳动被买卖,因而它也和任何其他商品一样,也是一种商品,因此它也有交换价值。但是劳动的价值或作为商品的劳动并不生产什么。"[1]对于此时的马克思来说,工人与资本家之间的对抗性阶级关系是由"劳动产品在直接劳动者与积累劳动占有者之间的不平等分配"[2]这一关系反映出来。可见,马克思这里是把"劳动"当成了商品,他还不知道在资本主义社会中工人用来同资本家进行交换的不是劳动,而是劳动力。这一问题的重要性就在于,马克思能否在思路上从劳动商品推进到劳动力商品的层次,关系到他能否发现剩余价值的存在[3]。马克思何时能够看出工人的劳动不是一

---

[1] 《马克思恩格斯全集》第4卷,人民出版社1958年版,第100页。
[2] 《马克思恩格斯全集》第4卷,人民出版社1958年版,第95页。
[3] 唐正东:《从斯密到马克思》,江苏人民出版社2009年版,第371页。

种简单的用于交换的一般商品,而是一种能够创造出超过其工资的那部分价值的特殊商品时,他才能透过商品交换过程进入商品生产过程中去理解劳动与资本之间的交换。这样,马克思才会发现,在资本主义社会生产中工人的劳动力商品在使用时竟然创造出了超出其交换价值的多余价值,这些多余的部分也就是剩余价值。这就是包括李嘉图在内的资产阶级古典经济学家始终都没有弄清楚的东西,即资本家为何没有破坏价值规律却获得了剩余价值。对于想要揭露资本主义生产过程的剥削本质的马克思来说,只有在说明了剩余价值概念的前提下,他才能够发现资本家剥削工人的真实状况。正如他后来在《资本论》中所说,剩余价值的生产或增殖才是资本主义生产方式的绝对规律。

而在《哲学的贫困》中,马克思的经济学理论思路在本质上还没有实质性的突破。最关键的原因就在于,马克思此时在经济学思路上缺失了关于剩余价值的思想,从而导致他在这里还无法超越李嘉图的劳动价值论。而对于马克思来说,他只有发现和克服李嘉图劳动价值论中的错误和局限,才能彻底解决政治经济学的深层问题,从而形成马克思主义对政治经济学的总体逻辑,也才能够准确地把握资本主义生产方式的运动规律。

二、马克思此时生产关系概念的真实内涵

如上所述,在缺失了剩余价值思想的状态下,马克思此时更不可能在经济学上超越李嘉图的劳动价值论。这里产生的直接后果就是,马克思在哲学层面也难以将对社会生产关系的理解达到本质性的理论层面。换句话说,马克思此时的经济学研究水平直接影响了他从本质上把握社会生产关系概念的真实内涵。因为,对

于马克思来说,剩余价值既是一个经济学层面上的概念,又是哲学层面上的概念,他只有把思考立足在剩余价值的基础之上,才有可能真正地完成对社会生产关系概念的准确定位。当然,在《哲学的贫困》中通过与蒲鲁东论战,我们看到马克思已经将对社会生产关系概念的理解从一般性的人与人之间的关系推进到了资本主义社会现实中具体的工人与资本家、农民与地主之间的关系层面。但是,从《哲学的贫困》的整个文本内容来看,马克思此时对社会关系的这种理解并没有深入本质性的生产关系的领域,也就是说他并没有说明这种社会生产关系的本质内容究竟是什么。那么,马克思是在何种意义上理解社会生产关系的呢?

由于受到李嘉图在社会关系问题的局限性认识的影响,马克思实际上是从分配关系的角度去理解生产关系的概念的。在上面的分析中,我们已经知道,马克思在这里其实是用"劳动产品在直接劳动者与积累劳动占有者之间的不平等分配"[1]关系去反映工人与资本家之间的阶级对抗关系的。也就是说,马克思是从资本主义社会中劳动产品在工人和资本家之间的不平等分配的角度去理解社会生产关系的。在马克思看来,在资产阶级社会中面向工人的生活必需品的价格几乎不断地上升,而面向资本家的工业品和奢侈品的价格却总是不断下降,这就说明"产品的使用取决于消费者所处的社会条件,而这种社会条件本身又建立在阶级对抗上"。[2] 从这种不公平的分配关系的思路去理解资本主义社会中的阶级对抗关系,只是把工人同资本家之间的交换看作相等的劳动量之间的交换,工人是用自己的劳动作为商品同资本家付给他

---

[1] 《马克思恩格斯全集》第4卷,人民出版社1958年版,第95页。
[2] 《马克思恩格斯全集》第4卷,人民出版社1958年版,第104页。

们的工资进行交换；但事实上，工人与资本家之间关于劳动产品的分配是完全不平等的分配，因为资本家支付给工人的所谓的"劳动的自然价格"[1]不过是工资的最低额而已，即保证工人活命和延续后代所必需的生活资料的价值。马克思说，这注定就是"工人遭受现代奴役的公式"[2]。可见，马克思此时的理解还不深刻，因为他将生产领域中资本家所获得的工人的劳动力在使用过程中自我增殖时产生的那些剩余部分的价值，当成流通领域中资本家对工人的工资进行了克扣。显然，他尚未认识到，资本家在流通领域所获剩余价值其实是资本主义生产过程中产生的，也就是说，在流通领域当中所出现的一切不平等的状况根本上是源自生产领域。因此，只有深入资本主义生产关系领域，解决劳动资料与劳动者相分离这一现实的具体的历史状况，才能真正解决交换和流通领域出现的不平等现象。那么，事实上由于此时在马克思的思路中还缺乏剩余价值的概念，所以他还无法准确地解读出社会生产关系概念的真实内涵，而只是从流通领域，具体地说就是从工人与资本家之间的分配或交换关系的层面去理解生产关系。当然，我们看到，在文本中马克思在对现实社会关系进行理解时似乎也做出了从生产行为本身出发的解读，但仔细分析就会发现，他其实只是把关注点放在了工人与资本家之间围绕工作日的减少而进行的斗争问题，事实上并没有涉及资本家用资本商品与工人的劳动力商品相交换而无偿地取得增加值的问题。这就必然使得马克思还不可能像他后来在《资本论》中间那样，对生产关系的概念作出一种从本质出发的客观解读，并且明白从分配关系的基础出发是根本无法

---

[1] 《马克思恩格斯全集》第4卷，人民出版社1958年版，第94页。
[2] 《马克思恩格斯全集》第4卷，人民出版社1958年版，第95页。

准确地理解资本主义社会本身的内在矛盾的。

马克思如果想要找到资本主义社会必然灭亡的内在矛盾根源,那么他就不能只从劳动产品的分配不公的角度入手,而是要深入客观性的资本主义生产过程之中。也就是说,马克思仅从分配关系入手是挖掘不出资本主义社会必然灭亡的本质原因的,他只能从生产关系的层面入手以找到真正的矛盾根源。但是,马克思此时由于在经济学方面尚未形成剩余价值的思想,因此也还无法完全进入生产关系的领域。所以,我们看到,马克思在这里立足于分配关系的角度,展示了一条由于劳动产品分配不公而使无产阶级终因无法忍受贫困,继而起来推翻资本主义社会制度的线索。尽管从文本内容来看,马克思在展开这一线索的时候也加入了生产力的发展线索,但是对于此时的马克思来说,那只是生产力同分配关系的矛盾运动,而不是生产力与生产关系的矛盾运动[1]。所以,当马克思说道"被压迫阶级的解放必然意味着新社会的建立。要使被压迫阶级能够解放自己,就必须使既得的生产力和现存的社会关系不再继续并存"[2]的时候,事实上他还没能将生产关系同社会关系区别开来,并经常性地将二者混同使用。这就说明马克思此时并没有真正地把握生产关系概念的本质内涵,从而导致他也不可能真正找到资本主义社会必然灭亡性的内在矛盾根源。总的来说,马克思历史唯物主义在这一问题上还没有达到最终的理论层面。

---

1 唐正东:《从斯密到马克思》,江苏人民出版社 2009 年版,第 374 页。
2 《马克思恩格斯全集》第 4 卷,人民出版社 1958 年版,第 197 页。

第三节
《雇佣劳动与资本》在经济学和哲学双重维度上的推进

马克思在《哲学的贫困》中尽管也阐述了自己在一些政治经济学问题上的观点,但那是在批判蒲鲁东错误观点的过程中进行的,并没有形成他自己在经济学上的理论逻辑。而不久之后,马克思根据他在1847年12月布鲁塞尔德意志工人协会发表的演讲而整理成的《雇佣劳动与资本》一文,才"彻底明确了自己的新的历史观和经济观的基本点"[1],并且第一次系统地正面地从政治经济学出发阐述了对资产阶级社会及其生产方式的科学批判。在这一文本中,马克思阐述了关于雇佣劳动与资本之间对抗性关系更为深入的解读,并且已经开始解决资产阶级生产方式的剥削本质,即开始探究有关剩余价值的问题。但此时,马克思在经济学理论研究方面很大程度上仍然是参照李嘉图的学说,他一方面认识到了李嘉图劳动价值论的科学意义,但另一方面也因此而受到这一理论范式的制约。因此,马克思在《雇佣劳动与资本》中还没能真正地说明资产阶级生产方式的运动规律,也没能从根本上揭示出资产阶级社会中剥削关系发生的内在过程。

---

1 《马克思恩格斯全集》第21卷,人民出版社1965年版,第205页。

一、关于雇佣劳动与资本之间对抗性关系更为深入的解读

马克思在《雇佣劳动与资本》的第一篇演讲中就指出,应该分三大部分来说明"构成现代阶级斗争和民族斗争的物质基础的经济关系"[1],即"(1)雇佣劳动对资本的关系,工人的奴役地位,资本家的统治;(2)中等资产阶级和农民阶级在现存制度下必然发生的灭亡过程;(3)欧洲各国资产者阶级在商业上受世界市场霸主英国奴役和剥削的情形"[2]。但实际上,从马克思已经发表出来的文本看,他只是完成了第一项的内容的讨论,并且阐述得非常完整。他当时还没有接触第二项和第三项的内容,只是在一般的理论层面分析了系统研究这些问题的理论基础而已。要知道,马克思之所以从雇佣劳动与资本之间的关系问题入手去阐述自己的经济学观点,那是因为他的经济学研究的全部目的就是想要揭示资本剥削和压迫雇佣劳动的秘密以及探索资本主义生产方式的运动规律,而雇佣劳动与资本的关系在马克思看来正是资产阶级社会的基础[3]。

《雇佣劳动与资本》的重要意义首先就在于,马克思在这里形成了一个对资产阶级社会本质的全新认知,即存在于资产阶级生产方式中的雇佣劳动与资本之间的关系。而马克思此时对这种对抗性关系的理解是建立在对"雇佣劳动"和"资本"这两个范畴的准确定位之上的。

---

1 《马克思恩格斯全集》第6卷,人民出版社1961年版,第473页。
2 《马克思恩格斯全集》第6卷,人民出版社1961年版,第474页。
3 [德]图赫舍雷尔:《马克思经济理论的形成和发展(1843—1858)》,马经青译,人民出版社1981年版,第241—242页。

在马克思那里,"劳动"并不是一开始就被理解为"雇佣劳动"的。从《1844年手稿》中的异化劳动,到《评李斯特》中那个打了引号的"劳动",再到《形态》中奴役性分工下的劳动,尽管"劳动"这一范畴在马克思理解和批判资产阶级生产方式的过程中始终处于关键性的地位,但他仍然没有形成对资产阶级生产方式下劳动本质的准确理解。在《雇佣劳动与资本》中马克思看到,资产阶级社会中的资本与劳动之间已经不是平等的关系,而是一种雇佣关系,也就是资本雇佣劳动。说到底,资本对劳动的这种雇佣其实就是资本对劳动的剥削和奴役。在此意义上,马克思将工人的劳动指认为资产阶级社会雇佣关系中作为商品进行交换的劳动,即雇佣劳动。马克思自己也明确地提到,"劳动并不向来就是商品。劳动并不向来就是雇佣劳动、即自由劳动"[1]。这里马克思其实是要说明资产阶级社会关系的历史性问题。抛开其中在经济学问题上的不准确之处,此时他已经将哲学话语对象化在经济学分析之中。他历史性地分析道,奴隶就不是把自己的劳动出卖给奴隶主,而是连同自己的劳动一次性地永远地卖给了奴隶主。农奴也只是出卖自己的一部分劳动而已。而在现在的资产阶级社会中工人看似是在自由地自己出卖自己的劳动,并且是零碎地出卖,但那其实是在出卖工人自己的生命活动。马克思说道,劳动本应是工人本身的生命的表现,但是在资产阶级社会里却不得以成为工人谋生的手段,"工人正是把这种生命活动出卖给别人,以获得自己所必需的生活资料。可见,工人的生命活动对于他不过是使他能够生存的一种手段而已。他是为生活而工作的。他甚至不认为劳动是自己生活的一部分;相反地,对于他来说,劳动就是牺牲自己的生活。劳动

---

[1] 《马克思恩格斯全集》第6卷,人民出版社1961年版,第478页。

是已由他出卖给别人的一种商品。因此,他的活动的产物也就不是他的活动的目的"[1]。在马克思看来,资产阶级社会中的工人绝不是出于本意而自愿地出卖自己的劳动,他只能以出卖劳动为其工资的唯一来源。这表面上看起来的"自由劳动",实际上根本没有什么"自由",无非是工人由依附于一个主子变成了依附于整个资本家阶级并受其奴役。因为,在资产阶级社会中工人除了出卖自己的劳动能力给资本家之外别无活路。用马克思自己的话说,"工人不是属于某一个资产者,而是属于整个资产阶级;至于工人给自己寻找一个雇主,即在资产阶级中间寻找一个买主,那是工人自己的事情了"[2],这就是整个资产阶级社会的产物。

在对"资本"这一范畴的理解上,马克思在《雇佣劳动与资本》中也第一次进行了全面透彻地分析。资产阶级古典经济学家包括李嘉图在内,普遍把资本看成是由用于生产新的原料、新的劳动工具和新的生活资料的原料、劳动工具和各种生活资料所组成的,即把资本理解成劳动的创造物或劳动的产品,也就是理解成"积累起来的劳动"。总之,他们认为"作为进行新生产的手段的积累起来的劳动就是资本"[3]。马克思虽然在阶级立场和理论出发点上同古典经济学家不同,但在此之前他也是将资本理解成物的,并且在最初的经济学研究中也并未就李嘉图对资本的理解进行过专门的批判。李嘉图是这样理解的,他认为资本只是一种物质的东西,是劳动过程中的因素,而且是社会财富的一部分,这种社会财富运用于生产中,并由推动劳动所必需的食品、衣服、工具等组成。但是,马克思此时已经在生产关系的基础上对资本有了一个全新的判

1　《马克思恩格斯全集》第6卷,人民出版社1961年版,第477—478页。
2　《马克思恩格斯全集》第6卷,人民出版社1961年版,第479页。
3　《马克思恩格斯全集》第6卷,人民出版社1961年版,第486页。

断：资本不是物，而是一种社会生产关系。马克思举例说道，资产阶级经济学家把资本理解为物就好比把黑奴理解为黑人种，根本就没有解释其本质含义，而"黑人就是黑人。只有在一定的关系下，他才成为奴隶。纺纱机是纺棉花的机器。只有在一定的关系下，它才成为资本。脱离了这种关系，它也就不是资本了，就像黄金本身并不是货币，砂糖并不是砂糖的价格一样"[1]。

马克思在分析资本的真正内涵之前，从历史唯物主义的角度第一次深入地阐明了生产关系这一重要的概念。他说"人们在生产中不仅仅同自然界发生关系。他们如果不以一定方式结合起来共同活动和互相交换其活动，便不能进行生产。为了进行生产，人们便发生一定的联系和关系；只有在这些社会联系和社会关系的范围内，才会有他们对自然界的关系，才会有生产"[2]。马克思还在对生产关系的历史本性的理解上明确区分了生产关系同社会关系，这一点已明显地区分于《哲学的贫困》。马克思认为，"各个人借以进行生产的社会关系，即社会生产关系，是随着物质生产资料、生产力的变化和发展而变化和改变的。生产关系总合起来就构成为所谓社会关系，构成为所谓社会，并且是构成为一个处于一定历史发展阶段的社会，具有独特的特征的社会。古代社会、封建社会和资产阶级社会都是这样的生产关系的总和，而其中每一个生产关系的总和同时又标志着人类历史发展中的一个特殊阶段"[3]。马克思在这里极为明确地表达了生产关系在社会构成中的关键性作用，并且生产关系只能是一定的社会历史发展阶段上的关系，这就引出了对资产阶级政治经济学把资产阶级经济关系

---

1 《马克思恩格斯全集》第 6 卷，人民出版社 1961 年版，第 486 页。
2 《马克思恩格斯全集》第 6 卷，人民出版社 1961 年版，第 486 页。
3 《马克思恩格斯全集》第 6 卷，人民出版社 1961 年版，第 487 页。

看作永恒的天然的观点的批判。针对他们把资本看作物的理解，马克思明确地说道："资本也是一种社会生产关系。这是资产阶级的生产关系，是资产阶级社会的生产关系。"[1]可以说，这是马克思在对资产阶级社会理解过程中所获得的一个至关重要的经济学认识。他接着分析道："构成资本的生产资料、劳动工具和原料，难道不是在一定的社会条件下，不是在一定的社会关系下生产和积累起来的吗？难道不是在一定的社会条件下，在一定的社会关系内被用来进行新生产的吗？并且，难道不正是这种一定的社会性质把那些用来进行新生产的产品变为资本的吗？"[2]马克思这里还强调，由于资本所包括的一切产品都是商品，所以，资本不仅包括那些在一定的生产关系中能够成为商品的东西，而且它还包括交换价值。而这些交换价值的总和是如何成为资本的呢？在马克思看来，它之所以能够成为资本，"是由于它作为一种独立的社会力量，即作为一种属于社会一部分的力量，借交换直接的、活的劳动而保存下来并增殖起来。除劳动能力以外一无所有的阶级的存在是资本的必要前提。只是由于积累起来的、过去的、物化的劳动支配直接的、活的劳动，积累起来的劳动才变为资本"[3]。这里的关键之处就是，马克思强调资本的实质就在于"活劳动是替积累起来的劳动充当保存自己并增加其交换价值的手段"[4]。即是说，资本之所以是资本，并不在于它是生产的手段，而在于它可以使雇佣工人的劳动变成资本增殖的手段。由此，马克思通过对生产关系的历史性本质的分析确定了"资本"这样一个特定的资产阶级的社会生产

1　《马克思恩格斯全集》第6卷，人民出版社1961年版，第487页。
2　《马克思恩格斯全集》第6卷，人民出版社1961年版，第487页。
3　《马克思恩格斯全集》第6卷，人民出版社1961年版，第488页。
4　《马克思恩格斯全集》第6卷，人民出版社1961年版，第488—489页。

关系。既然如此,资本就只是一种历史性的存在,也就是说,资本也有其自身产生的前提和形成发展阶段以及最终必将被超越的历史过程性。

从历史唯物主义的角度对雇佣劳动和资本的范畴进行了准确的定位,这就使得马克思此时能够对雇佣劳动与资本之间的对抗性关系进行更为深入地解读,从而真正地揭示出资本剥削和压迫雇佣劳动的秘密。马克思分析道,在资产阶级社会经济现实中,工人与资本家之间的关系看起来是工人拿自己的劳动换取到了生活资料,而资本家用归他所有的生活资料换取了工人的劳动。这样,在资产阶级社会中就出现一种状况,即"资本以雇佣劳动为前提,而雇佣劳动又以资本为前提。两者相互制约;两者相互产生"[1]。这似乎真的像资产阶级经济学家所断言的那样:"资本家和工人的利益是一致的"[2]了。对此马克思说道,资本家和工人的利益远不是同一个东西,"当雇佣工人仍然是雇佣工人的时候,他的命运是取决于资本的。所谓工人和资本家的利益一致就是这么一回事"[3]。这也就是马克思在第一篇演讲中就说到的"工人的奴役地位,资本家的统治"[4]关系。

在详细阐述雇佣劳动与资本之间的关系以前,马克思先解释了"工资是什么和由什么决定"的问题。这一方面是因为他要从工人们最直接关心的问题入手并尽量说得简单通俗,好让连最起码的政治经济学概念都没有的普通工人明白其解说;另一方面是因为从工资这一现实问题入手进行理论剖析,才能在理论和现实的

---

[1] 《马克思恩格斯全集》第 6 卷,人民出版社 1961 年版,第 490 页。
[2] 《马克思恩格斯全集》第 6 卷,人民出版社 1961 年版,第 490 页。
[3] 《马克思恩格斯全集》第 6 卷,人民出版社 1961 年版,第 491 页。
[4] 《马克思恩格斯全集》第 6 卷,人民出版社 1961 年版,第 474 页。

双重线索上揭示出隐藏在雇佣劳动同资本表面利益一致背后的对立与冲突,才能真正地阐明雇佣劳动与资本之间的对抗性关系以及工人遭受奴役和剥削的本质原因。在马克思看来,因为商品的价格就是商品通过货币表现出来的交换价值,那么工资就是作为一定商品的劳动的价格,只不过是"劳动价格的特种名称"[1]。重要的是,马克思在这里指出,工资也不是工人在他所生产的那部分商品中所占有的一份,因为"工资是原有商品中由资本家用以购买一定量的生产劳动的那一部分"[2]。这一认识表明,马克思已经站在李嘉图劳动价值论的立场上对购买生产劳动的资本和购买物质资料的资本作了初步的区分,也就是区别开了投入工资中的资本部分与投入生产资料中的资本部分,已经明显不同于斯密在这一问题上的"工资和利润扣除"的结论了。这种区分就为后来马克思在不变资本和可变资本问题上的认识开辟了道路,并为他之后解决政治经济学中的一系列复杂问题奠定了基础。此外,马克思还借助竞争(供求关系)说明了决定价格的最终因素是生产费用,并且在分工和机器发展的基础上分析了工资和生产资本之间的对抗性关系。其实,总体上看马克思在《雇佣劳动与资本》中的经济学观点在实质上并没有超越《哲学的贫困》,包括在工资、价值、竞争以及分工和机器等经济学的基本问题上都没有发生大的变化,只不过在某些方面阐述得更加详尽而已。

当然,马克思反复地对工资这一问题的考察就是想要让工人看到隐藏在表面的工资背后的剥削和奴役。他说道:"一方面工人的收入在资本迅速增加的情况下也有所增加,可是另一方面横在

---

1 《马克思恩格斯全集》第 6 卷,人民出版社 1961 年版,第 476 页。
2 《马克思恩格斯全集》第 6 卷,人民出版社 1961 年版,第 477 页。

资本家和工人之间的社会鸿沟也同时扩大,而资本支配劳动的权力,劳动对资本的依赖程度也随着增大。"[1] 资产阶级社会里的工人阶级是在用自己的劳动增添那个奴役和剥削自己的敌对力量,用马克思的话说就是工人阶级"本身在铸造金锁链,让资产阶级用来牵着它走罢了"[2]。马克思在《雇佣劳动与资本》中力图向工人们阐述的最重要的观点,就是"资本的利益和雇佣劳动的利益是截然对立的"[3]。马克思一再强调,"即使最有利于工人阶级的情势,即使资本的尽快增加如何改善了工人的物质生活状况,也不能消灭工人的利益和资产者即资本家的利益之间的对立状态。利润和工资仍然是互成反比的"[4]。因为,雇佣劳动与资本的对抗性关系是整个资产阶级社会生产方式的必然产物。我们看到,马克思此时之所以对雇佣劳动与资本的对抗性关系有了更加深入的认识,关键原因在于他已经是从生产关系而不再是从分配关系的角度进行了考察,并且在对生产关系真实内涵的把握上越来越接近于得出"剩余价值"的概念。

二、在剩余价值问题上的初步探索

通过对雇佣劳动与资本的交换这一问题的分析,马克思已经明确地认识到在二者之间这种不平等的交换过程中,"劳动商品"其实具有一种特殊的"创造力量",这种力量在资产阶级生产方式中却被工人白白耗费,而且被资本家无偿占有了,那就是剩余的价

---

1 《马克思恩格斯全集》第 6 卷,人民出版社 1961 年版,第 497 页。
2 《马克思恩格斯全集》第 6 卷,人民出版社 1961 年版,第 498 页。
3 《马克思恩格斯全集》第 6 卷,人民出版社 1961 年版,第 497 页。
4 《马克思恩格斯全集》第 6 卷,人民出版社 1961 年版,第 497 页。

值。马克思此时更加明确地意识到这种剩余的价值应该就是资产阶级社会中剥削关系的本质所在。他是这样解释的:"工人拿自己的劳动换到生活资料,而资本家拿归他所有的生活资料换到劳动,即工人生产活动,亦即创造力量。这种力量不仅能补偿工人所消费的东西,并且还使积累起来的劳动具有比以前更大的价值……工人为了换到生活资料,正是把这种贵重的再生产力量让给了资本家。因此,对工人本身来说,这种力量是白耗费了。"[1]这里所说的"再生产力量"就是工人劳动的力量,也就是后来马克思认识到的"劳动力"。马克思尽管此时还没有得出"劳动力"的概念,但是他通过对"生产费用"的分析其实也大体上说出了资本家剥削工人剩余价值的本质。不过,马克思在这里对"生产费用"概念的使用比较混乱,有时指的是"价值",有时指的是资本家的"费用价格",有时还被他理解为"生产价格"。但是不论在哪种情况下,马克思都把"生产费用"归结为劳动,并通常把劳动视为生产费用的实体。马克思这时所理解的生产商品所必需的劳动时间包括了在生产过程中消耗的生产资料中已经包含着的劳动时间,以及在生产过程中通过活劳动而得到保存并转移到新产品中的劳动时间,还有在生产过程中新追加的劳动时间。因此,在他看来,构成"生产费用"的就包括:"(1)原料和劳动工具,即产业产品,它们的生产耗费了一定数量的工作日,因而也就是代表一定数量的劳动时间;(2)直接劳动,它也是以时间计量的。"[2]

按照之前的分析我们知道,马克思此时认为,"只是由于积累起来的、过去的、物化的劳动支配直接的、活的劳动,积累起来的劳

---

[1] 《马克思恩格斯全集》第 6 卷,人民出版社 1961 年版,第 489 页。
[2] 《马克思恩格斯全集》第 6 卷,人民出版社 1961 年版,第 484 页。

动才变为资本"[1]。那么,资本家实际上利用这些资本,即积累起来的劳动就是为了通过占有他人的劳动而达到事实上增加资本价值的目的。当然,资本是不可能自行增殖的,它只有通过活劳动的物化才能使自身的价值增长,也就是说,马克思在《雇佣劳动与资本》中已经认识到了通过雇佣劳动与资本的交换而转移到资本中的活劳动是"替积累起来的劳动充当保存并增加其交换价值的手段"[2],这也意味着马克思此时意识到了资本家剥削工人的过程是发生在生产中,即资本家先用其现有的资本价值的一部分购买雇佣工人的"劳动"(劳动力),按照"劳动"的价值支付工人工资,由此,资本家就得到了在一定时间内对雇佣工人生产活动——一种"创造力量",它除了能补偿雇佣工人消费的部分,还能使积累起来的劳动具有比之以前更大的价值——的使用权,正是在对这种"创造力量"的使用中才使资本实现了增殖。而不幸的是,在资产阶级社会里工人却只能把这种贵重的再生产的力量转让给资本家以换取低额的工资而求得生存,因此,"雇佣工人在生产过程中创造价值的活动就代替了投在工资中的那部分资本"[3]。所以,活劳动生产资本价值的方式就是一方面把已经耗费了的生产资料的价值转移到新生产的商品中,并且生产工资的等价物,由此保存原有的资本价值;另一方面通过创造出高于工资中预先垫付的那部分资本的新价值,并通过资本家的占有来增加资本的价值。用马克思的话说就是,雇佣工人看起来是生产商品,但实质上他是在生产资本,"生产重新供人利用去支配他的劳动并借他的劳动创造新价值

---

1 《马克思恩格斯全集》第 6 卷,人民出版社 1961 年版,第 488 页。
2 《马克思恩格斯全集》第 6 卷,人民出版社 1961 年版,第 488—489 页。
3 [德]图赫舍雷尔:《马克思经济理论的形成和发展(1843—1858)》,马经青译,人民出版社 1981 年版,第 248 页。

的价值"[1]。其实,我们可以看到马克思此时已经认识到了活劳动在同一生产时间内所产生的两重结果,即保存原有价值和创造新的价值。但是,马克思在《雇佣劳动与资本》中并未就此深入研究,没有追问这种劳动为何会产生两种结果。实际上,马克思在这里已经基本上解决了李嘉图等经济学家所陷入困境的那个问题,即资本家为何没有破坏价值规律却获得了利润:因为在生产过程中由雇佣工人的劳动物化而创造了新价值并形成了"剩余的价值"。资本家事实上正是将在这种生产过程中由活劳动所创造的超出工人工资之外的价值产品据为己有,从而获得利润,这说明马克思已经发现了雇佣工人所出卖的"劳动"的价值与他在资本家的奴役下劳动(劳动力使用过程)所创造的价值是不同的。其实,我们从中可以看出,马克思此时已经是在试图说明剩余价值的来源问题了,也就是资本剥削雇佣劳动的本质问题。剩余价值的唯一来源就是雇佣工人的剩余劳动。正如恩格斯后来所评价的那样,马克思此时"不仅已经非常清楚地知道'资本家的剩余价值'是从哪里'产生'的,而且已经非常清楚地知道它是怎样'产生'的"[2]。当然,由于马克思此时尚未形成自己的劳动价值论,基本上还是受李嘉图价值理论的思想影响,因此在关于剩余价值问题的分析上还存在着诸多不成熟和不科学的地方。

但是,我们也看到,马克思在《雇佣劳动与资本》最初发表时的原稿中是把工资看作劳动的价格,这说明对此时的马克思来说并没有区分出"劳动"和"劳动力"的概念。因为,我们知道,正如马克思后来自己所认识到的那样,工人出卖的不是"劳动"而是"劳动

---

1 《马克思恩格斯全集》第 6 卷,人民出版社 1961 年版,第 490 页。
2 《马克思恩格斯全集》第 24 卷,人民出版社 1972 年版,第 12 页。

力",只有"劳动力"才能成为商品。这不是一个简单的概念替换问题,"劳动力"概念的提出在马克思政治经济学批判中具有重要的意义。用恩格斯的话说就是它"牵涉到全部政治经济学中一个极重要的问题"[1],而这正是资产阶级经济学家"终身也解决不了"[2]的问题。那么,此时在缺乏"劳动力"概念的状况下,马克思是不可能真正说清剩余价值形成的根源,更不可能得出剩余价值的概念。尽管马克思这里已经触及了剩余价值的问题,但那只是从对剩余的价值产品的关注上展开的分析思路,他还无法从根本上彻底地说明资产阶级生产方式下资本增殖的内在本质问题。从根本上说,马克思在这里之所以没有明确得出"劳动力商品"的范畴并且对"生产费用"使用混乱,主要是因为他此时还没有创立完备的劳动价值理论。也就是说,在尚未创立劳动二重性学说的时候,马克思还无法真正地说清楚雇佣劳动与资本分别在流通和生产两个过程中所进行的交换。这一点是马克思后来在五十年代的经济学研究中才逐渐完成的。

其实,若从考察剩余价值形成的具体过程这一方面来看,马克思当时在经济学观点上并没有体现出超越李嘉图学说的优越性,因为李嘉图在关于利润的来源问题上也是从生产领域引出的,并且认为利润是由劳动创造的。用马克思后来在《剩余价值理论》中的话说,就是剩余价值理论其实在李嘉图那里是存在的,只是他并没有把剩余价值确定下来[3]。如前所述,李嘉图之所以最后陷入了悲观,最关键的问题就是由于他始终在"劳动商品"上打转,而没有看到"劳动力商品",结果得出了《作为商品的劳动的价值取决于

---

[1] 《马克思恩格斯全集》第 22 卷,人民出版社 1965 年版,第 235 页。
[2] 《马克思恩格斯全集》第 22 卷,人民出版社 1965 年版,第 235 页。
[3] 《马克思恩格斯全集》第 34 卷,人民出版社 2008 年版,第 187 页。

生产劳动时所耗费的劳动》这样荒谬的结论。而此时在马克思的思路中同样缺少"劳动力商品"的概念,并且还明显地带有李嘉图经济学的痕迹,因此,他在这里也不可能真正地得出"剩余价值理论"。但是,从另一方面来看,马克思在《雇佣劳动与资本》中对剩余价值的探究,毕竟在剩余的价值产品问题上已经获得了正确的观点,这明显地超出了《哲学的贫困》中的理论层面。重要的是,这种理解本身已经孕育着在以后建构起的科学的"剩余价值理论"体系之雏形,同时这也是马克思把历史唯物主义的哲学方法运用到研究资产阶级社会生产方式中所获得的重要理论进展。

第四章　马克思对李嘉图经济学的经济学批判及其在社会历史观维度的意义

本章讨论的是马克思对李嘉图经济学的经济学批判和超越及其在社会历史观维度的意义。这一时期主要是指马克思在《伦敦笔记》和《1857—1858年手稿》中对李嘉图经济学的经济学批判与超越。1850年，马克思开始第三次经济学研究时，在《伦敦笔记》中再次对李嘉图的《政治经济学及赋税原理》进行了详细的摘录与评注，并在货币数量论、级差地租理论和价值理论三个维度上获得了重要理论认识，第一次在经济学上正面发表意见批判李嘉图的经济学。《伦敦笔记》时期的经济学理论研究和探索，以及之后在1857年爆发的以金融危机为特征的经济危机，促使马克思对资本主义条件下的货币制度及其与资本主义生产过程之间的关系进行了更加深入的剖析。《1857—1858年手稿》就是这一深入剖析的重要理论成果。在此手稿之前，马克思还写有一个《导言》，第一次探讨了研究政治经济学的方法问题，提出了从抽象上升到具体的解读资本主义生产过程的方法论，从而为他批判李嘉图的经济学理论提供了科学的方法论基础。在手稿正文的"货币章"，马克思通过批判蒲鲁东主义者的货币观点逐渐引入对商品价值的分析，奠定了自己的价值理论的基础，发现了资产阶级社会中的劳动二重性，建立起了科学的完备的劳动价值理论，在根本上克服了李嘉图劳动价值论的弱点，并以此为基础科学地论证了商品的二重性，以及商品转化为货币的必然性，实现了对李嘉图的货币数量论的超越。基于商品和劳动的二重性理论，马克思在"资本章"中解决了他研究的中心问题——资本主义剥削的本质和机制。"劳动力商品"这一特殊范畴的发现，使得马克思区分了资本家与雇佣工人之间的市场交换和在生产过程中资本占有活劳动所实现的价值保存和增殖过程，理解了资本主义生产的内在过程，从而为剩余价值理论的最终形成奠定了重要的理论基础，使马克思从剩余价值的角度实现了对李嘉图劳动价值论的理论超越。经济学上的发现同时也标志着马克思历史唯物主义建构的理论逻辑最终完成。从对货币的分析到对资本的批判的转变，马克思在《1857—1858年手稿》中基于资本主义生产过程的分析，逐渐超越了资产阶级经济学讨论的一般层面，深入资产阶级生产方式的内在本质之中，使他在经济学维度上超越李嘉图学说的同时也促进了社会历史观的深化与发展，对社会历史发展过程的分析更加具有具体性和历史性，并且对资本主义社会内在矛盾的理解也更加准确。

第一节
《伦敦笔记》：马克思对李嘉图经济学的最初怀疑

《伦敦笔记》是马克思于1850—1853年间被迫流亡伦敦时在英国博物馆的阅览室里所写的摘录性笔记。这个笔记由篇幅不等的24本笔记本组成（约1250页），主体部分是马克思这一时期阅读过的大量资产阶级经济学家和其他学者的著作的摘录,其中也穿插着马克思自己所做的文字长短不一的评论。由于广泛而深入地研究了经济学,马克思这一时期的经济学思想产生了新的变化。《伦敦笔记》同《巴黎笔记》(1843 年)、《布鲁塞尔笔记》以及《曼彻斯特笔记》(1845 年)一样,是马克思随后写作政治经济学著作的直接准备,而《伦敦笔记》的重要意义更在于,马克思通过对经济学理论诸多重要问题的系统研究与梳理,逐渐深化了对社会历史过程的客观规律的认识,从而为在已经形成的历史唯物主义与历史辩证法的指导下科学全面地批判资产阶级社会起了连接作用。因此,对于《伦敦笔记》的研究是马克思主义哲学史中不可或缺的一部分。整个笔记当中的思想发展最高潮部分当属马克思在第Ⅳ笔记本(第 55—61 页)和第Ⅷ笔记本(第 19—65 页)中对李嘉图《政治经济学和赋税原理》一书做摘要时所加的详细评注,他比以往更多地评论李嘉图的正文或叙述自己的看法,这也是"伦敦笔记"中最有意义和最有价值的部分。马克思 1844 年在巴黎时曾第一次对这本著作的法文第 2 版(由弗朗西斯科·索拉诺·孔斯坦西奥出版)做过广泛的摘录,并加上了自己的详细评注。这本著作在马克思的思想发展过程中占有重要地位,马克思曾反复研究过它。这次,马克思重新研究时阅读的是 1821 年出版的英文第 3 版。马克思在《伦敦笔记》中对李嘉图经济学所做的笔记主要是关于货币数量论、级差地租理论以及价值理论的研究与思考。本节主要考察马克思在这三个经济学维度对李嘉图经济学的理解和认识,通过这种考察我们可以清楚地把握他在五十年代初所关注的理论方向和他当时经济学理论的成熟程度,即马克思当时对社会历史的客观规律的认识程度,这与他接下来的历史唯物主义哲学的进一步发展是直接相连的。

一、对李嘉图货币数量论从追随到批判的认识转变

马克思主要在《伦敦笔记》第Ⅳ笔记本中对李嘉图货币理论进行了摘录和评注,这一部分内容插在 1850—1851 年马克思写下的主要研究货币理论问题的前 7 本笔记中。马克思之所以从《伦敦笔记》一开始就进入货币问题的研究,并做了大量的笔记,这是有其特定背景的。首先,马克思重视货币问题与他的研究目的有关,他把 1847 年的经济危机看作 1848—1849 年革命的最深刻原因,而危机又和货币流通有关系。虽然马克思已经知道危机的根源并不在流通领域,而是存在于资本主义生产方式本身,但是危机的可能性存在于货币形式本身,资本主义的各种矛盾要通过货币流通表现出来,危机爆发的信号也先是从流通过程中发出的。马克思指出:"危机的过程所以和货币流通有关系,那只是因为国家政权疯狂地干预调节货币流通的工作,从而更加加深了当前的危机。"[1] 因此,在《伦敦笔记》的开端马克思就研究货币和货币流通,这主要是为了研究危机,科学地规定革命的战略策略[2]。其次,由于 1847 年经济危机之后,"通货原理"派和"银行理论"派在货币理论问题上争论不休,使资产阶级经济理论界在这个问题上陷入困境。而"通货原理"派的理论基础正是李嘉图的货币数量论,这恰恰是马克思在《哲学的贫困》中所坚持的货币理论。因此,为了弄清问题的本质,他觉得有必要尽快研究货币这一在商品经济中具有谜一样性质的经济形式。同时,以李嘉图的货币数量论为核心

---

[1] 《马克思恩格斯全集》第 27 卷,人民出版社 1972 年版,第 193 页。
[2] 许征帆等编著:《马克思主义学说史》(第一卷),吉林人民出版社 1987 年版,第 494 页。

的理论研究也成为马克思在《伦敦笔记》时期有关货币理论的关注重点和主要思考点。

概括地说,货币数量论就是关于货币流通量和商品价格的关系的一种货币理论。这一理论认为商品价格决定于流通中的货币量,并随着流通中的货币量的增减而同比例提高或降低。它的奠基者是十八世纪的大卫·休谟,在李嘉图那里则得到了明确的系统的表述。李嘉图的货币数量论的局限性在于,他在货币问题上的思路没有彻底贯彻劳动价值论,他一方面根据自己一贯坚持的商品价值决定于劳动时间的原理,认为"黄金和白银像一切其他商品一样,其价值只与其生产以及运上市场所必需的劳动量成比例"[1];另一方面又根据1797年英格兰银行停止银行券兑换以后出现的商品价格上涨的事实,认为确定货币价值的不是实物所包含的劳动时间,而只是供求规律,认为商品在进入流通时是没有价格的,货币是没有价值的,商品价格的高低是由流通中的货币量来决定的,从而走向了货币数量论。这表明,李嘉图只是从价值的量而没从价值的质,即价值实体方面来理解劳动价值论,当出现与劳动价值论相矛盾的表面现象时,他就会被现象迷惑而走入歧途。同时,这也说明李嘉图只看到了货币的流通手段的职能,却完全忽视了货币的价值尺度的职能,不懂得金属货币的流通和纸币的流通的区别,用纸币的流通规律来说明金属货币的流通[2]。"通货原理"派在第二个方面紧紧追随李嘉图,把作为流通手段的货币流通同信用货币的流通区分开来。按照他们的论证,信用货币的流通

---

[1] 《李嘉图著作和通信集》第1卷,郭大力、王亚南译,商务印书馆1962年版,第301页。
[2] 许征帆等编著:《马克思主义学说史》(第一卷),吉林人民出版社1987年版,第496页。

必须模仿金属货币的流通，假设当金属货币流出国外的时候，就表示流通充斥，此时必须用人为的办法限制信用货币流通。结果，当1847年经济危机开始时，在最需要货币和信用的时候，信用货币（银行券）的流通却遭到了英格兰银行的人为限制，从而导致危机加剧。

1848年欧洲大革命的失败使马克思清醒地认识到，"在这种普遍繁荣的情况下……只有在现代生产力和资产阶级生产方式这两个要素互相矛盾的时候，……革命才有可能"[1]，他开始关注商品生产和商品流通之间的辩证关系，也就是说，流通只能是商品生产的流通，是在生产基础上的流通。因此，作为在流通中充当一般等价物的货币，它在流通中的数量并不能决定商品的价格；恰恰相反，商品的价格应由该生产该商品的劳动时间来决定。更重要的是，货币本身也只有建立在劳动价值论的基础上，才能得到科学的说明。马克思在《伦敦笔记》之前也没有认识到李嘉图货币数量论的局限性，他在1847年的《哲学的贫困》中批判蒲鲁东的所谓"劳动货币"时还不加批判地接受李嘉图的货币数量论观点。但是，经过五十年代初对八十多位经济学家关于货币问题论述的深入研究，马克思从他们那里获得了重要的思想启发，不仅摘录了"通货原理"派的各种方案的理论论据，还详细地摘录了"银行理论"派反驳"通货原理"派的大量论据。马克思非常赞同"银行理论"派为反驳"通货原理"派时所强调的调节货币流通的规律和调节银行券流通的规律之间的区别，但同时也注意到了他们的货币理论的不彻底性和缺陷，如他们把货币和资本等同起来的观点。这样，随着研究的开展，马克思头脑中关于货币理论的思路逐渐清晰明朗，过去

---

[1]《马克思恩格斯全集》第7卷，人民出版社1959年版，第514页。

一直支配着他的李嘉图的货币数量论,开始成为他批判的对象。在《伦敦笔记》的第Ⅳ笔记本中,马克思已经非常明显地表现出他对李嘉图的货币数量论态度的转变。他从李嘉图著作的第十三章"黄金税"中摘录了一段话:"对货币的需求,不像对衣服或食物的需求那样有一定的数量。对货币的需求完全是由货币的价值决定的,而货币的价值又是由它的数量决定的。"[1] 马克思针对这一观点,评论道:"这是非常混乱的一章。李嘉图认为,黄金的生产费用只有在黄金的数量因此而增加或减少时才能产生影响,而这种影响只有很晚才会表现出来。另一方面,按照这种说法,流通中的货币量有多少是完全无关紧要的,因为流通的是许多价值低的金属还是少量价值高的金属,这是无关紧要的。"[2] 如果说马克思在第Ⅳ笔记本中是把自己的观点间接地写在了对李嘉图的货币数量论的评论中,那么,在1851年2月3日写给恩格斯的信中他则总结了自己在研究过程中取得的最初成果,表现了马克思对货币数量论的直接克服,也是他在货币理论上的重大突破。"我在这里要谈的是有关这个问题的基本原理。我断定,除了在实践中永远不会出现但理论上完全可以设想的极其特殊的情况之外,即使在实行纯金属流通的情况下,金属货币的数量和它的增减,也同贵金属的流进或流出,同贸易的顺差或逆差,同汇率的有利或不利,没有任何关系。……你知道,这个问题是重要的。第一,这样一来,从根本上推翻了整个的流通理论。第二,这证明,……危机的过程所以和货币流通有关,那只是因为国家政权疯狂地干预调节货币流通的工作,从而更加加深了当前的危机,就象1847年的情况那

---

[1] 《马克思恩格斯全集》第44卷,人民出版社1982年版,第81页。
[2] 《马克思恩格斯全集》第44卷,人民出版社1982年版,第81页。

样。"[1]这表明马克思已经在根本上推翻了李嘉图的货币数量论。

从原则上批判李嘉图的货币数量论,对马克思来说是进一步建构自己的劳动价值论的必要工作。这在经济学上是对之前的《哲学的贫困》的重要超越。而这种经济学上的超越本身也为马克思接下来的哲学空间的拓展奠定了思想基础。因为,尽管马克思在《形态》和《哲学的贫困》中已经建构起了历史唯物主义的理论基础,即以生产力和生产关系(交往形式)的矛盾运动为主要内容的经济运动规律决定了经济社会形态的历史发展过程,但是,由于马克思此时受斯密和李嘉图的影响把资本主义的生产过程视为一般生产过程,而他们更多地从流通的角度来理解生产关系,无法解决资本主义的分配或交换关系与劳动价值论之间的矛盾。所以,马克思当时还不能深刻地理解生产关系(交往形式)的概念,尚无法"运用已经建构出来的历史唯物主义哲学理论完整阐述社会历史发展的真实过程,还不能严格地从生产领域内部去解读经济运动的矛盾规律以及社会历史发展的动力"。[2] 只有当马克思把自己的理论视域深入生产领域,从分配或交换关系过渡到生产关系的时候,他对社会历史发展过程的理解才是立足于历史发生学意义之上的,才能够对资本主义生产过程的整体进行科学的理论剖析。

尽管马克思在写《伦敦笔记》时还没有在劳动二重性和货币形式发展的认识方面取得理论上的突破,但是他对李嘉图货币数量论的克服本身已经在(后来)建构科学的劳动价值论的道路上迈出了重要的一步。同时,也为马克思进一步完善历史唯物主义哲学理论奠定了思想基础。

---

[1] 《马克思恩格斯全集》第 27 卷,人民出版社 1972 年版,第 193 页。
[2] 张一兵主编:《马克思哲学的历史原像》,人民出版社 2009 年版,第 369 页。

二、对李嘉图地租理论从接受到推翻的认识转变

五十年代初,马克思在《伦敦笔记》中对李嘉图地租理论的重新考察与批判也是他这一时期经济学理论研究过程中最重要的科学成就之一。

我们知道,马克思在1847年的《哲学的贫困》中,虽然批判了李嘉图把资本主义的地租关系永恒化的错误[1],但在同蒲鲁东进行论战时,他仍然接受了李嘉图把地租的产生同"土地收益递减论"联系起来的观点。李嘉图的地租理论一方面以劳动价值论为基础,认为农产品的价值是由耕种劣等地的生产条件,即最大的劳动耗费量决定的,耕种中等地和优等地的资本家便会获得超额利润而将其转化为地租;另一方面又同"土地收益递减论"相联系,认为随着人口的增加和对农产品需求的增加,必然会引起农产品价格上涨和地租额提高,使人们不得不耕种越来越坏的土地。马克思在四十年代末尚未认识到李嘉图地租理论的这种错误,他不加批判地赞同李嘉图,认为"由于人口逐渐增加,人们就开始经营劣等地,或者在原有土地上进行新的投资,这新的投资的收益比原始投资的收益就相应地减少"[2]。

而当马克思在五十年代初研究价格发展的经验材料时,在第Ⅴ笔记本中摘引1850年12月14日的《经济学家》杂志上的一个统计表过程中遇到了一个问题,即在1815年之后,谷物价格趋于下降,但地租却不断提高。这个问题使马克思感到疑惑,他提出这

---

1 《马克思恩格斯全集》第4卷,人民出版社1958年版,第186页。
2 《马克思恩格斯全集》第4卷,人民出版社1958年版,第183页。

样的疑问:"不推翻李嘉图的规律,怎么会是谷物价格下降而同时地租上升呢……"[1]马克思认为非常有必要深入研究地租理论,并重新思考自己在此之前曾受李嘉图影响的级差地租概念。

在接下来的研究中,马克思对解决这个问题越来越感兴趣,他大量摘录了经济学家关于地租理论的所有理论论据和各种不同说法,以及他们这些理论所依据的事实。这些经济学家包括安德森、凯里、德·东巴尔、霍普金斯、杰科布、琼斯、德·昆西、拉姆赛、李嘉图、斯图亚特、汤普逊、托伦斯、特纳、威克菲尔德、威斯特等等。但是,在这个问题上,马克思更多地关注这些经济学家的理论在多大程度上与现实的发展相符合。这也是马克思在历史唯物主义方法论指导下对经济学理论的科学分析视角。马克思此时是在已经建构起来的历史唯物主义理论框架下对资产阶级经济学理论进行科学分析,因此,他的关注和分析视角始终紧紧围绕着客观历史发展过程本身,从经济运动规律去考察经济学理论和剖析客观社会现实。

他特别注意农业中生产力的发展史,第一次研究了农业中生产力的发展,此后不久又在第Ⅶ笔记本和第Ⅷ笔记本中进一步透彻研究了农业科学,研究内容还包括土地关系史和谷物价格史。这些研究结果使马克思在对李嘉图的级差地租理论的认识方面取得了重大进展,并最终在实质上推翻了这个理论的主要原理。他逐步发现,李嘉图的地租理论中把地租同所谓"土地收益递减论"联系在一起的观点既不符合农业发展的历史,也不符合资本主义的实际情况。历史和实际都证明,农产品价格并非总是上涨,而地租额却是不断上升的。马克思在1851年1月7日写给恩格斯的

---

[1] 《马列主义研究资料》1982年第2辑,人民出版社1982年版,第52页。

信中,就详细地概括了自己关于级差地租理论的最新认识。他指出李嘉图所说的人口对土地的要求愈多,土地变得相对地愈贫瘠,人们就不得不耕种越来越坏的土地;地租由于谷物价格的上涨而只能提高;由于耕种大量的较坏的土地,一个国家的地租总额只能提高——这三个关于地租增加的论点处处都是和历史相矛盾的。马克思接着就针对这三个论点分别进行了驳斥:"1. 毫无疑问,随着文明的进步,人们不得不耕种越来越坏的土地。但是,同样毫无疑问,由于科学和工业的进步,这种较坏的土地和从前的好的土地比起来,是相对地好的。2. 自1815年以来,谷物的价格从九十先令下降到五十先令,……而地租却不断地提高。3. 我们在各个国家都发现……当谷物价格下跌时,国内地租的总额却增加了。"[1]因此,他认为"主要问题仍然是使地租规律和整个农业的生产率的提高相符合;只有这样,才能解释历史事实,另一方面,也才能驳倒马尔萨斯关于不仅劳动力日益衰退而且土质也日益恶化的理论"。马克思指出,李嘉图的地租理论"不过是生产费用和土地产品的价格之间的差额,或者,……不过是最坏的土地的产品为补偿它的费用……所必需的出售价格和最好的土地的产品所能够得到的出售价格之间的差额"[2],这种观点同人口增长、从优等地到劣等地的耕种次序,以及同谷物价格的上涨并没有必然的内在联系。也就是说,级差地租并不是"以土壤肥力的递减为前提,而仅仅是以(尽管随着社会的发展土壤肥力普遍地日益提高)土壤肥力各不相同或连续使用于同一土地上的资本所产生的结果各不相同为前提;土地改良进行得愈普遍,被改良的土地的种类就愈多,虽然谷物的

---

1 《马克思恩格斯全集》第27卷,人民出版社1972年版,第176页。
2 《马克思恩格斯全集》第27卷,人民出版社1972年版,第175—176页。

价格普遍下跌,全国的地租总额仍然能够增加"。因此,马克思认为,"地租问题的根本实质就在于:地租是由于使不同的生产费用所得到的产品的价格平均化而产生的,但是这种市场价格规律不过是资产阶级竞争的规律而已。"[1] 后来在第Ⅷ笔记本中对《政治经济学及赋税原理》一书做摘要的时候,马克思再次详细地摘录了李嘉图的地租观点,并明确地批判道:"整个论点是大有问题的"。[2] 当然,这同马克思最后科学地制定出地租理论,特别是阐明绝对地租理论的阶段还有一段不近的距离,但他对"土地收益递减论"的克服可以说是成功地解决了一个错综复杂的难题,使他在科学的道路上又前进了一步。还需要指出的是,马克思对李嘉图级差地租理论批判的理论意义不只在地租问题上,同时也严重冲击了他曾经认为正确的那些李嘉图以这个"规律"为理论基本要素而建立起来的其他理论,为他在诸如工资理论、积累理论、人口理论等方面取得新的研究成果开辟了道路。

三、对李嘉图价值理论从理解到超越的认识转变

马克思在价值理论方面的思想进展以及对李嘉图价值理论的超越主要体现在《伦敦笔记》第Ⅷ笔记本(1851年4月—5月)中对李嘉图的主要著作《政治经济学及赋税原理》所做的大量摘录和评注。这是马克思第三次对李嘉图的著作进行系统的研究,其中很大篇幅专门思考了价值问题。通过这一研究,马克思不仅揭示了李嘉图价值理论的错误观点,也使自己在通往价值理论的科学道

---

[1] 《马克思恩格斯全集》第27卷,人民出版社1972年版,第179—180页。
[2] 《马克思恩格斯全集》第44卷,人民出版社1982年版,第103页。

路上又向前有所迈进。这主要体现在以下三个方面：

第一，马克思批判了李嘉图在价值规定中忽视了交换的作用。他指出李嘉图关于价值范畴（交换价值）与财富之间的形式上的区别，按照李嘉图的观点，财富是由使用价值构成的，资产阶级社会生产本身变成了财富的生产。马克思说，李嘉图只是在概念上区别了价值和财富，"消除不了困难"，并强调，资产阶级的财富和全部生产的目的完全不是"满足需要"，而是为了换取交换价值。"商品生产的增长从来不是资产阶级生产的目的，价值生产的增长才是它的目的。"李嘉图作为资产阶级经济学家尽管承认使用价值和交换价值之间存在的关系，然而却认识不到这二者之间的矛盾，"始终不能理解，价值以及资本怎么会增加的问题"。马克思认为李嘉图不理解的原因在于他把"资本和构成资本的材料混为一谈了。财富只是资本的材料。资本总是重新供生产利用的价值总和，它不单是产品的总和，也不是为了去生产产品的，而是为了去生产价值的"。[1] 马克思与李嘉图的这种观点恰恰相反，他不是把资本看作产品的总和，而是看作一定的社会关系的总和，这距离他探索出资本家发财致富的秘密更近了一步。但此时的马克思还不能透彻地理解交换价值与生产价值，因此，也不能清晰地区分交换关系和生产关系，更多的时候是把这种社会关系停留在交换领域。并且，由于马克思此时也尚未形成劳动力商品的概念，因此他对交换的理解还处在物物交换的视域，而没有上升到劳资交换的视域。若挣脱不了交换价值，马克思对资本主义社会的理解必然不深刻。因为，资本主义的真正目的在于生产过程中对剩余价值的剥削，而特定历史条件下的交换其实是生产过程中的交换，也就是说资本

---

[1] 《马克思恩格斯全集》第44卷，人民出版社1982年版，第109—111页。

主义中工人与资本家的交换并不是平等的,而是增加了一个附加值即剩余价值,这才是资本的剥削,才是资本的逻辑和秘密。所以说,资产阶级的全部目的是价值的增加,而非交换价值的增加,如果交换价值与生产价值相同的话,其实财富并未增加。马克思此时只知道增加交换价值,把交换价值当作资产阶级的全部目的,说明他还未真正彻底地进入生产价值视域。

但是,马克思对客观社会历史过程的理解已经愈来愈深刻了,他不再像《哲学的贫困》时期只是从分配不公的角度去理解资本主义的生产过程,而是初步认识到了资本主义生产过程内部的生产力的增长与以价值增长为基础的资本主义生产关系之间存在的内在矛盾[1]。他在笔记中评注道,资本家要想增加交换价值,只能增加产品,更多地生产;而要想增加生产,就必须提高生产力;但生产力的提高又会导致产品的交换价值下降。"价值增长在自己的运动中扬弃自己,转变为产品的增长,这种价值增长所产生的矛盾,是一切危机等等的基础。资产阶级的生产就是经常在这样的矛盾中打转的。"[2]这种对资本主义生产过程的目的和手段之间的对立关系的认识使马克思在对资本主义制度的批判理论的构建上更加深入了。当然,马克思在这里只是笼统地谈生产力,因为在没有关注生产附加值的情况下谈提高生产的能力,这是与讨论提高生产的剩余价值大为不同的。

第二,马克思在生产过程中揭示了李嘉图没有发现的"价值的余额"的出处。马克思为说明"价值的余额"提出了这样一个问题:资本家在垫支100镑生产商品之后的售出额却是110镑,这多出

---

[1] 张一兵主编:《马克思哲学的历史原像》,人民出版社2009年版,第380页。
[2] 《马克思恩格斯全集》第44卷,人民出版社1982年版,第110页。

来的10镑是从哪里来的呢？马克思第一次把它称为"价值的余额"。在他看来,这个余额尽管是在商业中得以实现,但十分清楚的是,资本家能在"商业中得到100镑之外的10镑,只是因为他或另一个工厂主当初在生产中已经创造了这10镑"。[1] 也就是说,马克思认为生产过程才是"价值的余额"的真正出处。而不是像李嘉图等古典经济学家认为的那样,余额是资本家创造的,是资本家省吃俭用创造出来的。正如李嘉图的大多数论敌所断言的,他不能说明价值的"余额"。当然,马克思也反驳了这些资产阶级庸俗经济学家用来批评李嘉图的那些观点,即根据价值的简单再分配来解释利润。马克思认为,这个"余额"既不是资本家从商品交换中获得的,也不是土地所有者阶级支付的,那些不过是已经生产出来的价值的分配和再分配,"但要进行分配,就必须存在着待分配的东西"。"这里涉及的问题是价值,而价值是相对的：它不是量,而是量对第三者的关系。这第三者只能是工人阶级。……余额不是在这种交换中产生的,虽然只有在交换中才能实现。余额是这样产生的：工人从花费了20个工作日的产品中,只得到值10个等等工作日的产品。"[2]

我们看到,马克思此时不仅指出了生产过程是价值余额的来源,更为重要的是他已经明确地认识到价值余额是由工人阶级在劳动生产中创造出来的。尽管此时马克思并未得出劳动力的概念,但是他已经看到了资本家获得的"价值的余额"是工人劳动生产中创造出来并超出他得到的工资的那部分价值。这一认识非常重要,说明马克思已经十分接近剩余价值的概念了,这无疑为他最

---

[1] 《马克思恩格斯全集》第44卷,人民出版社1982年版,第139页。
[2] 《马克思恩格斯全集》第44卷,人民出版社1982年版,第140页。

终科学地建构出价值理论和剩余价值理论奠定了重要的基础。

第三,马克思确定了自己与李嘉图在价值规律的理解上的分歧。在他看来,李嘉图把引起价格波动并影响工资和资本利润的临时性影响抽象掉了。他在笔记中是这样批评的:"李嘉图把他认为是偶然的东西抽象掉了。然而叙述实际过程,则是另一回事,因为在这个过程中,不论是他称为偶然的运动却是稳定的和现实的东西,还是它的规律,即平均关系,两者同样都是本质的东西。"[1] 马克思此时对价值规律的理解比《哲学的贫困》以及《雇佣劳动与资本》时期都有了明显的改进。他认为,实际过程恰恰包括这些波动,价值规律的职能正是在于得出平均比例,得出这些波动的平均水平。尽管此时的马克思还在使用李嘉图的经济学术语,他却得出这样的结论:"'自然价格'是在与市场价格的关系中为自己开辟道路的,但这种斗争与李嘉图的简单的平均化毫无共同之处。"按照他的理解,竞争才是使价格波动得到平衡的主要机制,它"经常使市场价格降低到自然价格的水平——把资本按比例地使用到各不同的生产部门",而竞争本身又是"由需求的变化决定的"。[2] 因此,由劳动时间决定的价格要在供求关系的范围内才能得以实现。可以看出,马克思在《伦敦笔记》中对李嘉图价值规律的批判已经不是由于它同实际的经济现实不一致,而是由于李嘉图对价值规律的职能的错误认识。因为李嘉图作为一位资产阶级经济学家,必定是站在资本主义社会永恒性的角度建构自己的理论体系,这种理论的非历史性就决定了他必然把资本主义生产同"生产一般"混为一谈,把简单商品生产条件下的价值规律的作用搬到资本主

---

1 《马克思恩格斯全集》第44卷,人民出版社1982年版,第108页。
2 《马克思恩格斯全集》第44卷,人民出版社1982年版,第112—113页。

义关系上。因此,李嘉图才发现资本主义现实生产中资本家的利润来源与价值规律竟然是矛盾的。而马克思此时的理论视野已经超越了李嘉图,他从社会历史观的角度注意到了资本主义生产过程与一般生产过程的区分问题。在他看来,价值规律在资本主义社会的作用正是在于通过竞争使市场价格同"自然价格"相适应。当然,必须指出的是,马克思在此阶段尽管认识到了价值规律的本质在于把价格归结为价值,但是他尚未区分价值规律中的各个层次,在对价值规律的更深层面的认识上有待继续研究。

马克思在《伦敦笔记》中第一次发表意见批判李嘉图的价值理论,虽然在这一时期还不能建立起自己的完整的价值理论体系,但是在研究和批判李嘉图的过程中他已经逐渐纠正了与一些重要问题有关的错误观点,并开始构建了价值理论的某些要素。

第二节
《1857—1858年经济学手稿》中对李嘉图经济学的经济学批判与超越

经过《伦敦笔记》时期的经济学理论研究和探索,马克思在货币理论、价值理论等方面都获得了阶段性的发展,这一过程以及之后在1857年爆发的以金融货币危机为特征的经济危机,促使马克思对资本主义条件下的货币制度及其与资本主义生产过程之间的关系进行了更加深入地剖析。《1857—1858年手稿》就是这一深入剖析的重要理论成果。在此手稿之前,马克思还写有一个《导言》。在这个《导言》中,马克思第一次探讨了研究政治经济学的方法问题,提出了从抽象上升到具体的解读资本主义生产过程的方法论,从而为他批判李嘉图的经济学理论提供了科学的方法论基础。按此方法,马克思首先考察了处于"一般的抽象的规定"层面上的货币。在对蒲鲁东主义者的货币理论进行批判的过程中,马克思实现了自己在货币问题上的科学认识,批判和超越了李嘉图的货币数量论,并从货币入手逐渐地引入了对商品价值的分析,从而奠定了自己的价值理论的基础,这其中包括对资本主义社会商品二重性和劳动二重性以及商品转化为货币的必然性的阐析。基于商品和劳动的二重性理论,马克思从"抽象"层面的货币上升到了资本主义生产关系层面的"具体"的资本,从而科学地阐明了资本主义剥削的本质和机制。在对资本本质的理解上,马克思超越了李嘉图把资本理解为物的错误认识,指出资本是一种关系,是一种以雇佣劳动为基础的社会生产关系。在此基础上,马克思发现了"劳动力商品"这一特殊范畴,区分了资本家与雇佣工人之间的市场交换和在生产过程中资本占有活劳动所实现的价值保存和增殖过程,从而为理解资本主义生产的内在过程,以及剩余价值理论的最终形成奠定了重要的理论基础,使马克思从剩余价值的角度实现了对李嘉图劳动价值论的理论超越。从《1857—1858年手稿》的文本中,我们可以看到马克思自己在经济学理论上的进展与对李嘉图经济学的批判是同步进行的,而且正是在对李嘉图经济学的清算中,他才第一次真正地呈现了自己科学经济学的理论逻辑。

一、从抽象上升到具体:为批判李嘉图经济学提供了方法论基础

《导言》是马克思为他计划中的经济学巨著《政治经济学批判》

所写的总导言。在这一文本中,马克思所提出的作为解读资本主义生产过程的方法论,即从抽象上升到具体的方法论为他批判李嘉图经济学提供了科学的方法论基础。当然,从文本内容上看,这里所提出的政治经济学的研究方法还更多的是从思考和分析的角度进行的阐述,或者说是初步地确定自己在经济学研究方法上的指向,准确来讲,这并不是一个已经建构起来的完整的经济学科学研究方法。

在马克思看来,关于政治经济学的研究方法有这样两种:第一种研究方法的理论逻辑是从具体到抽象。按照马克思的说法,这种研究方法"从实在和具体开始,从现实的前提开始"[1],然后得到"关于整体的一个混沌的表象,并且通过更切近的规定我就会在分析中达到越来越简单的概念;从表象中的具体达到越来越稀薄的抽象,直到我达到一些最简单的规定"[2]。马克思说,这第一种研究方法是"经济学在它产生时期在历史上走过的道路"[3],例如从人口、民族和国家等"生动的整体"等开始,最后从分析中得出如分工、货币和价值等"一些有决定意义的抽象的一般的关系"[4]。李嘉图的经济学就是在这种研究方法中建构起来的,他通过资本主义社会里那些"表象中的具体"最终达到了价值这一最简单的规定。这当然比那些从观念和意识出发的唯心主义理论思路要略好一些,但"更仔细地考察起来,这是错误的"[5]。因为,在马克思看来,当我们解读具体的时候,如果直接从这种表象中的具体出发,那么实际上就是把具体当成了非历史性的、经验表象层面上的具

---

[1] 《马克思恩格斯全集》第 30 卷,人民出版社 1998 年版,第 41 页。
[2] 《马克思恩格斯全集》第 30 卷,人民出版社 1998 年版,第 41 页。
[3] 《马克思恩格斯全集》第 30 卷,人民出版社 1998 年版,第 41 页。
[4] 《马克思恩格斯全集》第 30 卷,人民出版社 1998 年版,第 41—42 页。
[5] 《马克思恩格斯全集》第 30 卷,人民出版社 1998 年版,第 41 页。

体,而撇开了构成这些具体的历史规定性。这也就意味着把具体这种"物"仅仅当作"物"来看待,就会像李嘉图一样,尽管最终达到了最简单的价值规定,却仍然无法真正科学地解读出具体的各种规定性之间的内在关系,最后只好把劳动价值论当作一种标尺去对照现实的规定性,找出与其不一致之处。这种方法中存在的一个最根本的问题就是,即使在认识中加入了一些与经验主义方法论不完全一致的抽象方法,但由于无法从根本上超越经验主义方法论,因此,它在本质上仍然受其影响而只能达到对某个具体对象或规定的经验表象层面的认识。我们看到,资产阶级经济学家在这里就止步了,斯密和李嘉图就把抽象的"猎人和渔夫"当作他们的出发点,而事实上这是无法真正超越经验主义方法论的束缚从而达到经济学研究中的辩证法的水平。以马克思的看法,这不是对具体的科学研究方法,还要接着走第二步。

那就是被马克思称为"科学上正确的方法"的第二种研究方法,即从抽象到具体的理论逻辑。这是完全区别于第一种研究方法从"完整的表象蒸发为抽象的规定"的逻辑思路,它是从抽象的规定出发,然后"在思维行程中导致具体的再现"。[1] 按照马克思的理解,"具体之所以具体,因为它是许多规定的综合,因而是多样性的统一。因此它在思维中表现为综合的过程,表现为结果,而不是表现为起点,虽然它是现实的起点,因而也是直观和表象的起点"。[2] 也就是说,我们在理解具体的时候要把它看成是一段历史发展过程的结果,既然是存在于历史过程中的具体,那也就必然都是许多规定性和多样性的综合了。这就与李嘉图的那种把具体当

---

1 《马克思恩格斯全集》第30卷,人民出版社1998年版,第42页。
2 《马克思恩格斯全集》第30卷,人民出版社1998年版,第42页。

作表象的具体,把抽象当作从这些具体中寻找出来的共同点的思路完全不同,因为,李嘉图的思路就决定了他最终得到的抽象必然不是一个矛盾着的东西,例如他提出的交换价值量范畴。而从这种直接的或者说是无矛盾的东西出发,也就意味着李嘉图最终只能是沿着把抽象与具体直接对质的方法论线索走下去,而不可能像马克思一样进入从抽象上升到具体的方法论线索之中。在马克思看来,具体是一种在思维中再现出来的思维具体或理论具体,"具体总体作为思想总体、作为思想具体,事实上是思维的、理解的产物;但是,决不是处于直观和表象之外或驾于其上而思维着的、自我产生着的概念的产物,而是把直观和表象加工成概念这一过程的产物"。[1] 也就是说,马克思所谓的具体所展现出来的就不是事物的表象性的内容,而是事物在本质层面上所具有的丰富的有机联系,因为,生动的具体是不可能成为思维和理解的起点的,它恰恰是思维首先需要进行分解的混沌的表象。而他所谓的抽象就是由具体发展出来的一种简单的基础,生动的具体只有经过了思维的蒸发成为抽象规定之后,才能作为理论地把握对象的真正出发点。由此可见,马克思从这种思路中获得的关于抽象的认识必定与李嘉图得出的那种无矛盾性的直接的抽象是截然不同的。马克思所展开的是一条辩证逻辑的思路,他得出的必然是一种内含着矛盾的东西,只有从这种具有矛盾性的抽象出发才能够最终获得关于具有复杂矛盾性关系的"具体"的分析。因此,我们看到,在处理抽象与具体之间的关系时马克思受这种辩证的思路决定,就使得他必然采用一种与即使是像李嘉图这样的资产阶级古典经济学的最高代表也不同的新的方法论。也就是说,马克思不可能像

---

[1] 《马克思恩格斯全集》第 30 卷,人民出版社 1998 年版,第 42 页。

李嘉图那样从各种表象具体中得出最简单的关于价值的抽象规定,然后把劳动价值论当作一种标尺去对照现实的规定性,找出与其不一致之处。马克思是从矛盾着的抽象出发去解读出具体的各种规定性之间的内在联系,也就是从抽象上升到具体的过程。

但是,初一看马克思在这里的表述使人有一种明显的印象,就是同黑格尔对观念逻辑运动的描述很相似。1858年1月当马克思已经完成《1857—1858年手稿》的最大部分时,他在给恩格斯的一封信中也曾经直接提到说,自己在1857年的时候完全由于偶然的机会,把黑格尔的《逻辑学》又浏览了一遍,这在"材料加工的方法"[1]上帮了他很大的忙。但其实二者有着本质的区别,马克思自己做出了明确地区分,他说:"从抽象上升到具体的方法,只是思维用来掌握具体并把它当作一个精神上的具体再现出来的公式。但决不是具体本身的产生过程",这与"黑格尔陷入幻觉,把实在理解为自我综合、自我深化和自我运动的思维的结果"[2]是截然不同的。马克思在研究和总结他多年来收集和加工的材料时,也就是写作《1857—1858年手稿》以及后来的经济学著作《政治经济学批判》和《资本论》时,都运用了在《导言》中所阐述的方法论原则。

马克思在阐述这个从抽象上升到具体的科学上正确的、唯物辩证的方法时,特别注意对研究的对象持逻辑的和历史的态度这个问题。他指出,必须逻辑一贯地考察经济范畴,并考虑到它们在一定的经济结构中的作用。然而,经济范畴不仅表现为认识的枢纽和手段,而且表现为社会历史发展的产物;因而逻辑分析不能是同真实的过程相脱离的一种任意的、纯思维的结构。科学的抽象

---

1 《马克思恩格斯全集》第29卷,人民出版社1972年版,第250页。
2 《马克思恩格斯全集》第30卷,人民出版社1998年版,第42页。

在马克思的理论中是同作为它的前提的具体的现实不可分离地结合在一起的,如"比较简单的范畴可以表现一个比较不发展的整体的处于支配地位的关系或者一个比较发展的整体的从属关系,这些关系在整体向着以一个比较具体的范畴表现出来的方面发展之前,在历史上已经存在"[1]。所以,从最简单上升到复杂的抽象思维进程并不忽视客观的实在性,而且本质上是符合现实的历史过程的。因此,马克思认为只有通过这种从抽象到具体的方法,才能解释清楚"具体"所具有的特定的历史规定性。像劳动这样一个非常简单的范畴,在其一般性上的表象也是"古老的",但是,"在经济学上从这种简单性上来把握的'劳动',和产生这个简单抽象的那些关系一样,是现代的范畴"[2]。也就是说,尽管劳动这个最抽象的范畴可以适用于一切不同的时代,但是就这一抽象的规定性本身来讲,却同样是历史关系或者说历史条件下的产物,并且只有对于这些历史关系而言,或者在一定的历史条件下它才具有充分的意义。因为,劳动在奴隶制条件下、封建制条件下以及资本主义条件下是有着根本区别的。马克思指出,"最一般的抽象总只是产生在最丰富的具体发展的场合"[3],如"劳动"这个"适用于一切社会形式的关系的最简单的抽象,只有作为最现代的社会的范畴,才在这种抽象中表现为实际上真实的东西"[4]。也就是说,按照马克思的理解,在研究资本主义条件下的劳动这一具体的对象时,运用从抽象上升到具体的方法就可以使我们从历史发展的视角清楚地辨析出资本主义条件下的劳动所具有的特殊性质,也就是由它的多

---

1 《马克思恩格斯全集》第 30 卷,人民出版社 1998 年版,第 43—44 页。
2 《马克思恩格斯全集》第 30 卷,人民出版社 1998 年版,第 44 页。
3 《马克思恩格斯全集》第 30 卷,人民出版社 1998 年版,第 45 页。
4 《马克思恩格斯全集》第 30 卷,人民出版社 1998 年版,第 46 页。

重规定性所构成的独特本性。这样,通过运用从抽象上升到具体的方法逐渐地把劳动成为资本主义条件下最抽象的形式的各种条件展露出来,资本主义社会的各种历史规定性也就逐渐地凸显出来。从历史过程的认识角度看,从抽象上升到具体的方法显然是在历史唯物主义方法论基础上的具体的发展,这就为批判李嘉图经济学提供了科学的方法论基础。

二、对李嘉图货币理论和资本理论的批判与超越

如上分析,马克思是按照他在《导言》中所提出的从抽象上升到具体的科学方法论来撰写《1857—1858年手稿》的,因此,能否准确地辨析马克思在"抽象"和"具体"两个不同层面的思想,就直接决定了我们能否准确地把握住他在这一文本中的经济学定位与在此基础上展开的对李嘉图经济学理论的批判,以及他在何种程度上实现了对李嘉图经济学的理论超越。从文本内容来看,虽然对蒲鲁东主义的批判在《1857—1858年手稿》中占了很大的篇幅,但是马克思在经济学理论上的真正的批判对象是李嘉图。马克思在1858年2月22日写给斐迪南·拉萨尔的信中说道:"我有时不能不对其他经济学家进行批判,特别是不能不反驳李嘉图,因为作为资产者,李嘉图本人也不能不犯即使从严格的经济学观点看来的错误。"[1]在《1857—1858年手稿》中,我们看到,马克思自己在经济学理论上的进展与对李嘉图经济学的批判也是同步进行的。而且正是在对李嘉图经济学的清算中,马克思才第一次真正地呈现了他的科学经济学的理论逻辑。

---

[1] 《马克思恩格斯全集》第29卷,人民出版社1972年版,第531页。

从《导言》中可以明显地看到，按照马克思所提出的从抽象上升到具体的方法，他打算首先研究资本主义生产方式的"一般的抽象的规定"，这样就为他接下去考察更为具体的经济关系建立了理论前提。所以，我们看到，在《1857—1858年手稿》的第一章中马克思首先考察了货币问题，这在一定程度上实现了他的想法，也就是先考察处于"一般的抽象的规定"层面的东西。当然，从哲学线索上来看，这主要也是因为货币作为资产阶级经济拜物教最核心的一层，是资本主义社会历史过程中的最为重要的物化现象。在"货币章"中，马克思不仅通过对货币理论的深入研究实现了自己在货币问题上的科学认识，更为重要的是，他在此基础上进一步完成了劳动价值论层面的科学革命。前面我们在分析《伦敦笔记》的时候，已经看到了马克思对价值和货币理论所做的深入钻研。应该说，货币理论，尤其是当时银行学派和货币学派的货币理论，正是马克思深入劳动价值论研究的主要内容。而此时马克思在《伦敦笔记》已取得的理论进步的基础上又将货币理论向前推进了一步，他已经不再以区分作为流通手段的货币和信用货币这两种不同货币职能为前提去论证信用货币与资本主义生产方式之间的内在必然联系。也就是说，马克思在《1857—1858年手稿》中已经看到了资产阶级社会中的货币关系与资本主义生产方式之间的内在联系，这不是表面看上去的那种货币的一种职能与资本主义生产方式之间的联系，说明马克思认识到了货币关系因其自身的本质必然而发展到资本关系的客观规律性。马克思通过对资产阶级货币理论的批判，逐渐地弄清了劳动价值论的主要内容，从而揭示了商品和价值等重要经济学范畴的本质规定性，并在此基础上成功地揭示了劳动价值论的内在逻辑，提出了以商品和商品二因素为起点，以在思想总体中再现劳动价值论体系的基本思路。[1] 所以说，尽管《1857—1858年手稿》在形式上并没有类似于《政治经济学批判》或者《资本论》第一卷中专门开辟一个"商品章"作为引言章，但是马克思此时对自己的经济学说的阐述并非像有的学者指出的那样是从分析资本开始走向商品和货币的，而是从比较简单和常见的商品和货币范畴推进到更复杂的资本范畴，也就是从资本主义生产的基本细胞推进到它的整个机体。

马克思在"货币章"中是从对蒲鲁东主义者达里蒙等人的货币观点的批判展开自己的论述的。马克思一开始批判了达里蒙把信贷的需要同货币流通的需要混淆起来的错误，他认为这两者完全是由不同的影响因素所决定的，并通过实例证明了蒲鲁东主义者是如何从随意的"统计和实证"中得出所谓的"理论抽象"的。同时，针对达里蒙提出的货币理论，即企图只是通过实行银行的改革，建立一种废除金属货币基础的"新的银行组织"就能够消除资本主义经济中流通和交换的弊端的观点，马克思提出了两个"基本问题"。首先，马克思提出，"是否能够通过改变流通工具——改变流通组织——而使现存的生产关系和与这些关系相适应的分配关系发生革命？进一步要问的是：如果不触动现存的生产关系和建立在这些关系上的社会关系，是否能够对流通进行这样的改造？"[2] 他在这里实际上直接揭露了蒲鲁东等人停留在流通领域，只想通过在颠倒的现象层面进行改良的"流通把戏"就实现资本主义生产关系革命的企图。马克思批评蒲鲁东主义者根本"不了解生产关系、分配关系和流通关系之间的内部联系"[3]，因为，流通的

---

[1] 顾海良：《马克思"不惑之年"的思考》，中国人民大学出版社1993年版，第62页。
[2] 《马克思恩格斯全集》第30卷，人民出版社1998年版，第69页。
[3] 《马克思恩格斯全集》第30卷，人民出版社1998年版，第69页。

每一次"改造"本身都又是以生产条件的"改变"和社会"变革"为前提的。马克思此时已经明确地认识到,流通过程并不是资本主义经济关系中的决定性环节,货币也不是资本主义生产方式的本质,必须从资本主义经济关系的总体出发才能够去理解资本主义经济运行中的个别环节的社会性质。马克思接着提出一个"普遍性的问题",即是否能够既达到对货币的某一形式(如金属货币、纸币、信用货币、劳动货币)提出的要求,而又不消灭在货币范畴上表现出来的生产关系本身呢? 也就是说,是否能够在保留货币的某一形式的同时又消除货币关系中所存在的固有矛盾。这一问题的提出是直接针对蒲鲁东主义者想用一种好的货币形式代替另一种不好的货币形式的劳动货币观点,他们企图不触动资本主义的生产关系,只是简单地通过取消货币的贵金属形式,保留货币的纸币形式或劳动货币的形式,实现消除货币关系矛盾,从而达到克服资本主义内在局限性的目的。马克思指出:"一种货币形式可能消除另一种货币形式无法克服的缺点;但是,只要它们仍然是货币形式,只要货币仍然是重要的生产关系,那么,任何货币形式都不可能消除货币关系固有的矛盾,而只能在这种或那种形式上代表这些矛盾。任何雇佣劳动的形式,即使一种形式能够消除另一种形式的缺点,也不能消除雇佣劳动本身的缺点。"[1]

经过《伦敦笔记》时期的理论研究和反思,马克思在《1857—1858年手稿》中重新考察了自己从前在货币问题上的看法,批判了李嘉图的货币数量论。马克思对货币理论的正确论证是他经济科学中革命变革的一个重要组成部分。他此时已经完全抛弃了在《哲学的贫困》时期追随李嘉图的货币理论,即认为货币的价值不

---

[1] 《马克思恩格斯全集》第 30 卷,人民出版社 1998 年版,第 69—70 页。

是由实物所包含的劳动时间而是由供求规律确定的看法。在批判李嘉图的货币数量论时马克思指出，决定商品价格的不是流通的货币量，而是商品的价值（包括贵金属的价值）。我们知道，李嘉图的货币理论始终是矛盾着的。在关于支配通货数量和价值的规律的研究中，当他沿着劳动价值理论的道路前进时，就会作出一些比较正确的分析并且得出一些比较正确的结论；而一旦当他离开劳动价值理论的道路时，便会作出许多完全错误的分析而且得出十分错误的结论。具体地说，当李嘉图从自己的劳动价值理论出发时，他得出的正确思路是这样的：贵金属的价值由物化在其中的劳动时间决定，所以流通手段的数量首先决定于货币本身的价值，这样，在流通中需要的货币量就同金属货币的价值成反比。但是，当李嘉图从商品价格和流通中货币数量的表面关系出发时，他就会沿着错误思路走下去而最终陷入货币数量理论的泥潭。这时，他便认为："如果在任何一个国家……设立了一个象英格兰银行这样的银行，有权发行纸币作为流通媒介；在通过对商人的放款及对政府的垫款发行了大量纸币以后，通货的数额就大为增加，其影响将与发现金属矿的情况相同。流通媒介的价值就会低落下去，而货物的价格则会相应地上涨。只有依靠一部分硬币的出口才可恢复那个国家和其他国家之间的平衡。"[1] 其实，李嘉图的意思就是说，一个国家中贵金属数量的增加就会引起贵金属价格的下降，即引起商品价格的普遍上涨。纸币和铸币也具有同贵金属一样的增加通货数量的效用，一个国家中纸币数量的增加也会引起通货贬值，即同样引起商品价格的普遍上涨。这就是李嘉图偏离自己的劳动

---

[1] 《李嘉图著作和通信集》第3卷，寿勉成译，商务印书馆1977年版，第58页。

价值论而得出的货币数量论的核心内容。[1] 马克思在"货币章"中就直接指出了李嘉图货币理论及其错误的前提,也就是"银行控制流通的银行券的数量,流通手段的数量决定价格"[2]。马克思说道:"然而情况正好相反,是价格决定流通手段的数量等等。在李嘉图时代,对货币流通现象还没有做任何详细的研究。"[3] 尽管李嘉图在继斯密之后更明确地在劳动价值理论的基础上肯定了货币的商品性质,然而"他从来没有象研究交换价值、利润、地租等等那样研究过货币的本质"[4]。然而,只了解货币的商品性质是远远不够的,因为真正的困难在于了解商品怎么样、为什么以及通过什么才会成为货币。可是,李嘉图始终没有这样去研究问题,当他研究商品和货币的价值规定时,只注意价值的量的规定,只知道交换价值等于一定量的劳动时间,而不注意价值的质的规定,因而不了解个人劳动必定要表现为社会劳动,创造价值的劳动必定要表现为货币。马克思后来在《资本论》中分析李嘉图的这一错误时就明确地指出:"这种劳动的形态——作为创造交换价值或表现为交换价值的劳动的特殊规定,——这种劳动的性质,李嘉图并没有研究。因此,李嘉图不了解这种劳动同货币的联系,也就是说,不了解这种劳动必定要表现为货币。所以,他完全不了解商品的交换价值决定于劳动时间和商品必然要发展到形成货币这两者之间的联系。他的错误的货币理论就是由此而来的。"[5] 可见,本来不应得出货币数量理论的李嘉图,最终还是陷入了数量理论的迷网。[6]

---

1 吴易风:《英国古典经济理论》,商务印书馆1996年版,第246—248页。
2 《马克思恩格斯全集》第30卷,人民出版社1998年版,第73页。
3 《马克思恩格斯全集》第30卷,人民出版社1998年版,第73页。
4 《马克思恩格斯全集》第13卷,人民出版社1962年版,第160页。
5 《马克思恩格斯全集》第34卷,人民出版社2008年版,第181页。
6 吴易风:《英国古典经济理论》,商务印书馆1996年版,第242页。

而此时，马克思在对蒲鲁东主义者的货币理论的批判过程中，逐渐触及了货币的内在规定性问题，从而把研究视域从货币范畴推广到了价值范畴，以及商品这一价值的物质承担者，展开了对价值规定性、价值的作用形式等问题的详尽阐述。由此，马克思在"货币章"的逻辑思路发生了重要转折，他改变了原有的设想，结束了对达里蒙货币理论的批判，开始以劳动价值论的论述作为自己阐述政治经济学理论的起点。这也是马克思在货币理论问题上超越李嘉图的科学理论基点。

从文本中我们看到，马克思此时在价值问题上的理论出发点仍旧是李嘉图。"一切商品（包括劳动）的价值（实际交换价值），决定于它们的生产费用，换句话说，决定于制造它们所需要的劳动时间。价格就是这种用货币来表现的商品交换价值。"[1] 这是马克思对价值理论基本观点的重要概述，尽管他此时对经济学范畴的运用还不精确，但已经表达出了价值理论方面的重要论点。马克思在这一部分还科学地说明了商品的价值与价格的不一致状态，"价值是作为价格运动的规律而出现"的，"商品价格不断高于或低于商品价值，商品价值本身只存在于商品价格的上涨和下跌之中"[2]，"由劳动时间决定的商品价值，只是商品的平均价值"[3]。马克思在这里之所以把商品在市场交换中的价格平均数视为一个重要的参考因素，主要是由于他此时还尚未区分出价值与交换价值的概念，也尚未得出必要劳动时间的规定。但是，从李嘉图理论这个角度出发去批判蒲鲁东主义者的劳动货币理论，这已经很充足了。马克思批评蒲鲁东主义者之所以提出"劳动货币"理论就在于

---

[1]　《马克思恩格斯全集》第 30 卷，人民出版社 1998 年版，第 85 页。
[2]　《马克思恩格斯全集》第 30 卷，人民出版社 1998 年版，第 86 页。
[3]　《马克思恩格斯全集》第 30 卷，人民出版社 1998 年版，第 85 页。

他们有这样一种错觉,似乎只要不用贵金属这种物化的劳动时间而使用那种代表劳动时间本身的"小时券"就能够"消除了价格和价值之间的实际差别和矛盾",就能够使得"资产阶级生产的一切危机,一切弊病都消除了"[1]。而问题的关键在于,"劳动时间作为价值尺度,只是观念地存在着,所以它不能充当对价格进行比较的材料。……价格和价值的差别,需要以另外一种尺度而不是以价值本身的尺度去衡量作为价格的价值。和价值不同,价格必然是货币价格"[2]。也就是说,劳动时间作为商品价值的内在尺度,是决定价值的要素,却不可能是表现价格的要素,因为价格只有借货币这种独立的物质存在形式才能得到表现。可见,要想有效地反驳蒲鲁东主义者的那些理论,马克思就必须论证商品生产和货币之间的内在联系而不仅仅是形式上的联系。其实,这种联系甚至连古典经济学的集大成者李嘉图都没能真正地理解。马克思必须去论证出为什么不能直接用劳动时间去表现商品的交换价值即价格,而必须另外使用一个商品,也就是货币商品去表现;也要论证为什么资本主义条件下的商品生产和商品流通需要产生一种特殊的交换工具,即作为一般等价物的货币商品,而且所有其他商品都通过货币商品表现自己的价值并同它进行交换。马克思只有进行这些论证,他才能从具体的经济学分析中透过现象,历史地揭示出隐藏在物的关系背后的资本主义社会生产关系的本质,因此,他就必须分析商品、价值、货币和商品交换等具体的经济学范畴。我们看到,马克思在批判蒲鲁东主义者的过程中,他通过对货币关系的探讨而揭示出了交换价值的内在规定性,并在此基础上揭示出了

---

[1] 《马克思恩格斯全集》第 30 卷,人民出版社 1998 年版,第 86 页。
[2] 《马克思恩格斯全集》第 30 卷,人民出版社 1998 年版,第 88 页。

价值的内在规定性以及价值向货币转化的内在必然性。接下去，马克思通过对价值的探讨而揭示出了商品的内在规定性，从而把价值和交换价值作为商品的内在要素和机能，把货币看作商品的内在矛盾运动的产物。[1] 马克思此时发现了商品才是资本主义的经济细胞形式，这也就意味着，对资本主义社会经济结构进行分析的出发点，不能像李嘉图所认为的那样，是商品的价值，也不能是商品的价值关系，而相反地应该是商品本身，即这种关系的物质承担者。这样，在马克思的逻辑思路中，商品就作为具有最简单规定性的范畴成为了其理论逻辑叙述的起点，也就是成了他政治经济学理论体系的起始范畴。这就符合了马克思在《导言》中所阐述的从抽象上升到具体的总体方法的要求。从商品范畴到货币范畴的转化，也就是在理论逻辑中从具有简单规定性的范畴向具有复杂规定性的范畴的转化，正是这一方法在其政治经济学理论体系中的成功运用。

围绕着商品的内在矛盾以及商品向货币转化的问题，马克思在这里作了极为详尽的论述，这也是他在劳动价值论上的重要理论突破。马克思首先发现了商品作为使用价值和价值的二重性，尽管这一事实在李嘉图那里也已经被确认，但是李嘉图并没有在他的理论中研究出其中的矛盾性。因为在李嘉图的经济学理论中，商品的使用价值是被假定为已知的因素而存在的，当他从使用价值中引导出某些重要的规定，如工资、地租以及固定资本和流动资本的区别等等规定时，使用价值只是作为经济的形式规定性而起作用。马克思则揭示了商品作为一个矛盾统一体的二重存在形式，即"自然存在"形式和"纯经济存在"形式的对立统一关系。"在

---

[1] 顾海良：《马克思"不惑之年"的思考》，中国人民大学出版社1993年版，第68页。

纯经济存在中,商品是生产关系的单纯符号,字母,是它自身价值的单纯符号。"[1] 也就是说,商品一方面作为使用价值这种"自然存在"形式而存在,而另一方面又是交换价值这种"纯经济存在"形式的物质承担者。使用价值是指可以用来满足人的某种需要的物的有用性,它是一种依附于物的自然属性,而在这个物上耗费的劳动是多是少,这是完全无关紧要的,因为它只是商品的物质方面;而价值或者交换价值,用马克思的话说则是"商品的社会关系,是商品的经济上的质"[2]。马克思指出,在现实商品经济的运作过程中,"作为价值,商品按一定的比例同时是其他一切商品的等价物。作为价值,商品是等价物;作为等价物,商品的一切自然属性都消失了;它不再和其他商品发生任何特殊的质的关系,它既是其他一切商品的一般尺度,也是其他一切商品的一般代表,一般交换手段。作为价值,商品是货币"[3]。马克思此时的理论逻辑就是从商品范畴发展到货币范畴,他指出了货币是商品生产的必然产物,因此,只要产生货币的基础依然存在,货币就不可能被简单地废除。马克思在对商品的二重性的分析中还认识到了劳动的二重性,因为在商品中体现了生产商品的劳动时间的二重含义,即商品生产各自特殊的劳动时间和决定交换价值的一般劳动时间,而这种劳动时间的二重性又是源于劳动本身的二重性,也就是说劳动时间的二重性是分别由特殊形式的劳动(劳动主体同劳动对象之间的直接劳动)和一般形式的劳动(资产阶级社会中通过市场交换所确立的抽象劳动)所决定的。由此,马克思提出了劳动二重性的基本理论,从而揭示了社会必要劳动时间的最本质的规定性。这是马

---

1 《马克思恩格斯全集》第 30 卷,人民出版社 1998 年版,第 90 页。
2 《马克思恩格斯全集》第 30 卷,人民出版社 1998 年版,第 89 页。
3 《马克思恩格斯全集》第 30 卷,人民出版社 1998 年版,第 89 页。

克思思想的卓越成果,是他的价值理论的基础,而重要的是对劳动二重性的认识使得他的价值理论区别于资产阶级古典经济学家的劳动价值论。因为这些古典经济学家不理解资本主义社会中具体劳动和抽象劳动之间的矛盾对立关系,而只是认为价值量单纯地由劳动时间决定。甚至连古典经济学的集大成者李嘉图都没有看到在商品的二重性后面隐藏着劳动的二重性,因为他始终没有理解价值及其内在尺度即劳动时间同外在的价值尺度的必然性之间的真正联系[1],尽管李嘉图把劳动价值论推进到了资产阶级经济学的最高层次,但他没有看到劳动产品只有在生产的一定历史发展的阶段并且只有在特定的社会关系中才能成为商品,从而成为价值;他不了解生产商品的劳动是劳动的一种特殊的历史形式,商品价值由劳动时间决定是资本主义社会历史发展所形成的一种客观抽象。因此,在李嘉图那里,抽象的劳动是与生产物质财富的具体劳动相混同的,每个劳动产品都是价值。所以,我们才会看到,李嘉图会认为原始的渔夫和原始的猎人手中的生产资料代表了用来从事新生产的物化劳动,从而把它们也视为资本。而马克思在《1857—1858年手稿》中则明确地分析了资本主义生产中劳动的二重性,这对他创立科学的劳动价值理论具有极其重要的意义。

当然,在"货币章"中马克思还是处于理论逻辑的"抽象"阶段,因为在这里谈论关于商品和货币的范畴都是在假定商品已经预先存在的前提之下,而没有讨论到这些现成的商品是在何种生产方式中生产出来的问题。马克思自己也指出了这一点:"在考察交换价值、货币、价格的这个第一篇里,商品始终表现为现成的东西。

---

1 [德]图赫舍雷尔:《马克思经济理论的形成和发展(1843—1858)》,马经青译,人民出版社1981年版,第311页。

形式规定很简单。我们知道,商品表现社会生产的各种规定,但是社会生产本身是前提。然而,商品不是被设定在这一规定上。事实上,最初的交换也只是表现为剩余物的交换,并不涉及和决定整个生产。这是一种处于交换价值世界之外的总生产的现成的剩余物。即使在发达的社会中,这些剩余物同样会作为直接现成的商品世界而出现在社会表面上。但是,商品世界通过它自身便超出自身的范围,显示出表现为生产关系的经济关系。因此,生产的内部结构构成第二篇。"[1]因此,马克思接下去所要展开的就是从抽象上升到具体的过程,也就是要把当前思路中的这种"抽象"上升到资本主义生产方式之中的"具体"的过程,从而深刻地阐明资本主义生产关系之所以区别于其他生产关系形式的独特本性。这一过程就是从一般性的货币和交换价值到生产关系层面的资本,它是资本主义经济结构中经济范畴进行推演的逻辑必然,从本质上来看也更符合客观历史发展的过程。

我们看到,马克思在"货币章"中取得的最重要的理论研究成果之一就是确证了:在生产资料私有制的条件下,商品生产的发达形式必然是以货币转化为资本为前提的。商品生产和交换价值的发展趋势必然会导致"劳动和所有权的分离,而这样一来,劳动＝创造他人的所有权,所有权将支配他人的劳动"。[2] 在进入"资本章"之后,马克思继续详细地推进了他在"货币章"中的抽象性逻辑思路。在他的思路中,马克思明确地认为"在货币作为货币的完全的规定性上理解货币"是根本不可能的,因为,在货币的规定性里"社会关系,个人和个人彼此之间的一定关系,表现为一种金属,一

---

[1] 《马克思恩格斯全集》第 30 卷,人民出版社 1998 年版,第 180—181 页。
[2] 《马克思恩格斯全集》第 30 卷,人民出版社 1998 年版,第 192 页。

种矿石,一种处在个人之外的、本身可以在自然界中找到的纯物体"[1]。而事实上,这些作为货币的"金银对于活的个人的直接使用价值同它们作为货币的作用毫无联系,而且一般说来,在作为纯粹交换价值的化身的金银身上,人们丝毫也不会想到不同于交换价值的使用价值。因此,包含在交换价值以及与之相适应的社会生产方式中的基本矛盾,在这里最纯粹地表现出来了"[2]。其实,归根到底,这是因为对货币的批判终究是对交换关系的批判,也就是后来在《资本论》中所说的对货币拜物教的批判,尽管货币能够把资产阶级生产制度中的内在矛盾和冲突非常明显地表现出来,但它仍然只是这些对立和矛盾的明显的现象而已。在马克思看来,要想真正地对这种现象作出准确的分析,就不能只是在纯粹的形式上阐述货币关系,而要把它同资本主义的生产关系联系起来。那么,"货币关系的规定的特点就在于:在从简单意义上来理解的货币关系中,资产阶级社会的一切内在的对立在表面上看不见了,因此,资产阶级民主派比资产阶级经济学家……更多地求助于这种简单的货币关系,来为现存的经济关系辩护。"[3] 可见,在货币关系当中,当"一切内在的对立"仿佛都不存在的时候,如何还去奢谈对资本主义社会的本质性批判呢?我们看到,通过前面对价值的分析,马克思在"资本章"中对货币与资本之间的内在的本质联系已经有了更加清晰地认识,即"价值表现为一种抽象,而只有在货币已经确立的时候才可能表现为这样的抽象;另一方面,这种货币流通导致资本,因此,只有在资本的基础上才能得到充分发展,正

---

[1] 《马克思恩格斯全集》第30卷,人民出版社1998年版,第193页。
[2] 《马克思恩格斯全集》第30卷,人民出版社1998年版,第194页。
[3] 《马克思恩格斯全集》第30卷,人民出版社1998年版,第195页。

如一般说来只有在资本的基础上流通才能掌握一切生产要素"。[1]马克思断言:纯粹流通领域中所进行的交换价值的简单运动是绝不可能出现资本的,资本是货币的完成形式并且与资本主义生产关系之间是紧密相连的。而资产阶级经济学家们却不理解货币转化为资本的本质。

所以我们看到,由于马克思在"货币章"中还没有理解隐藏在货币关系背后的社会历史内容,因此,也就无法说明使用价值和交换价值为什么结合在一起,他在那里看到的只是脱离了使用价值的交换价值。但是,随着手稿文本的逻辑推进,马克思一到"资本章"中,即第一篇"资本的生产过程"中就提出:"是否应把价值理解为交换价值和使用价值的统一?"[2]他接着自己做出了肯定的回答:"无论如何,在研究价值时必须对这一点加以详细的研究,不能象李嘉图那样索性把它抽掉,也不能象庸俗的萨伊那样,只是把'有用性'一词郑重其事地当作前提。在阐述各篇章时,首先并且必定会表明,使用价值在怎样的范围内作为物质前提处在经济学和经济的形式规定之外,又在怎样的范围内进入经济学。"[3]马克思在这里实际上是想说明,在资本主义经济世界发生的表面运作中,交换价值似乎在流通中是以纯粹的形式运行的,也就是货币仅仅作为货币的简单规定出现在交换中,但这使资本主义社会真实的社会关系本身被遮蔽了,因此,必须要超越这种观察的现象层面,进入货币作为资本的本质层面来理解。这也是马克思超越李嘉图的地方。因为,当马克思说道"货币作为资本,可以看作货币的更高的实现,正如可以说猿发展为人一样",他首先需要解决的

---

[1] 《马克思恩格斯全集》第31卷,人民出版社1998年版,第180页。
[2] 《马克思恩格斯全集》第30卷,人民出版社1998年版,第224页。
[3] 《马克思恩格斯全集》第30卷,人民出版社1998年版,第224—225页。

问题就是要说明经济学范畴的历史性。马克思其实是用历史唯物主义的原则突破了李嘉图的社会唯物主义,在他看来,任何经济学范畴都是历史的,根本不存在李嘉图用来充当自然人性与社会本性的所谓永恒不变的一般经济规定。其实,在对资本本质的认识上,李嘉图甚至还不如斯密。他比斯密更缺乏历史性,斯密已经认识到资本是在一定历史条件下出现的,并且在区分了社会原始不发达状态同资本积累和土地私有制产生以后的社会状态的基础上,认识到资本是在后一个历史阶段积累起来的,而没有把前一个历史阶段的劳动资料和资本等同起来。可是,如同之前所分析过的那样,李嘉图则把斯密所说的社会原始不发达状态中的渔夫和猎人手中的劳动生产资料都当成了资本。用他的话说"即使在亚当·斯密所说的那种早期状态中,虽然资本可能是由猎人自己制造和积累的,但他总是要有一些资本才能捕猎鸟兽。没有某种武器,就不能捕猎海狸和野鹿。"[1]在李嘉图那里,工具、武器等各种劳动生产资料自身就是资本,因此,资本这个具有历史性的经济范畴在他眼中就是一种超历史的存在,资本中所体现出来的剥削关系自然也就被他解释成自然的永恒的关系。而马克思则超越了李嘉图,把从商品到货币,再从货币到资本看作一个历史的发展过程。

那么,既然马克思认识到了资本范畴所具有的历史规定性,他接下来就要说明资本到底是什么的问题。可是,若只是从纯粹的流通领域去考察资本范畴,是不可能发现资本的。因为,在流通领域的交换过程中所出现的商品和货币根本不是在流通过程中创造

---

[1] 《李嘉图著作和通信集》第1卷,郭大力、王亚南译,商务印书馆1962年版,第17—18页。

出来的,"流通的直接存在是纯粹的假象,流通是在流通背后进行的一种过程的表面现象"[1]。这是由于"流通本身不包含自我更新的原理。流通的要素先于流通而存在,而不是由流通本身创造出来的"[2]。马克思指出,资产阶级经济学家不理解这一点,他们正是"把资本真正归结为纯粹的交换,从而使资本作为权力消失,而且不管资本采取商品形式还是货币形式都被消灭"[3]。而要真正地理解资本,理解作为资本的货币是如何产生的,我们就必须返回到设定或生产交换价值的活动,也就是以流通为表面现象的生产领域。马克思说道:"流通的前提是商品(不管是特殊形式的商品,还是货币这种一般形式的商品),而商品是一定劳动时间的体系,它作为这种体现是价值;因而流通的前提既是通过劳动进行的商品的生产,又是作为交换价值的商品的生产。这是流通的出发点,流通通过本身的运动返回到创造交换价值的生产,返回到它的结果。"[4]虽然李嘉图也是从生产领域出发的,但是他透过生产领域看到的仍然是以颠倒的形式出现的物化的假象,如前分析,在生产领域他还是把资本当成了一种物。"正如在货币上,交换价值即作为交换价值的商品的一切关系,以物的形式出现一样,在资本上,创造交换价值的活动即劳动的一切规定,也是以物的形式出现的。"[5]而马克思在对资本本质的理解上彻底超越李嘉图的就在于,他认为资本不是一种物,而是一种关系,并且只能是生产关系。马克思的这一资本观正是他运用历史唯物主义科学认识论所获得的,代表了他在《1857—1858年手稿》中崭新思路的一个重要观

---

[1] 《马克思恩格斯全集》第30卷,人民出版社1998年版,第210—211页。
[2] 《马克思恩格斯全集》第30卷,人民出版社1998年版,第210页。
[3] 《马克思恩格斯全集》第30卷,人民出版社1998年版,第210页。
[4] 《马克思恩格斯全集》第30卷,人民出版社1998年版,第211页。
[5] 《马克思恩格斯全集》第30卷,人民出版社1998年版,第210页。

点。其实,马克思指认资本是一种关系,并且深入地研究使资本成为资本的形式,也就是历史地分析在资本与劳动的特殊对立和交换中,实现的一种由表面平等、公正的交换现象遮蔽起来的真实奴役关系[1]。因为在马克思看来,"资本只有同非资本,同资本的否定相联系,才发生交换,或者说才存在于资本这种规定性上,它只有同资本的否定发生关系才是资本;实际的非资本就是劳动"。[2] 我们看到,在马克思对资本的历史性分析之中,劳动出现了,这个劳动就是资本主义生产方式中建立在劳动者与劳动资料的所有权相互分离基础上的雇佣劳动。而正是在对资本同雇佣劳动之间交换关系的研究中,在对资本主义社会的真实奴役关系进行解蔽的过程中,马克思发现了剩余价值产生的秘密。

三、从剩余价值角度对李嘉图劳动价值论的超越

如前所述,在对资本与劳动之间交换关系的研究中,马克思发现了剩余价值,但是,在进一步分析这一交换关系的本质之前,我们必须理解马克思对资本和劳动分别所做的界定。对于劳动来说,这里的劳动,是特指在资本主义社会中与所有权相分离并且依存于资本的雇佣劳动。马克思对这一劳动做了详尽的说明。首先,从否定方面来看,这种非对象化劳动"是非原料,非劳动工具,非原产品:是同一切劳动资料和劳动对象相分离的,同劳动的全部客体性相分离的劳动。是抽掉了劳动的实在现实性的这些要素而存在的活劳动(同样是非价值);这是劳动的完全被剥夺,缺乏任何

---

[1] 张一兵:《回到马克思》,江苏人民出版社 2005 年版,第 648 页。
[2] 《马克思恩格斯全集》第 30 卷,人民出版社 1998 年版,第 232 页。

客体的、纯粹主体的存在"。第二,从肯定方面来看,这种非对象化劳动"是劳动本身的非对象化的存在,因而是劳动本身的非对象的,也就是主体的存在。劳动不是作为对象,而是作为活动存在;不是作为价值本身,而是作为价值的活的源泉存在"。第三,"劳动作为同表现为资本的货币相对立的使用价值,不是这种或那种劳动,而是劳动本身,抽象劳动;同自己的特殊规定性决不相干,但是可以有任何一种规定性。"[1] 所以说,雇佣劳动中所谓的"劳动"已然不是我们通常所理解的指称某种经济行为的概念,它在这里是一个具有丰富社会历史性的哲学概念,这一劳动所反映的已经不是单个人从事的个别的简单的经济行为,而是指资本主义生产关系之中的雇佣工人所从事的特殊的劳动。对于资本来说,这里的资本也已然不再是某种可以捉摸的物质存在,它是一种生产关系,是与资本主义社会工业生产内在结合在一起的特定生产关系。正是对资本的这一理解并在此基础上剖析资本的生产过程,才能真正揭示出资本剥削的本质和秘密。因此,马克思指认道:"以资本和雇佣劳动为基础的生产,不仅在形式上和其他生产方式不同,而且也要以物质生产的全面革命和发展为前提。"[2]

那么,在资本与雇佣劳动的交换过程中何以产生了剩余价值呢?在人们日常所见的经济活动里,资本家与工人所进行的交换只不过是资本家用货币形态的工资同工人付出的劳动商品相交换,呈现给我们的交换过程表面上看的确就是双方自愿平等的,工人在整个交换中就是作为平等者同资本家相对立的。可是为什么剩余价值还是产生了?作为古典经济学集大成者的李嘉图就没能

---

[1] 《马克思恩格斯全集》第30卷,人民出版社1998年版,第254页。
[2] 《马克思恩格斯全集》第30卷,人民出版社1998年版,第236页。

解决这一问题,尽管他把劳动价值论推向了古典经济学的巅峰,但最后还是陷入了悲观,原因就在于他始终没能说明剩余价值和价值规律之间的矛盾,也就是无法把较多的活劳动和较少的物化劳动之间的交换同价值规律统一起来,同时他也无法解释平均利润率的形成问题。而马克思由于此时已经获得了对商品二重性和劳动二重性的认识,在此基础上发现了"劳动力商品"这一特殊概念,从而为理解资本主义生产的内在过程,也就是剩余价值理论的最终形成奠定了重要的理论基础,使马克思从剩余价值的角度实现了对李嘉图劳动价值论的理论超越。

在对资本和劳动的交换中,马克思区分出了这一交换中存在的两个形式和性质均不相同的过程:"(1)工人拿自己的商品,劳动,即作为商品同其他一切商品一样也有价格的使用价值,同资本出让给他的一定数额的交换价值,即一定数额的货币相交换。(2)资本家换来劳动本身,这种劳动是创造价值的活动,是生产劳动;也就是说,资本家换来这样一种生产力,这种生产力使资本得以保存和倍增,从而变成了资本的生产力和再生产力,一种属于资本本身的力。"[1]这样,马克思就从对资本和劳动的两种交换过程的分析中揭示出了劳动过程和资本生产过程的两重性质,以及价值的简单保存和价值增殖的两重性质。马克思接着强调说,在资本和劳动的这种交换中,第一个过程是交换,完全属于一般意义上的流通范畴,而第二个过程则是同交换在性质上完全不同甚至是直接对立的过程,也就是资本占有劳动的特殊过程。因为在资本和劳动的表面平等的交换过程中,工人实际上出卖的并不是劳动,而是

---

[1]《马克思恩格斯全集》第30卷,人民出版社1998年版,第232页。

"对自己劳动的支配权,这种劳动是一定的劳动,一定的技能等等"[1]。马克思在这里第一次指出,工人出卖给资本家的商品不是活劳动,而是雇佣工人的"劳动能力",即他提供劳动的能力。李嘉图就是没能区分出"劳动力商品"商品这一范畴,认为资本家支付给工人的是"劳动的价值",以至于使他的劳动价值论最终陷入了悲观,甚至马克思本人在四十年代末的时候也持有这一错误认识。马克思发现,"劳动能力"这种特殊商品同其他任何商品一样,也具有二重性,即既有使用价值也有价值,但是,劳动能力这一商品区别于其他一切商品的特点就在于它的使用价值就是活劳动本身,"是创造价值的要素,是价值的实体和增殖价值的实体"。劳动能力的价值同其他一般商品一样不是由它的使用价值决定的,而是由再生产这一商品所必需的劳动时间决定的,也就是说,劳动能力的价值不是由工人能够提供多少劳动决定的,而是由生产这种劳动能力需要多少劳动决定的。这样,由于劳动能力这种商品的使用价值就是活劳动本身,因此,它的交换价值也就是由把工人自身生产出来所必需的劳动时间来计量的,并且表现为"维持他的生命力的物品,是满足他的身体的、社会的等等需要的物品"[2]的费用。

在对劳动力商品的科学分析基础上,马克思首次论述了资本主义经济关系中商品价值构成问题,他认为,从资本主义价值的简单保存过程来看,资本主义生产中商品的价值只相当于生产商品的生产费用,这个生产费用指的就是商品生产中所消耗掉的资本的那部分价值。在资本的现实运动中,这种生产费用构成资本生产过程的前提,那么,在资本的理论逻辑中,这种生产费用的范畴

---

1 《马克思恩格斯全集》第 30 卷,人民出版社 1998 年版,第 241 页。
2 《马克思恩格斯全集》第 30 卷,人民出版社 1998 年版,第 244 页。

就构成了论述资本价值增殖过程的起点。在马克思看来,这一生产费用是不包括利息和利润的,所以也就不能把这一生产费用视为商品价值的总和,那样的话"剩余价值就会是纯粹名义上的、虚拟的、假定的东西,是一句空话"[1]。在这里,马克思第一次使用"剩余价值"这一术语表示资本家所无偿占有的、超出最初预付价值的那部分余额。马克思在这里把利息、利润和地租等特殊形态归结为剩余价值的一般形态,从而实现了在对科学的剩余价值理论建构过程中的极为重要的理论突破。因为,在马克思之前的许多优秀经济学家们包括李嘉图在内,他们研究的都不是纯粹的剩余价值一般,而只是它表现出来的个别形态,只是表面上的东西。马克思接下来就对剩余价值的本质做了深入的研究:对于剩余价值的产生和实现的问题,马克思认为剩余价值是在资本的生产过程中产生并且是在资本的流通过程中实现的,其产生过程本质上就是资本生产过程中的价值增殖过程;关于剩余价值的来源问题,马克思指出雇佣工人的剩余劳动就是剩余价值的源泉,"在资本方面表现为剩余价值的东西,正好在工人方面表现为超过他作为工人的需要,即超过他维持生命力的直接需要的剩余劳动"[2]。马克思还指出,在这种剩余价值的生产过程中也反映着资本主义经济现实的深刻矛盾,因为资本的伟大的历史作用就在于它创造了这种产生剩余价值的剩余劳动,资本对剩余价值的强烈欲望和无止境的追求不断地驱使着劳动生产力向前发展,但是当劳动生产力的这种发展超越了一定的界限时,资本的历史使命也就完成了。[3]

---

[1] 《马克思恩格斯全集》第 30 卷,人民出版社 1998 年版,第 275 页。
[2] 《马克思恩格斯全集》第 30 卷,人民出版社 1998 年版,第 286 页。
[3] 顾海良:《马克思"不惑之年"的思考》,中国人民大学出版社 1993 年版,第 111—112 页。

在揭示了剩余价值的本质之后，马克思转向了对资产阶级政治经济学剩余价值问题的批判，特别是对李嘉图在剩余价值问题上的观点进行了分析。马克思指出，现代英国经济学家们责难李嘉图不懂得剩余量，不懂得剩余价值，然而，他们是错误的。"李嘉图反对亚·斯密把价值由工资决定和由对象化在商品中的劳动时间决定这两件事混为一谈，从而表明他是所有经济学家中唯一懂得剩余价值的人。新的经济学家们纯粹是些浅薄的蠢人。诚然，李嘉图自己也常常陷于混乱，因为，他虽然把剩余价值的产生看作资本的前提，但是，他在这个基础上理解价值的增加时，除了认为由于同一产品中包含了更多的对象化劳动时间，换句话说，由于生产变得更困难这一点而外，往往困惑不解。因此，在李嘉图那里就出现了价值和财富之间的绝对对立。因此，他的地租理论具有片面性；他的国际贸易理论是错误的，他认为国际贸易只会产生使用价值（他称为财富），不产生交换价值。"[1]马克思认为，李嘉图的根本错误在于"他从来没有研究价值由工资决定和由对象化劳动决定之间的区别究竟是从何而来的。因而货币和交换本身（流通）在他的经济学中只表现为纯粹形式上的要素；虽然他认为经济学所涉及的只是交换价值，但利润等等在他那里只表现为分享产品的份额，这在奴隶制基础上同样也会发生。他从未研究过中介形式"[2]。李嘉图所遇到的困难就是如何去理解资本的形式、价值的自行增殖以及资本在生产活动中创造剩余价值的问题，他虽然指出了现象，却没能深入剩余价值产生过程的本质之中，没能提高到研究产生利润、利息和地租秘密的"中介形式"。因此，李嘉图始终

---

[1]《马克思恩格斯全集》第30卷，人民出版社1998年版，第288页。
[2]《马克思恩格斯全集》第30卷，人民出版社1998年版，第288页。

不能解决这些问题,也无法自圆其说,最终暴露了其理论缺陷,因为剩余价值问题"实质上是关于资本和雇佣劳动的概念的问题,因而是在现代社会制度的入口处出现的基本问题"[1]。这一重大的科学任务只是在马克思这里才真正地完成了,在阐明了什么样的劳动创造价值之后,他第一次使资本同雇佣劳动的交换与李嘉图的价值规律统一起来。

马克思分析道,雇佣工人的劳动能力和资本家所付给的工资之间的交换并没有与等价物之间的交换规律相矛盾,并且是"完全符合交换规律,不仅符合,而且是交换的最高发展。因为在劳动能力本身还没有发生交换以前,生产的基础还不是建立在交换上的,交换只限于以不交换为基础的狭小范围,资产阶级生产之前的各阶段的情形就是这样"[2]。但是,正如马克思所发现的,"资本家换来的那个价值的使用价值本身,是价值增殖的要素,而这种价值增殖的尺度,是活劳动和劳动时间,并且是比对象化在劳动能力中的劳动时间更多的劳动时间,即比再生产活劳动者所需要的劳动时间更多的劳动时间。"[3] 也就是说,当资本家用一部分资本换取劳动能力的时候,实际上是获得了使用劳动能力的使用价值的权力,即资本家换回的对劳动能力的支配权实际上是创造价值的源泉,资本家支付了劳动能力一天的价值就能使用一天劳动能力的使用价值。在马克思之前没有任何一个人能够揭示出这个秘密,这就是整个剩余价值创造的核心。马克思深刻地看到了,在表面看来完全公平的交换中,资本家事实上无偿地获得了两种东西,"第一,得到了增加他的资本价值的剩余劳动,第二,同时得到了活劳动的

---

1 《马克思恩格斯全集》第 30 卷,人民出版社 1998 年版,第 288 页。
2 《马克思恩格斯全集》第 31 卷,人民出版社 1998 年版,第 69 页。
3 《马克思恩格斯全集》第 30 卷,人民出版社 1998 年版,第 69 页。

质,这种质使物化在资本的各个组成部分中的过去劳动得到保存,从而使原有的资本的价值得到保存。"[1]马克思这里所表述的就是他科学剩余价值理论的最初建构。在这个最初的理论框架之下,马克思揭示了在资本家与雇佣工人之间那种表面的平等交换结束之后,真实的不平等关系其实是发生在生产过程中。因为,首先同活劳动能力相交换的那一部分资本,"第一,本身是没有支付等价物而被占有的他人的劳动,第二,它必须由劳动能力附加一个剩余额来偿还,也就是说,这一部分资本实际上并没有交出去,而只是从一种形式变为另一种形式。可见,交换的关系完全不存在了,或者说,成了纯粹的假象"。其次,"所有权最初是以自己的劳动为基础。现在所有权表现为占有他人劳动的权利,表现为劳动不能占有它自己的产品。所有权同劳动之间,进一步说,财富同劳动之间的完全分离,现在表现为以它们的同一性为出发点的规律的结果"。最后,"生产过程和价值增殖过程的结果,首先表现为资本和劳动的关系本身的,资本家和工人的关系本身的再生产和新生产。这种社会关系,生产关系,实际上是这个过程的比其他物质结果更为重要的结果"[2]。对此,马克思一再强调:"剩余价值总是超过等价物的价值。等价物,按其规定来说,只是价值同它自身的等同。所以,剩余价值决不会从等价物中产生;因而也不是起源于流通;它必须从资本的生产过程本身中产生。"[3]可见,资本同劳动之间的交换纯属是"骗人的表面现象","它仅仅是这样一种生产的表层而已,这种生产建立在不通过交换却又在交换的假象下占有他人

---

1 《马克思恩格斯全集》第30卷,人民出版社1998年版,第333页。
2 《马克思恩格斯全集》第30卷,人民出版社1998年版,第450页。
3 《马克思恩格斯全集》第30卷,人民出版社1998年版,第285页。

劳动的基础上"。[1]

我们看到,马克思在《1857—1858年手稿》中通过对剩余价值的科学认识从而获得了资本主义生产中资本剥削的本质,他看到了资本家剥削占有佣工人所创造的剩余价值,才是资本主义生产方式的基础,而这种占有又是在完全符合资本主义生产方式的内在规律,首先是价值规律的情况下实现的。根据马克思的认识,剩余价值表现为资本主义生产关系的必然结果,剩余价值的生产和占有才是资本家的主要目的,它是资本主义生产方式的运动规律,从而决定着资本主义社会的其他范畴和关系。如前所述,也正是在对剩余价值的科学认识上马克思才实现了对李嘉图劳动价值论的超越。

第三节
对李嘉图经济学的批判与超越推动了马克思社会历史观的深化与发展

如果说斯密是由于处在资本主义初期机器大工业还没有发展起来的时代而致使他的理论视野受到很大的局限,最终导致他在劳动价值论上的不彻底性,无法得出"劳动力商品"的概念,也没有发现剩余价值;那么,为何李嘉图处在资本主义发达的机器大工业时代,尽管已经把劳动价值论推进到了古典经济学的极点,却仍旧没有解释清楚剩余价值的产生问题,而马克思与李嘉图所处的时代并没有太大的差异,却解决了李嘉图在劳动价值论上始终都无

---

[1] 《马克思恩格斯全集》第30卷,人民出版社1998年版,第505页。

法挣脱的矛盾困境？问题的关键就在于，马克思是从社会历史发展过程的角度去研究资本主义社会的具体的生产过程的，他研究的根本目的是要通过对资本主义社会内在矛盾的准确理解去揭示出资本主义剥削的本质和机制，从而实现对资本主义社会的根本性批判。而在李嘉图的眼中资本主义社会生产是一种永恒的无历史性的存在，作为银行资本家利益的代表，他只是尽自己最大程度的努力，站在客观立场去阐释资本主义生产过程本身。因此，李嘉图是不可能像马克思那样从抽象上升到具体，从一般的抽象层面的生产上升到资本主义社会的具体的生产过程之中，深入资本家同雇佣工人之间的剥削与被剥削关系之中，而只是站在一般性的层面去考察资本主义社会的生产。这也就是为什么李嘉图最终也没能说明剩余价值与价值规律之间的矛盾。

一、对社会历史发展过程的理解愈加具有历史性

我们知道，资产阶级古典经济学包括李嘉图学说在内，都是将资本主义社会这一特定的历史存在当成是人类永恒的自然物质存在，认为资本主义以前是有历史的，但是社会历史到资本主义社会就此终结了。在《1857—1858年手稿》中，马克思所进行的政治经济学研究和探索的直接目的就是为了能够科学地批判和否定资产阶级经济学的非历史性意识形态迷障，从而证明资本主义社会存在不是永恒的、天然的，而是一种历史地变化着的社会现实。马克思在"货币章"中从社会关系的角度提出了"三大社会形式"的理论。结合此时的文本语境，在提出这一理论之前，马克思已经对商品内在矛盾在货币形式上的发展问题进行了深入的探讨和分析，他反复强调的是："货币制度的和货币制度下产品交换的一切矛

盾,是产品作为交换价值的关系的发展,是产品作为交换或价值本身的规定的发展。"[1]但是,对于"随着生产的社会性的增长,货币的权力也按同一程度增长,也就是说,交换关系固定为一种对生产者来说是外在的、不依赖于生产者的权力。最初作为促进生产的手段出现的东西,成了一种对生产者来说是异己的关系"[2]这个相关论点,他还没有展开详尽的分析。马克思在这里提出的"三大社会形式"的理论就是对上面这一论点所做的说明。

马克思指出,在交换关系的历史发展中,作为主体的生产者本身发生了重要的变化:"人的依赖关系(起初完全是自然发生的),是最初的社会形式,在这种形式下,人的生产能力只是在狭小的范围内和孤立的地点上发展着。以物的依赖性为基础的人的独立性,是第二大形式,在这种形式下,才形成普遍的社会物质变换、全面的关系、多方面的需要以及全面的能力的体系。建立在个人全面发展和他们共同的、社会的生产能力成为从属于他们的社会财富这一基础上的自由个性,是第三个阶段。第二个阶段为第三个阶段创造条件。"[3]这不是马克思对社会历史发展过程的一种实证性考察,而是一种内含着深刻哲学逻辑的历史性的分析。我们知道,马克思曾在《导言》中提出了一个关于人体和猴体的比喻,那么,在这里猴体就是"最初的社会形式",即前资本主义社会;而人体就是作为"第二大形式"的资本主义经济生产方式。作为"第三个阶段"的共产主义,也就是"发展了的更高级的健康的人体"[4]。马克思无意去界划一种历史分期,他是想说明在以"人的依赖关

1　《马克思恩格斯全集》第30卷,人民出版社1998年版,第101页。
2　《马克思恩格斯全集》第30卷,人民出版社1998年版,第95页。
3　《马克思恩格斯全集》第30卷,人民出版社1998年版,第107—108页。
4　张一兵:《回到马克思》,江苏人民出版社2005年版,第613页。

系"为基础的社会存在的直接形式上是如何历史性地产生了"以物的依赖性为基础"的资本主义经济关系的物化和颠倒,而这种物化和颠倒又是在什么样的现实可能性上被历史地扬弃。

具体说来,第一大社会形式是指出现在原始社会之后的"家长制的关系,古代共同体,封建制度和行会制度"[1]。此时的人们生产能力低下,水平有限且规模狭隘,基本是以人的自然生产为主导,还没有能力创造出过多的剩余财富。用马克思的话说,在这种社会形式下,"个人或者自然地或历史地扩大为家庭和氏族(以后是共同体)的个人,直接地从自然界再生产自己,或者他的生产活动和他对生产的参与依赖于劳动和产品的一定形式,而他和别人的关系也是这样决定的"[2]。也就是说,在这种状态下的劳动是与劳动的物质前提天然统一在一起的,劳动的客观条件是属于劳动者自己的财产,他可以不用依赖劳动就拥有客观的存在。劳动的目的只是为了生存,即便产生一些剩余劳动也不过是为了换取他人的剩余产品,而根本不是为了交换价值,所以人与人之间也就不存在为了交换才发生的价值关系。"在这种情况下,真正的交换只是附带进行的,或者大体说来,并未触及整个共同体的生活,不如说只发生在不同共同体之间,决没有征服全部生产关系和交往关系。"[3]马克思这里还分析了与这种生产能力相一致的两种不同的人与人之间的关系:自然发生的血缘关系和政治性的统治服从关系。可是,无论哪种关系其本质都是"人对人的依赖性",都直接地表现为人与人之间的相互关系,完全不同于后来在资本主义社会经济现实中那种以物与物在市场交换中的关系而颠倒地表现出来

---

[1] 《马克思恩格斯全集》第 30 卷,人民出版社 1998 年版,第 107 页。
[2] 《马克思恩格斯全集》第 30 卷,人民出版社 1998 年版,第 107 页。
[3] 《马克思恩格斯全集》第 30 卷,人民出版社 1998 年版,第 107 页。

的人的关系。

马克思历史分析的主要对象就是作为第二大社会形式的现有的资本主义社会。在这一社会形式中,社会物质生产能力获得了极大的发展,并且物质生产的目的已经不再是为了满足个人生存的直接需要,而是为了获得交换价值。"家长制的,古代的(以及封建的)状态随着商业、奢侈、货币、交换价值的发展而没落下去,现代社会则随着这些东西同步发展起来。"[1]交换价值成了劳动生产的最重要的和最终的目的,所以生产劳动也就不再是某种特定的受自然决定的且在质上区别于他种劳动的具体劳动,而成了一种完全否定和消灭了劳动的质的差异,仅在量上有所不同的抽象劳动。从产品的使用价值到商品的交换价值,劳动目的的转向实际上也就界划出了自身的二重特性。马克思指出,在资本主义生产过程中,"不管活动采取怎样的个人表现形式,也不管活动的产品具有怎样的特性,活动和活动的产品都是交换价值,即一切个性,一切特性都已被否定和消灭的一种一般的东西"。[2] 这是因为"每个人为自己劳动,而他的产品并不是为他自己使用,所以他自然要进行交换,这不仅是为了参加总的生产能力,而且是为了把自己的产品变成自己的生活资料","只有通过交换价值,他自己的活动或产品才成为他的活动或产品;他必须生产一般产品——交换价值,或本身孤立化的,个体化的交换价值,即货币"。[3] 也就是说,资本主义社会的交换是在生产发展到一定的历史阶段才会出现的必然产物,这样,交换价值在生产的分工和交换体系的前提下就必然成为人类生活中的支配性力量。这是物质生产发展的客观需要和必

---

1 《马克思恩格斯全集》第 30 卷,人民出版社 1998 年版,第 107 页。
2 《马克思恩格斯全集》第 30 卷,人民出版社 1998 年版,第 106—107 页。
3 《马克思恩格斯全集》第 30 卷,人民出版社 1998 年版,第 106 页。

然结果。由此而产生的人与人之间的社会关系表面上似乎就像资产阶级经济学家所表述的那样:"每个人追求自己的私人利益,而且仅仅是自己的私人利益;这样,也就不知不觉地为一切人的私人利益服务,为普遍利益服务。"[1] 但实际上,当每个人都追求自己的私人利益的时候,每个人其实都在妨碍别人利益的实现,"这种一切人反对一切人的战争所造成的结果,不是普遍的肯定,而是普遍的否定"[2]。马克思分析道,这是由于"私人利益本身已经是社会所决定的利益,而且只有在社会所设定的条件下并使用社会所提供的手段,才能达到;也就是说,私人利益是与这些条件和手段的再生产相联系的"[3],私人利益的内容及其实现的形式和手段决定于不以任何人的意志为转移的社会条件。他指出,"一切产品和活动转化为交换价值,既要以生产中人的(历史的)一切固定的依赖关系的解体为前提,又要以生产者互相间的全面的依赖为前提。每个个人的生产,依赖于其他一切人的生产;同样,他的产品转化为他本人的生活资料,也要依赖于其他一切人的消费"[4]。马克思在这里科学地说明了资本主义生产方式是由资本主义生产所产生的分工和交换客观形成的必然结果。人类社会的存在形式从产生到解体再到向新的社会关系的转化,都是在人们的生产劳动中生长出来并实现的客观转换。这体现着马克思立足于科学的客观的历史分析基础之上的社会历史观。

但是,在资本主义社会中,由于交换价值成为一切的目的并且必然从一般等价物发展到货币,所以在这种社会形式中的人与人

---

[1] 《马克思恩格斯全集》第 30 卷,人民出版社 1998 年版,第 106 页。
[2] 《马克思恩格斯全集》第 30 卷,人民出版社 1998 年版,第 106 页。
[3] 《马克思恩格斯全集》第 30 卷,人民出版社 1998 年版,第 106 页。
[4] 《马克思恩格斯全集》第 30 卷,人民出版社 1998 年版,第 105 页。

之间的社会关系就不可避免地在交换的中介作用下被物化和颠倒。马克思说道:"活动的社会性质,正如产品的社会形式和个人对生产的参与,在这里表现为对于个人是异己的东西,物的东西;不是表现为个人的相互关系,而是表现为他们从属于这样一些关系,这些关系是不以个人的转移而存在的,并且是由毫不相干的个人互相的利害冲突而产生的。活动和产品的普遍交换已成为每一单个人的生存条件,这种普遍交换,他们的互相联系,表现为对他们本身来说是异己的、独立的东西,表现为一种物。在交换价值上,人的社会关系转化为物的社会关系;人的能力转化为物的能力。"人与人的关系就这样在进入资本主义社会之后发生了物化和颠倒。那么,为什么会发生这种情况呢,也就是说人们为什么会信赖物呢?马克思认为,这显然"仅仅是因为这种物是人们互相间的物化的关系,是物化的交换价值,而交换价值无非是人们互相间生产活动的关系"。[1] 马克思此时所分析的物化和颠倒已然不是《1844年手稿》中的那种"抽象的主观价值判断"了,而是"客观的历史性认知"。并且,他认为,相对于在第一大社会形式中的人与人之间的直接关系而言,这种物化和颠倒了的人的关系首先在历史上是一种进步,因为"毫无疑问,这种物的联系比单个人之间没有联系要好,或者比只是以自然血缘关系和统治从属关系为基础的地方性联系要好"。[2] 在资本主义经济社会中,商品、货币和资本通过广泛而普遍的交换打开了一个世界市场,每一个人都与一切人发生联系,而这种联系却又不以单个人为转移。由此,人的关系的物化和颠倒就创造出了人的关系的普遍性和全面性,这样才

---

[1] 《马克思恩格斯全集》第30卷,人民出版社1998年版,第110页。
[2] 《马克思恩格斯全集》第30卷,人民出版社1998年版,第111页。

有可能"真实地产生人在现实历史发展中进一步全面自由解放的物质可能性"[1]，从而创造出第三大社会形式中的"全面发展的个人"。马克思清楚地认识到："全面发展的个人——他们的社会关系作为他们自己的共同的关系，也是服从于他们自己的共同的控制的——不是自然的产物，而是历史的产物。要使这种个性成为可能，能力的发展就要达到一定的程度和全面性，这正是以建立在交换价值基础上的生产为前提的，这种生产才在产生出个人同自己和同别人相异化的普遍性的同时，也产生出个人关系和个人能力的普遍性和全面性。"[2]当然，马克思是不可能像资产阶级经济学家那样简单地肯定资产阶级社会的这一历史进步，他说："如果把这种单纯物的联系理解为自然发生的、同个性的自然（与反思的知识和意志相反）不可分割的、而且是个性内在的联系，那是荒谬的"，因为"这种联系是各个人的产物。它是历史的产物。它属于个人发展的一定阶段。这种联系借以同个人相对立而存在的异己性和独立性只是证明，个人还处于创造自己社会生活条件的过程中，而不是从这种条件出发去开始他们的社会生活。这是各个人在一定的狭隘的生产关系内的自发的联系"[3]。马克思所要做的就是在这种颠倒了的物化关系中揭示出资本主义社会这一特定历史发展阶段的本质和运行机制，从而为人类探索出真正符合其自身生存和发展的社会形式。

当然，作为第三大社会形式的共产主义情境并不是马克思在这里所要着重研究的对象。但是，马克思所要说明的是，这一社会形式的实现也是一种历史发展的客观指向，是一种现实可能性，而

---

[1] 张一兵：《回到马克思》，江苏人民出版社2005年版，第626页。
[2] 《马克思恩格斯全集》第30卷，人民出版社1998年版，第112页。
[3] 《马克思恩格斯全集》第30卷，人民出版社1998年版，第111—112页。

不是那种对应于"应该"的价值预设。共产主义的人类解放只能是"建立在个人全面发展和他们共同的、社会的生产能力成为从属于他们的社会财富这一基础上的自由个性"[1]之上的,这就说明它首先必须建立在资本主义社会中所发展起来的社会生产能力基础之上,才能实现"共同占有和共同控制生产资料的基础上联合起来的个人所进行的自由交换"[2]。从马克思提出并进行分析的三大社会形式的理论中,我们看到,他对社会历史发展过程的理解已经具有深刻的历史性。在这里,马克思超越了李嘉图等古典经济学家的地方就在于,他是在用一种历史发展的眼光去研究资本主义社会的本质和运行规律,他的一切科学理论首先就是为了说明人类社会历史发展的规律以及永无止境的客观进步。在马克思那里,资本主义社会是历史的、非自然的,并且是终将被超越的一个社会形式。

二、对资本主义社会的理论批判愈加深刻

马克思对社会历史过程的分析归根到底还是为了批判资本主义,因此,当他在客观地分析资本主义生产方式在社会发展中的历史进步性的同时,也是在确认无产阶级革命在这种生产方式的运转中发生的客观必然性。我们知道,从马克思开始接触政治经济学起,他的全部科学理论就是为了批判资本主义社会,阐明无产阶级革命的科学理论根据,因为资产阶级和无产阶级之间的不平等关系始终是马克思面临的根本问题。那么,要想证明资本主义社

---

[1] 《马克思恩格斯全集》第30卷,人民出版社1998年版,第107—108页。
[2] 《马克思恩格斯全集》第30卷,人民出版社1998年版,第109页。

会的必然灭亡就要寻找出导致其必然灭亡的内在矛盾根源,但是,像在《哲学的贫困》中那样把对资本主义社会中的阶级对抗关系的分析立足于分配不平等的理论层面,也就是从直接劳动者同积累劳动占有者之间在劳动产品分配不平等的角度去考察资本主义社会的阶级对抗关系的基础和内容,是不可能发现资本主义社会的历史灭亡是建立在生产力与生产关系的矛盾运动线索之上的。如果只是从产品的分配关系层面而没有深入客观性的生产过程的领域,马克思的无产阶级革命的客观必然性也就无从谈起。当然,问题的关键在于马克思当时的经济学理论研究不够深入,经济学思路中还缺少剩余价值的理论,因此,他还不可能完全地展开对资本主义生产过程的研究以及科学地把握生产关系的本质内容。

客观地说,就《1857—1858年手稿》中马克思政治经济学批判的具体概念和理论框架而言,他此时仍然是在理论探索的进程之中,还没有形成完整的理论结构以及对具体范畴的准确界定。但是,马克思在这里获得了关于劳动二重性的观点并制定出了剩余价值理论,从而使他真正地揭示出了资本主义生产方式的剥削本质以及运行机制。尽管我们之前分析过,马克思在1847年时已经开始关注"剩余价值"问题,但他那时在很大程度上还是站在李嘉图的价值学说上,从分工所导致的竞争的角度去解释资本主义社会生产中工人所处的剥削地位,因此不可能解释清楚剩余价值产生的根源。然而,此时的马克思已经从剩余价值角度实现了对李嘉图劳动价值论的超越,这一理论突破就为他展开对资本主义社会的彻底批判奠定了重要的理论基础。此时,由于马克思在《1857—1858年手稿》中已经获得了关于劳动二重性的观点并且制定出了剩余价值理论,从而使他具备了全面深化对资本主义生产关系概念理解的经济学水平。所以说,经济学上的具体发现同时也是马克思历史唯物主义理论逻辑建构的完成。马克思此时思路中的生产关系已经是内含着一种现实社会历史内容的概念,具体到资本主义社会,也就是指资本家同雇佣工人之间的生产关系。那么,当马克思再去解释工人与资本家之间的不公平分配关系的时候,他实际上就是进入生产关系的层面进行理解的。在这里,他看到了正是因为资本主义生产过程在本质上是一个以资本的再生产为主导内容的生产过程,所以资本家才能够从社会收入中拿走包括资本应得利润在内的超过其原先投入的资本量的那部分劳动成果。就马克思此时对资本主义生产关系概念的理解程度而言,事实上他已经达到了对这一范畴的深刻的理解水平和科学的认识程度。资本主义生产关系在他那里已经是一种能够体现劳动资料所有权和劳动相分离的条件下,资本家剥削雇佣工人所创造的剩余价值的这样一种生产关系。由此,马克思才会在手稿中说道:"生产过程和价值增殖过程的结果,首先表现为资本和劳动的关系本身的,资本家和工人的关系本身的再生产和新生产。这种社会关系,生产关系,实际上是这个过程的比其物质结果更为重要的结果。这就是说,在这个过程中工人把他本身作为劳动能力生产出来,也生产出同他相对立的资本,同样另一方面,资本家把他本身作为资本生产出来,也生产出同他相对立的活劳动能力。"[1] 可见,只有当马克思真正地认识到了历史唯物主义层面的生产关系概念的全部内容时,他才可能建构起对资本主义生产过程的完整的批判,而且也正是从这样的生产关系的角度去理解资本主义的生产过程,才能得出与李嘉图等资产阶级经济学学家完全不同的认识。可以说,经过第三次深入而系统的经济学研究以及在此基础上的

---

1 《马克思恩格斯全集》第 30 卷,人民出版社 1998 年版,第 450 页。

经济学发现,马克思对生产关系概念的理解实现了根本性突破,从而直接影响了他在历史唯物主义哲学维度的理论建构。就马克思在《1857—1858年手稿》中的历史唯物主义哲学理论来说,已经彻底成熟了。

当马克思把理论线索深入资本主义生产关系之后,他也就发现了剩余价值的产生根源,而这种剩余价值的生产过程也反映着资本主义经济现实的内在深刻矛盾。马克思已经认识到资本的伟大历史作用就在于它创造了产生这种剩余价值的剩余劳动,正是资本对剩余价值的强烈的欲望以及无止境的追求,驱使着劳动生产力不断地向前发展,但当劳动生产力的这种发展一旦超越了某个界限的时候,资本的伟大的历史使命也就彻底完成了。我们知道,马克思的政治经济学研究就是要通过对资本主义生产方式的研究去发现其内在矛盾根源,揭示出资本主义生产方式的剥削本质和运行机制,最终确认无产阶级革命的客观必然性。在《1857—1858年手稿》中,马克思正是抓住了生产关系的线索去理解人与人之间的社会关系的历史发展,他才发现了资本主义社会和历史上曾经存在过的其他一切社会形式一样必然会走向灭亡,被新的社会形式取代。因为,在资本主义社会这种历史性的商品—市场经济世界中,为了追逐交换价值,人与人之间的社会关系是被颠倒地表现为物与物的关系,人的独立性只能"以物的依赖性"表现出来。人与人之间的关系被物化成了一种异己性的状态,并反过来控制着人。但是,马克思此时已经明白,对资本主义生产方式中的这种异己性的物化关系的批判是不能游离于具体的生产关系之外的,而只能立足于历史性的生产关系的内在矛盾性去揭示出人与人的物化关系的深层内在本质。在此时的马克思看来,这种物化关系的根源并不在于人本身,而关键在于现实的社会生产过程中所建构起来的生产关系的内在矛盾性以及狭隘的制约性。所以，如果像《1844年手稿》中那样在抽象的人本主义思路中从人的生命本性丧失的角度去解释人的社会关系的物化，是无法深刻地揭示出其内在本质的，也就是说，对物化关系的批判不应该从一种悬设的主体的理想状态出发，而只能聚焦于现实生产关系之中的现实的主体，即资本家与雇佣工人的层面。只有揭示出这二者在资本主义现实生产过程中所历史地形成的生产关系的内在矛盾性，并立足于对这种历史性生产关系之内在矛盾的分析基础之上，才能凸显出一条立足于现实社会主体的哲学批判思路。[1]

1　唐正东：《从斯密到马克思》，江苏人民出版社2009年版，第400页。

第五章 《资本论》中马克思对李嘉图经济学的全面审视及其哲学意义

在《资本论》中，马克思从经济学维度对李嘉图经济学理论进行了全面审视。本章主要透视了马克思从劳动价值论、地租理论以及剩余价值理论这三个在李嘉图经济学理论体系中具有核心地位的方面所进行的剖析。从中我们可以看到，当马克思能够客观、科学地对李嘉图学说进行真正意义上的扬弃时，也就表明他自己的经济学理论体系已经形成了。而对于马克思而言，经济学与社会历史理论之间有着千丝万缕的紧密联系，可以说他在经济学理论上取得科学发现之时，也就是他在哲学方法论上的成熟之时。此时的马克思由于已经把理论视域提升到了唯物主义历史发生学的社会关系层面，从而深入资本主义内在矛盾的线索之中去考察资本主义生产过程中的各种社会经济现象，也因此才能从一种客观的科学的角度去全面审视李嘉图的经济学理论。

第一节
在经济学维度对李嘉图经济学的全面剖析

马克思直接针对李嘉图的经济学进行全面而系统地剖析是在作为《资本论》第四卷出版的《剩余价值理论》中。尽管这部分内容是写于《资本论》之前的《1861—1863 年经济学手稿》,但它已经是马克思建立在科学的理论基础上对资产阶级政治经济学的客观而深刻的评论。这一节主要是从经济学维度透视马克思在劳动价值论、地租理论以及剩余价值理论这三个在李嘉图经济学理论体系中具有重要地位的理论方面所进行的剖析。我们可以看到,当马克思能够全面而客观地对李嘉图的经济学理论进行彻底扬弃的时候,就表明他自己的经济学理论体系已经形成了。

一、对李嘉图劳动价值论的全面剖析

我们知道,李嘉图的劳动价值论是整个古典政治经济学理论的最高成就,也是他全部经济学理论体系的核心支架,也就是说,其他一切具体形式的经济学理论都建立在他的劳动价值论的基础之上并始终以此为参照系。马克思对李嘉图的劳动价值论的理解和认识也经历了从拒斥到接受,再到肯定,直至批判以及最终扬弃的一个漫长过程。马克思四十年代在《哲学的贫困》中曾经不加批判地站在李嘉图劳动价值论的立场上去批判蒲鲁东,但经过第三次对经济学理论的系统研究,他以商品为研究对象,已经获得了对交换价值、价值、价值量以及价值形式等问题的深入认识,更为重

要的是他在生产商品的劳动的性质问题上已经科学地发现了劳动的二重性质，特别是其与商品二因素的内在联系。因此，这时的马克思不仅看到了李嘉图的劳动价值论在政治经济学史上所具有的重大意义，同时也清楚地认识到了这一理论本身所存在的缺陷及其产生缘由。在这里，马克思在科学的经济研究成果上对李嘉图的劳动价值论展开了详尽且客观的全面剖析。

马克思首先指出，由于李嘉图的劳动价值论是从商品的价值决定于劳动量这一论点出发的，因此李嘉图在其劳动价值论中谈的只是"价值量"问题，而没有研究价值的性质，也就是说他没有去研究决定价值的这种"劳动"本身。不研究决定价值的劳动的形式即"作为创造交换价值或表现为交换价值的劳动的特殊规定"[1]以及这种劳动的性质，这就表明李嘉图是把劳动创造价值、形成价值、表现为价值当成了自然而然的事情，因而才没有进一步地去研究劳动究竟是在什么条件下形成价值，为什么形成价值，以及它又是怎样形成价值的。李嘉图只是着眼于价值量，而根本忽略了对价值的性质的研究。这一错误就使得"李嘉图不了解这种劳动同货币的联系，也就是说，不了解这种劳动必定要表现为货币。所以，他完全不了解商品的交换价值决定于劳动时间和商品必然要发展到形成货币这两者之间的联系"[2]。因为决定价值的这种劳动并不是一种直接的社会劳动，它是一种特殊意义上的社会劳动，所以商品的价值只有在商品交换过程之中才能表现出来，只有通过一个商品同另一个商品相等或者在一定比例上相等才能表现出来，这就决定了商品形式必然要发展为货币的形式，也就是说必然

---

[1] 《马克思恩格斯全集》第 34 卷，人民出版社 2008 年版，第 181 页。
[2] 《马克思恩格斯全集》第 34 卷，人民出版社 2008 年版，第 181 页。

要从商品界中分离出货币来。而李嘉图的错误的货币理论也正是由此而来的。马克思在这里第一次深刻地揭示和批判了李嘉图在劳动价值论上的根本缺陷和错误，这在政治经济学史上具有极为重要的意义。

从李嘉图劳动价值论的出发点来看，马克思认为李嘉图的方法应该是这样的："从商品的价值量决定于劳动时间这个规定出发，然后研究其他经济关系是否同这个价值规定相矛盾，或者说，它们在多大的程度上使这个价值规定发生变形。"[1]在同斯密方法论的比较中，马克思指出了李嘉图这一方法的历史合理性及"在经济学史上的科学必然性"[2]。马克思指出，由于现实历史赋予斯密的双重任务，因此他一方面试图深入研究资产阶级社会的内部生理学，而另一方面又试图第一次把这个社会外部表现出来的生活形式以及它外部表现出来的联系描述出来，并第一次为这些现象寻找术语和相应的理论概念，也就是说，要在语言和思维过程中把它们再现出来。这样，斯密的方法与此相应地也就存在着两种："一种是深入研究资产阶级制度的内在联系，可以说是深入研究资产阶级制度的生理学，另一种则只是把生活过程中外部表现出来的东西，按照它表现出来的样子加以描写、分类、叙述并归入图式化的概念规定之中。"[3]马克思说，在斯密的著作中，这两种理解方法竟然"不仅安然并存，而且相互交错，不断自相矛盾"[4]。马克思接着指出，斯密的后继者们始终都把斯密的方法作为自己理论的基础，不管是同斯密的内在方法还是外在方法连结在一起，或者几

1　《马克思恩格斯全集》第34卷，人民出版社2008年版，第182页。
2　《马克思恩格斯全集》第34卷，人民出版社2008年版，第182页。
3　《马克思恩格斯全集》第34卷，人民出版社2008年版，第182页。
4　《马克思恩格斯全集》第34卷，人民出版社2008年版，第183页。

乎总是把这两种方法混淆在一起。而只有李嘉图站了出来,断然同斯密的这两种方法之间的矛盾决裂,"他向科学大喝一声:'站住!'资产阶级制度的生理学——对这个制度的内在有机联系和生活过程的理解——的基础、出发点,是价值决定于劳动时间这一规定。"[1] 马克思说,李嘉图从价值决定于劳动时间这个作为他劳动价值论的基本论点出发,从而"迫使科学抛弃原来的陈规旧套,要科学讲清楚:它所阐明和提出的其余范畴——生产关系和交往关系——和形态同这个基础、这个出发点适合或矛盾到什么程度;一般说来,只是反映、再现过程的表现形式的科学(因而这些表现本身),同资产阶级社会的内在联系即现实生理学所依据的,或者说成为它的出发点的那个基础适合到什么程度;一般说来,这个制度的表面运动和它的实际运动之间的矛盾是怎么回事"[2]。马克思认为,这正是李嘉图在政治经济学史上的伟大历史意义,也是他重要的科学功绩。不仅如此,李嘉图实际上揭示并且说明了阶级之间的经济对立关系,马克思认为,这是李嘉图的同上述科学功绩紧密联系在一起的具有巨大历史价值的又一科学功绩,因为"在经济学中,历史斗争和历史发展过程的根源被抓住了,并且被揭示出来了"[3]。但是,马克思同时也指出,李嘉图的研究方法在科学上仍然还有不完备性和明显缺陷,"这种不完备性不仅表现在叙述的方式上(形式方面),而且导致错误的结论,因为这种方法跳过必要的中间环节,企图直接证明各种经济范畴相互一致"[4]。这就直接导致了李嘉图把价值和生产价格混为一谈,把剩余价值和利润混为

---

[1] 《马克思恩格斯全集》第34卷,人民出版社2008年版,第183页。
[2] 《马克思恩格斯全集》第34卷,人民出版社2008年版,第183—184页。
[3] 《马克思恩格斯全集》第34卷,人民出版社2008年版,第184页。
[4] 《马克思恩格斯全集》第34卷,人民出版社2008年版,第182页。

一谈,把利润和平均利润混为一谈,等等。这些理论错误都是由于李嘉图不彻底地运用抽象法,跳过了必要的中间环节而造成的混淆,这就必然导致他会得出一些错误的结论,如否认绝对地租的存在,无法解释等量资本获得等量利润规律与剩余价值规律的矛盾,等等。

在这种方法的指导下,如前所述,由于李嘉图的劳动价值论只着眼于对"价值量"的分析,而不去首先解释和说明价值的本质或性质,所以他在对"价值"范畴的使用上非常混乱,马克思批判他是"把各种[不同的]'价值'规定混淆起来了"。[1] 李嘉图根本不懂得价值形式,马克思指责道,他"完全不是从形式方面,从劳动作为价值实体所采取的一定形式方面来研究价值,而只是研究价值量,就是说,研究造成商品价值量差别的这种抽象一般的、并在这种形式上是社会的劳动的量"[2]。也就是说,李嘉图只研究价值量不研究价值形式。这是十分自然的,马克思一开始就批判李嘉图只研究价值量而不研究价值本质,那么既然李嘉图连价值本质问题都不去研究,自然也就不可能去研究价值形式问题了。因为从本质上来说,价值并不能从自身直接地表现出来,它是一种社会生产关系,必须通过一种外在的形式才能间接地得到反映,也就是价值形式。所以说,既然李嘉图不懂得价值本质,也就不可能懂得价值形式,更不可能懂得价值形式是从价值本质中生出来的必不可少的形式这样一种关系存在。在李嘉图那里,价值形式是无关紧要、可有可无的,他始终都没有提出和建立起关于价值形式的理论。在政治经济学史上这一任务是由马克思最终完成的。那么,不研究

---

1 《马克思恩格斯全集》第 34 卷,人民出版社 2008 年版,第 187—188 页。
2 《马克思恩格斯全集》第 34 卷,人民出版社 2008 年版,第 190—191 页。

价值形式，李嘉图自然也就难以正确地区分出价值和交换价值的关系，从而在价值和生产价格之间的关系上也产生混淆。而价值和生产价格问题正是导致李嘉图劳动价值论缺陷的矛盾之一。由于李嘉图将二者混为一谈，从而导致了价值规律与平均利润规律的矛盾，也就是价值规律与等量资本获得等量利润规律的矛盾。马克思认为李嘉图之所以混同了价值和生产价格，其错误来源就是斯密。但是马克思指出，斯密混同价值和生产价格是有一个错误的价值理论作为前提的；而李嘉图对于斯密的错误价值理论是批判的，可他仍然被斯密的"自然价格"引入了歧途，从而造成了自己理论体系中的矛盾和混乱。

马克思认为，李嘉图之所以将价值与生产价格混为一谈是因为他事先错误地假定了一般利润率的存在，因为在这个假设前提之下，李嘉图从他的例证中总结出了这样的结论，即不管资本的特殊流通时间和资本有机构成如何，也不管生产出来的剩余价值如何不同，在一定的时间内必定提供相等的利润率，也就是等量资本获得等量利润。马克思对此指出，李嘉图本不应该从自己的例证中得出这样的结论，而应该是等量资本因为资本有机构成不同和流通时间或周转时间不同，从而在同一时间内生产出来的价值和剩余价值也不相同。这样，倘若等量资本想要获得等量利润，那么商品的价格就必然与商品的价值不同，即生产价格必然不同于价值。但是，一般利润率的假定就使得李嘉图并不了解利润是如何平均化的，以及价值又是如何转化为生产价格的，他不知道价值与生产价格之间的关系，不知道生产价格是以价值为基础的，离开了价值的生产价格也就无从谈起了。马克思说，李嘉图尽管在事先假定一般利润率规律的时候看到了价值与生产价格的差别，但是他根本不知道"怎样从单纯的商品'价值'规定得出商品的剩余价值、利润、甚至一般利润率"。"这一点对李嘉图来说仍然是不清楚的。"[1] 由此带来的一个严重后果就是,"因为李嘉图不是从价值规定本身出发来阐述费用价格和价值的差别,而是承认那些与劳动时间无关的影响决定'价值'本身……并且有时把价值规律抛弃了"。[2] 马克思指出,由于在李嘉图那里没有研究剩余价值转化为利润,利润均衡化为平均利润以及价值转化为生产价格的问题,他跳过"中间环节",把剩余价值与利润、利润与平均利润、价值与生产价格直接地等同起来,从而导致他的劳动价值论中出现了一个严重缺陷或者说矛盾,即价值规律与平均利润规律的矛盾,也就是价值规律与等量资本获得等量利润规律的矛盾。但是,李嘉图只是感觉到了这个矛盾的存在,却根本不知道这个矛盾究竟是什么,也就自然谈不上去解决这个矛盾了。他在假设一般利润率存在的前提下就认为资本家应当获得等量的利润,于是发现当资本有机构成不同的时候,工资的变动会影响到商品的价值,因此他觉得价值决定于劳动时间的原理似乎将要受到"修正"。在这种情况下,李嘉图的劳动价值论就遭到了来自马尔萨斯、托伦斯等人的攻击和诋毁,这些反对者抓住李嘉图劳动价值论中价值规律同等量资本获得等量利润规律的矛盾,全面攻击他的整个价值理论体系,认为既然不同部门中资本有机构成的差别和资本周转时间的不同是随着生产的进步而发展的,那么价值决定于劳动时间这一规定已经不再适用于资本主义社会这个"文明"时代了。而另一方面,李嘉图劳动价值论中的这一矛盾又为他的追随者如詹·穆勒和麦克库洛赫等人所曲解,为了使生产价格问题符合于基本原则从而进

---

[1] 《马克思恩格斯全集》第 34 卷,人民出版社 2008 年版,第 210 页。
[2] 《马克思恩格斯全集》第 34 卷,人民出版社 2008 年版,第 211 页。

行所谓的"烦琐哲学的臆造"。就这样,李嘉图的劳动价值论在暴露了上述矛盾之后,在反对者的攻击和追随者的曲解之下迅速破产并瓦解了,致使建立于其上的整个李嘉图体系也崩溃了。拯救和重新建立起科学劳动价值论的任务最终是由马克思完成的,这在政治经济学史上具有重大的意义,而这正是在对李嘉图劳动价值论全面审视的基础上才得以逐步实现。

二、对李嘉图地租理论的全面剖析

马克思在第一次接触政治经济学的"巴黎时期"就曾经关注李嘉图的地租理论,但由于当时的经济学水平的限制,他还不可能理解李嘉图的地租理论同他的劳动价值论之间的内在关系,更不可能认识到地租理论在李嘉图经济学思想上的重要地位。所以,当时的马克思站在斯密地租理论的水平上,批判李嘉图的地租理论是"一种愚蠢的区分"。经过第二次的经济学研究,马克思在地租问题上的理解水平有所提高,但在具体的经济学观点上显然还存在着很多的错误认识。在《哲学的贫困》中,马克思尽管批判了李嘉图把资本主义的地租关系永恒化的错误,但在同蒲鲁东进行论战时,他仍然接受了李嘉图把地租的产生同"土地收益递减论"联系起来的观点。在四十年代末,由于马克思在经济学上转向了李嘉图学说,因此尚未认识到李嘉图地租理论的这种错误。经过五十年代初在"伦敦时期"的全面而系统的第三次经济学研究,马克思在对李嘉图的级差地租理论的认识上取得了重大进展,并最终在实质上推翻了这个理论的主要原理。他逐步发现李嘉图的地租理论中把地租同所谓"土地收益递减论"联系在一起的观点既不符合农业发展的历史,也不符合资本主义的实际情况。在详细地摘录了李嘉图的地租观点之后，马克思明确地批判其"整个论点是大有问题的"。当然，尽管"伦敦时期"马克思对"土地收益递减论"的克服可以说是成功地解决了一个错综复杂的难题，使他在科学的道路上又前进了一步。但是，这同马克思最后科学地制定出地租理论，特别是阐明绝对地租理论的阶段还有一段不近的距离。

在这里，马克思在科学的经济学研究成果的基础上展开了对李嘉图地租理论的全面剖析。在此之前，马克思先是插入了对洛贝尔图斯所谓的"新地租理论"的讨论，详尽地批判了他在地租问题上的各种荒谬观点，这实际上是为全面剖析李嘉图的地租理论所做的准备。因为，在李嘉图学说中占有重要地位的地租理论，从根本上否认绝对地租的存在。而作为李嘉图地租理论批判者的洛贝尔图斯，却宣称他已经发现了李嘉图所否认的那种作为绝对地租形式存在的地租。所以，为了更加深入地分析和批判李嘉图的地租理论，马克思在这里插入了他对洛贝尔图斯观点的批判。这个所谓的"新地租理论"的前提和基础就是：洛贝尔图斯认为农业中不应该计算"原料"的价值，因为正是由于农业资本中不包括"原料"价值这个项目，所以农业的利润率才会较高，除了提供平均利润外，还有一个超额价值形成地租（绝对地租）。马克思客观地肯定了洛贝尔图斯看到了农业利润较高，从而存在着绝对地租这样的事实，但同时也严厉地批判和抨击了这一极其荒唐的论证和说明。马克思分析道，农业利润率之所以比工业中的利润率要高，那是由于农业的发展落后于工业，这才导致农业中的资本有机构成较低，所以就会存在着一个价值超过生产价格的余额，也就是超额剩余价值或超额利润。同时，因为农业中存在着土地私有权，从而就使这个超额剩余价值或超额利润留在了农业中并转化为了绝对地租。其实，马克思批判洛贝尔图斯"新地租理论"的主要内容无非就是两个方面,一是批判洛贝尔图斯地租理论的荒谬性,二是在批判中发挥自己在地租理论上的科学见解。所以,我们看到,马克思在批判洛贝尔图斯谬论的过程中,也第一次创立了真正科学的绝对地租理论。他明确地将绝对地租和级差地租区分开来,即绝对地租是指那些投资于土地所生产的劳动产品的价值超过其生产价格的余额所形成的地租;而级差地租则是指那些由于某种自然要素加入生产而使劳动产品的社会生产价格超过其个别生产价格的余额所形成的地租,并且他已经认识到了绝对地租实际上是一种超额利润。此外,马克思还强调了地租的历史存在性,他说:"地租是资本有机组成部分的比例的历史性差别造成的,这种差别一部分会趋于平衡,甚至随着农业的发展会完全消失。诚然,即使绝对地租消失了,仅仅由土地自然肥力不同而引起的差别仍会存在。但是——把自然差别可能拉平这一点完全撇开——这种级差地租是同市场价格的调节作用联系在一起的,因而会随着价格和资本主义生产一起消失。"[1]

马克思先是从肯定方面评价了李嘉图"把这个地租学说当作整个政治经济学体系最重要的环节之一,并且赋予它以崭新的理论上的重要性,而在实践方面就更不用说了"。[2] 在资产阶级政治经济学的理论体系建立起来之后,李嘉图对地租问题的极其精细的研究以及在此基础上对地租理论所作的许多新的说明和论证,极大程度地发展了地租理论。马克思此时已经真正地认识到李嘉图对地租理论的一个最大贡献,就是他把地租理论同他的劳动价值论联系起来了,从而赋予了地租理论以科学的基础。他肯定了

---

1 《马克思恩格斯全集》第 34 卷,人民出版社 2008 年版,第 114 页。
2 《马克思恩格斯全集》第 34 卷,人民出版社 2008 年版,第 124 页。

李嘉图的地租理论在理论上和实践上所赋予政治经济学史的重要意义:"在理论上,作出商品的价值规定等等,并探究土地所有权的性质;在实践上,反对资产阶级生产基础上的土地私有权的必要性,并且更直接地反对国家促进这种土地所有权发展的一切措施,如谷物法。"[1] 但是,对于李嘉图地租理论中的错误之处马克思也展开了严厉而科学的批判。马克思指出,李嘉图之所以否认绝对地租是因为他混淆了价值和生产价格,不能把二者区分开来,既然李嘉图认为价值等于生产价格,那么就不可能有这个超额利润的存在,也就不可能有绝对地租。也就是说,尽管李嘉图把他的地租理论同其劳动价值论联系在了一起,但是由于他的劳动价值论本身就是不彻底的,存在着某些严重的错误,因此他在运用这一理论来说明地租问题的时候也就必然会产生错误的理论后果,即否定了绝对地租的存在。

我们知道,李嘉图劳动价值论的一个最主要的缺陷或者说错误就是缺乏历史观念,没有关于价值规律作用形式的理论,既不懂得价值规律到生产价格规律的转化,也不懂得价值和生产价格的区别,由此就把价值和生产价格混为一谈,甚至把两者等同起来。那么,这样的话,他的劳动价值论是根本无法说明绝对地租的存在的,而且它们在李嘉图那里所呈现出来的状态是根本对立和相互矛盾的。因为,绝对地租正是农产品价值超过生产价格的余额,它事实上是一种超额价值。那么,既然在李嘉图看来价值和生产价格是没有区别的,也就不可能存在一种农产品价值超过生产价格的余额即超额价值,也就不会有绝对地租的存在。在马克思看来,李嘉图之所以撇开了绝对地租问题,实际上是因为他的劳动价值

---

[1] 《马克思恩格斯全集》第 34 卷,人民出版社 2008 年版,第 126 页。

论,他之所以否认了绝对地租也就是因为"他从错误的前提出发:如果商品的价值决定于劳动时间,商品的平均价格就必定等于商品的价值"。[1] 其实,李嘉图的思路是这样的:倘若承认了绝对地租的存在,那么就得承认那个超额价值的存在,也就是要承认同量劳动由于投入的要素不同或者加工的材料不同就会创造出不同的价值,但这是不能成立的。因为,这样一来就是承认了"虽然在每一个生产领域的产品中物化着同一劳动时间,却依然存在这种价值差别,那就是承认,不是劳动时间决定价值,而是某种不同于劳动时间的东西决定价值。这种价值量的差别会取消价值概念,推翻下述原理:价值实体是社会劳动时间,因而价值的差别只能是量的差别,而这个量的差别只能等于所耗费的社会劳动时间量的差别"[2]。因而,李嘉图认为不应该有绝对地租的存在,而只能有级差地租的存在,"为了保持价值——不仅价值量决定于不同的劳动时间量,而且价值实体决定于社会劳动,——就需要否认绝对地租。"[3] 马克思在1862年8月2日写给恩格斯的一封书信中也曾经直接地评论道:"李嘉图把价值同费用价格混为一谈。所以他认为,如果存在绝对地租(即与各类土地的肥沃程度无关的地租),那末农产品等等的出售价格就会由于高于费用价格(预付资本＋平均利润)而经常高于价值。这就会推翻基本规律。所以,他否认绝对地租,只承认级差地租。"[4] 马克思已经准确地发现,李嘉图之所以否认绝对地租的存在,就是因为他把价值和生产价格混为一谈了。可见,当劳动价值论和绝对地租这二者存在对立和相互矛盾

---

[1] 《马克思恩格斯全集》第34卷,人民出版社2008年版,第140页。
[2] 《马克思恩格斯全集》第34卷,人民出版社2008年版,第141页。
[3] 《马克思恩格斯全集》第34卷,人民出版社2008年版,第141页。
[4] 《马克思恩格斯全集》第30卷,人民出版社1974年版,第268页。

的情况时,李嘉图的根本立场还是劳动价值论,为了维护他的劳动价值论,便毫不犹豫地否认了绝对地租的存在。

在李嘉图那里不存在"绝对地租"这个概念,因此,他以这样两种说法来表现自己否认绝对地租的思想:一是"最坏的土地"不能提供地租。李嘉图认为,最坏的土地只是土地而已,它没有等级差别,所以不提供地租。如果最坏的土地提供地租的话,那么,地租的产生就是因为同一劳动量在不同的生产领域表现为不同的价值,这样一来,就不是劳动量本身决定价值,而且包含等量劳动的产品在价值上也就不相等。事实上,李嘉图所说的最坏的土地不能提供的"地租"其实只是不能提供级差地租,而是要提供绝对地租的。一般说来,最坏的土地所提供的地租就是绝对地租。二是"最初的耕地"不能提供地租。在李嘉图看来,最初的耕地也只是土地而已,是没有等级差别的土地,所以也不提供地租。因为,他认为,如果最初的耕地也提供地租的话,那么,地租的产生就只能是投入农业生产的同一劳动量创造出来的一个较大的价值,但是这也就意味着必须得承认土地本身也创造价值,从而也就意味着取消了价值概念本身。所以,李嘉图认为最初的耕地最初也是不可能提供任何地租的,否则整个劳动价值理论就要被推翻了。事实上,李嘉图所说的最初的耕地不能提供的"地租"也是指不能提供级差地租,而是要提供绝对地租的,而最初的耕地事实上所提供的地租也是绝对地租。马克思认为,李嘉图的这些问题都是建立在一个错误的假设基础之上的,也就是他把价值和生产价格等同起来。而如果李嘉图知道"平均价格和价值并不是等同的,商品的平均价格可能等于商品价值,也可能大于或小于商品价值,那么问题就不存在了,问题本身不存在了,为解决问题而提出的假说也就不存在了"。[1] 也就是说绝对地租的问题也就不存在了,剩下的就只是这样一个问题,即"为什么农业中商品的价值(或者,无论如何,它的价格)不是超过商品的价值,而是超过商品的平均价格呢?但是这个问题已经完全不涉及理论的基础即价值规定本身了"。[2]

可是,在马克思看来,李嘉图事实上是知道生产价格的。因为他知道"商品的'相对价值'随着加入商品生产的固定资本和花费在工资上的资本之间的比例不同而发生变化",[3] 而且也知道"这些'相对价值'由于竞争而平均化",[4] 此外他承认上述变化"只是为了在这些不同的投资中得出同一的平均利润"。[5] 由此可见,李嘉图所说的"相对价值"无非就是"生产价格"。但是,李嘉图甚至没有想到价值和生产价格是不相同的,而只是以二者的等同作为出发点。尽管他事实上已经看到了由于各个资本的有机构成不同,而并不存在价值和生产价格的等同情况,但他仍然坚持认为价值和生产价格是等同的,还"把这种同一性假定为还没有得到解释的、由竞争引起的事实"[6],"因此他也没有想到这样一个问题:为什么农产品的价值不平均化为平均价格?相反,他假定农产品的价值会平均化,而且他正是从这个观点出发提出问题的"。[7] 在这里,马克思已经非常全面而科学地剖析了李嘉图地租理论的缺陷以及产生这一缺陷的内在原因。

---

1 《马克思恩格斯全集》第34卷,人民出版社2008年版,第143页。
2 《马克思恩格斯全集》第34卷,人民出版社2008年版,第143页。
3 《马克思恩格斯全集》第34卷,人民出版社2008年版,第143页。
4 《马克思恩格斯全集》第34卷,人民出版社2008年版,第143页。
5 《马克思恩格斯全集》第34卷,人民出版社2008年版,第143页。
6 《马克思恩格斯全集》第34卷,人民出版社2008年版,第143页。
7 《马克思恩格斯全集》第34卷,人民出版社2008年版,第143页。

三、对李嘉图剩余价值理论的全面剖析

我们知道,马克思在《哲学的贫困》中就已经开始了对剩余价值理论的初步探讨。尽管马克思在那时的价值理论还基本停留在李嘉图的水平上,但是由于他始终把探索无产阶级解放的条件和路径作为自己研究经济学的主要目的,所以在尚未建立起自己的价值理论的时候就已经力图去解决剩余价值的问题。在之后的《雇佣劳动与资本》中,马克思在劳动价值论的基础上揭示了剩余价值的来源,说明了资本和雇佣劳动是如何进行交换的。但在这里的剩余价值理论还只是雏形而已,因为马克思此时尚未区分出剩余价值和利润、价值和生产价格等范畴,虽然实际上已经区分出了劳动和劳动力,却仍然没有明确地得出"劳动力商品"的概念。经过五十年代初在《伦敦笔记》中的经济学研究,马克思不仅指出了生产过程是剩余价值的来源,而且他已经明确地认识到剩余价值是由雇佣工人在劳动生产中创造出来的。尽管此时马克思仍未得出劳动力的概念,但是他已经看到了资本家获得的"价值的余额"是工人劳动生产中创造出来并且大于他得到的工资的那部分价值。这说明马克思已经十分接近于得出剩余价值的概念了,为他最终科学地建构出价值理论和剩余价值理论奠定了重要的基础。在接下来的《1857—1858年手稿》中,马克思从货币入手逐渐开启了对商品的分析,从而奠定了自己的价值理论的基础,这其中包括对资本主义社会中商品二重性和劳动二重性以及商品转化为货币的必然性的阐发。基于商品和劳动的二重性理论,马克思从"抽象"层面的货币上升到了资本主义生产关系层面的"具体"的资本,从而科学地阐明了资本主义剥削的本质和机制问题。在对资

本本质的理解上,马克思发现了"劳动力商品"这一特殊范畴,区分了资本家与雇佣工人之间的市场交换和在生产过程中资本占有活劳动所实现的价值保存和增殖过程,从而为理解资本主义生产的内在过程,也就是剩余价值理论的最终形成奠定了重要的理论基础。马克思在手稿中已经开始了对李嘉图在剩余价值问题上的理解的分析和评判,他承认李嘉图是"所有经济学家中唯一懂得剩余价值的人",[1] 但同时也指责他在剩余价值的理解上常常陷于混乱。那么,马克思在这里基于之前的经济学研究中所获得的全部理论成果,对李嘉图在剩余价值问题上的理解展开了全面的剖析。

其实,严格地说,李嘉图并没有剩余价值理论。因为,在李嘉图的理论体系中并没有专门地界定过"剩余价值"这一经济范畴,也没有分析过剩余价值的一般形式。用马克思的话说:"李嘉图在任何地方都没有离开剩余价值的特殊形式——利润(利息)和地租——来单独考察剩余价值"[2],他所谈论的都是剩余价值的具体形式。所以,我们在李嘉图的著作中到处都可以看到的是从利润的前提出发的观点,却不是从剩余价值的前提出发的观点。但是,从一定意义上来讲,李嘉图也有自己的剩余价值理论。他有时所说的利润实际上就是指剩余价值。因为"剩余价值只能联系可变资本即直接投在工资上的资本来考察"[3],而李嘉图在论述利润和工资的时候,他认为似乎全部资本都直接花费在了工资上,"就这一点说,他考察的是剩余价值,而不是利润,因而才可以说他有剩余价值理论。"[4] 只是李嘉图"没有把剩余价值确定下来,使之有别

---

[1] 《马克思恩格斯全集》第 30 卷,人民出版社 1998 年版,第 288 页。
[2] 《马克思恩格斯全集》第 34 卷,人民出版社 2008 年版,第 419 页。
[3] 《马克思恩格斯全集》第 34 卷,人民出版社 2008 年版,第 420 页。
[4] 《马克思恩格斯全集》第 34 卷,人民出版社 2008 年版,第 419 页。

于它的特殊形式利润、地租、利息"[1]。可是,我们看到,李嘉图的剩余价值理论同他的利润理论混淆在了一起,这就意味着他在这二者的问题上既不可能真正说明剩余价值规律,也不可能提出阐述出真正科学的利润理论。马克思对此说道:"在李嘉图正确叙述剩余价值规律的地方,由于他把剩余价值规律直接当作利润规律来表述,他就歪曲了剩余价值规律。另一方面,他又想不经过中间环节直接把利润规律当作剩余价值规律来表述。"[2]但是,马克思明确地指出:在没有对剩余价值作出科学认识的情况下,是根本不可能得出任何利润理论的。因此,准确地讲,李嘉图事实上既没有建立起真正科学的剩余价值理论,也没有提出来以剩余价值理论为基础的正确的利润理论。

在剩余价值的起源问题上,马克思严厉地批判了李嘉图混淆劳动和劳动力的错误,指出按照李嘉图的问题提法是根本无法解决劳动与资本相交换问题的。因为与资本进行交换的不是劳动,而是劳动能力或劳动力。尽管李嘉图在批判斯密的错误的基础上正确地坚持了劳动价值论,但仍旧无法解决这一问题。我们知道,斯密价值论中的一个错误就是他混淆了价值和交换价值,因此也就混淆了耗费劳动和购买劳动,从而一方面认为商品的价值由生产该商品所耗费的劳动量决定,而另一方面又认为商品的价值是由该商品所能支配或购买的劳动量决定。所以,在斯密那里是不知道"劳动"同"劳动力"的区别的,他错误地认为,资本主义条件下的商品价值已经不再决定于生产该商品所耗费的劳动,而是由"劳动价值"或工资所决定。李嘉图批判了斯密在劳动价值论上的这

---

[1] 《马克思恩格斯全集》第34卷,人民出版社2008年版,第187页。
[2] 《马克思恩格斯全集》第34卷,人民出版社2008年版,第419—420页。

种不彻底性,坚决认为商品的价值决定于生产该商品所必需的劳动量或劳动时间,而不决定于"劳动的价值"或工资,他明确地指出不应"把商品价值决定于生产商品所必须的相应的劳动量这个规定与劳动的价值(或劳动的报酬)混淆起来"[1]。但是,马克思指出,从根本上说李嘉图"丝毫没有解决构成亚·斯密的矛盾的内在基础的那个问题",[2]并不了解斯密所犯错误的内在原因及实质所在,因此根本没有解决斯密所未能解决的问题。马克思说,这个关键性的问题就是关于物化劳动和活劳动相交换的问题,也就是资本与雇佣劳动相交换的问题。由于斯密把劳动和劳动力混为一谈,因而也就无法在价值规律的基础上说明资本与雇佣劳动相交换的问题,甚至认为资本主义社会中的价值规律已经不再发生作用。而李嘉图因为不了解构成斯密错误的那个"内在基础",所以尽管看到了资本同劳动的交换与价值规律相违背的情况,却只能一再地强调劳动的价值即工资的变动是不会推翻商品价值由它所包含的劳动量决定这一观点。马克思说,李嘉图只是在"满足于确定这一事实","但是,劳动这种商品和其他商品有什么区别呢?一个是活劳动,另一个是对象化劳动。因此这只是劳动的两种不同形式。既然这里只是形式的不同,那么,为什么规律对其中一个适用,对另一个就不适用呢?李嘉图没有回答这个问题,他甚至没有提出这个问题。"[3]所以在马克思看来,既然李嘉图也同斯密一样混淆了劳动和劳动力,那么他也就不可能在价值规律的基础上解决资本同雇佣劳动相交换的问题了。

马克思在这里明确地解释了之前已经创立的劳动力商品学

---

1 《马克思恩格斯全集》第 34 卷,人民出版社 2008 年版,第 447 页。
2 《马克思恩格斯全集》第 34 卷,人民出版社 2008 年版,第 448 页。
3 《马克思恩格斯全集》第 34 卷,人民出版社 2008 年版,第 450 页。

说。马克思说,李嘉图之所以无法解决资本同雇佣劳动的交换问题,其原因就在于当他在用"一定量的直接劳动"去同"一定量的物化劳动"进行交换,也就是用"活劳动"去同"物化劳动"相交换的时候,就会发现"直接劳动"或"活劳动"中所包含的"物化劳动"是大于"资本"或"商品"中所包含的"物化劳动"的,因此交换是不等价的,也就必然会违背价值规律。所以马克思说道:"这样提出问题,既然以价值规律作为前提,问题本身就无法解决,所以不能解决,是因为这里把劳动本身同商品对立起来了,把一定量直接劳动本身同一定量物化劳动对立起来了。"[1] 在马克思看来,这里的关键问题就是与资本或商品相对立或进行交换的并不是直接劳动或活劳动,而是劳动力。李嘉图对劳动和劳动力的混淆其实涉及了两个相互联系的问题,一个是决定商品价值的劳动量问题,一个是作为商品同资本相交换的劳动力问题。那么,就决定商品价值的劳动量来说,的确是完全不受活劳动或直接劳动与物化劳动之间的那种"形式差别"的影响,即是说形式上的差别对于决定价值本身是没有任何意义的,因为它们都是由劳动时间进行计算的。而作为商品同资本相交换的却不是直接劳动或活劳动,而是劳动力。劳动只是劳动力商品的使用价值,它不能成为商品同资本相交换。这二者之间尽管有着密切的联系,却存在着巨大的差别,当认识到同资本相对立的是劳动力而不是劳动的时候,那个根本的矛盾也就迎刃而解了,价值规律在资本主义条件下依然适用。

在马克思看来,劳动力商品这一范畴的发现对于剩余价值理论来说具有极为重大的意义,不阐明劳动力商品的问题,就不可能解释清楚剩余价值的起源,更不可能解决剩余价值理论的其他重

---

[1] 《马克思恩格斯全集》第 34 卷,人民出版社 2008 年版,第 450 页。

要问题。在分析李嘉图对剩余价值问题的理解时,马克思说道:"为了决定价值,李嘉图像重农学派、亚·斯密等人一样,必须首先规定劳动能力的价值,或者追随亚·斯密及其先驱所使用的说法,决定劳动的价值。"[1] 那么,这种"劳动的价值",也就是劳动的自然价格,又是如何决定的呢?马克思指出,在李嘉图那里"劳动的价值是由在一定社会中为维持工人生活并延续其后代传统上所必需的生活资料决定的",[2] 并且他实际上是用劳动本身的供求关系的比例来决定劳动的价值的。可见,李嘉图思路中的"劳动的价值"其实已经是在指"劳动能力的价值"了,他对"劳动的价值"的决定问题的关注已经转到了"劳动能力的价值"的决定问题上来了。因此,马克思批评李嘉图说他"本来应该说劳动能力,而不是劳动"。[3] 可是,李嘉图囿于资产阶级的狭隘性是不可能做到这一点的,马克思说道,如果李嘉图讲的是劳动力,那么他就能够发现"资本也就会表现为那种作为独立的力量与工人对立的劳动的物质条件了。而且资本就会立刻表现为一定的社会关系了。可是,在李嘉图看来,资本仅仅是不同于'直接劳动'的'积累劳动',它仅仅被当作一种纯粹物质的东西,纯粹是劳动过程的要素,而从这个劳动过程是决不可能引出劳动和资本、工资和利润的关系来的"[4]。资本是一种社会关系,这是马克思在《雇佣劳动与资本》中就已经获得了的重要理论认知。在这里,马克思在批判李嘉图剩余价值理论时又对这一问题进行了说明。他强调,只有把资本看作一种社会生产关系,看作一种与工人对立的"独立的力量"和"劳动的物质

---

1 《马克思恩格斯全集》第 34 卷,人民出版社 2008 年版,第 451 页。
2 《马克思恩格斯全集》第 34 卷,人民出版社 2008 年版,第 452 页。
3 《马克思恩格斯全集》第 34 卷,人民出版社 2008 年版,第 453 页。
4 《马克思恩格斯全集》第 34 卷,人民出版社 2008 年版,第 453 页。

条件",才能"引出劳动和资本、工资和利润的关系来",由此也才能够看到工人所出卖的是他的劳动能力,而不是劳动。但是,李嘉图出于他的阶级局限性和狭隘性,却把资本仅仅看作一种与直接劳动相区别的"积累劳动",仅仅被看作一种纯粹的物质性的东西,而没有把它看作一种社会生产关系,自然也就不可能知道它的社会历史性质。所以李嘉图没有也是不可能讲到劳动能力的,可以说他在即将揭开这一问题的面纱之前又缩回了手臂。正如马克思在接下来的分析中所说的,李嘉图"不是用花费在生产劳动力上的劳动量来决定劳动的价值,却用花费在生产付给工人的工资上的劳动量来决定劳动的价值,从而他实际上是说:劳动的价值决定于支付劳动的货币的价值!"[1]那么,既然混淆了劳动和劳动力,李嘉图也就不可能理解"商品和资本之间的特殊区别"以及"商品同商品的交换和资本同商品的交换(按商品交换规律)之间的特殊区别",[2]因为,商品与商品的交换是按照各自所包含的劳动量的比例进行的,而资本与商品(准确地说是劳动商品)的交换则有着特殊区别,尽管也是按照各自所包含的劳动量进行等价交换,但劳动商品中实现的直接劳动或活劳动大于资本中所包含的物化劳动。这就是马克思所发现并一再强调的重要理论支点,即同资本相交换的商品不是劳动本身,而是劳动力,劳动作为劳动力商品的使用价值,是资本在购买劳动力这种特殊的商品之后使它与生产资料结合,在劳动生产过程中实现的直接劳动量或活劳动量。而剩余价值就是资本在使用劳动力商品这一过程中所创造出来的超出其自身价值的那部分价值,这也是资本家剥削雇佣工人的根源所在。

---

1 《马克思恩格斯全集》第34卷,人民出版社2008年版,第456页。
2 《马克思恩格斯全集》第34卷,人民出版社2008年版,第456页。

而在剩余价值的起源问题上的错误认识就导致李嘉图在对剩余价值生产问题上的理解也不完全科学。马克思指出,李嘉图没有研究绝对剩余价值,而只研究了相对剩余价值,"这实际上是李嘉图在利润名义下阐述的剩余价值的惟一形式"。[1] 因为李嘉图在讨论剩余价值问题的时候是把工作日长度的不变量当作全部研究的出发点的,所以他没有看到除了同一正常工作日之外,还可以有各种各样的工作日长度,而且即便在同一正常的工作日之内,也是可以有各种各样的劳动强度的。工作日的长度不同或者劳动强度不同,都会生产出不同的剩余价值。这样,在李嘉图那里,把工作日长度确定为研究前提就决定了他必然不会去研究绝对剩余价值的问题,也就是不会去研究在必要劳动时间不变的条件下,通过绝对地延长工作日来增加剩余价值的那种生产。李嘉图从工作日长度既定这个前提出发考察了相对剩余价值,即那种通过缩短必要劳动时间相应地延长剩余劳动时间来增加剩余价值的生产。马克思说道:"李嘉图总的说来正确地阐述了相对剩余价值。"[2] 通过对剩余价值问题的研究,马克思在批判李嘉图剩余价值理论的过程中也建立起了自己的剩余价值理论,从而真正地揭示了资本剥削的本质和根源。

第二节
马克思批判李嘉图经济学的方法论视角解析

李嘉图作为古典经济学的最优秀代表,尽管把劳动价值论发

---

[1] 《马克思恩格斯全集》第 34 卷,人民出版社 2008 年版,第 472 页。
[2] 《马克思恩格斯全集》第 34 卷,人民出版社 2008 年版,第 467 页。

展到了最高层次,但他仍然无法脱离其资产阶级的阶级局限,把资本主义生产看作社会生产的天然的和永恒的自然形式。因此,李嘉图在考察商品、货币和资本时就完全忽视了这些经济学范畴中所内含的具有历史特殊性的社会关系,也根本没有看到其中所凸显出来的内在矛盾的线索。这也就是他始终都无法解决价值规律同与资本和劳动相交换时所产生的利润之间的矛盾,以及价值规律同等量资本不管有机构成如何都获得等量利润之间的矛盾这两大难题的根本原因。而我们看到,此时的马克思由于已经把理论视域提升到了唯物主义历史发生学的社会关系层面,从而深入了资本主义内在矛盾的线索之中去考察资本主义生产过程中的各种社会经济现象,也因此才能从一种客观的科学的角度去全面审视李嘉图的经济学理论。

一、基于唯物主义历史发生学的社会关系视角

在马克思看来,李嘉图经济学的一个最根本性的缺点就是他把商品、货币和资本这些经济范畴只是当作凝固的和非运动的范畴去解读和说明,而不是把它们看成是一个不断发展的有机整体的要素,也就是说他没有将这些经济范畴放置在历史性社会生产关系的理论层面,进而去考察它们之间的关系问题。他感兴趣的不是"从起源来说明各种不同的形式,而是通过分析来把它们还原为它们的统一性,因为它是从把它们作为已知的前提出发的"。[1]所以,李嘉图才会把资本与劳动之间的交换关系仅仅看成是一种商品交换关系,而不是在历史性的资本主义生产关系中的资本与

---

[1] 《马克思恩格斯全集》第 26 卷Ⅲ,人民出版社 1974 年版,第 556 页。

雇佣劳动的关系,这就必然导致他无法解决价值规律同与资本和劳动相交换时所产生的利润之间的矛盾问题;而且在脱离了具体的资本主义生产关系的基础之上假定了一般利润率的存在,从而混淆了价值和生产价格,由此也使得他无法解决价值规律同等量资本不管有机构成如何都获得等量利润之间的矛盾。而这两大矛盾就是李嘉图经济学始终难以解决的两大难题,并最终导致了他经济学体系的瓦解。马克思从历史唯物主义发生学的视域出发,在对资本主义生产过程的分析中由于加入了历史性生产关系的线索,从而得以在李嘉图经济学理论成就的基础上继续向前推进,通过把资本主义生产过程中的各种社会经济现象从简单的纯粹数量关系的分析放置到历史性社会关系的层面,由此获得了与李嘉图不同的关于资本主义生产过程内在有机统一性的科学认识,破解了李嘉图经济学始终无法说清的两大矛盾问题。

说到底,李嘉图之所以无法从历史性社会生产关系的视域中去考察经济范畴之间的关系,根本上就是由于他的阶级本性所致,也就是作为资产阶级经济学家在社会历史观上的非历史性。这一点马克思在《哲学的贫困》中就明确地批判过,他说在经济学家们的论断中只有两种制度,即人为的和天然的,所以他们认为封建制度是人为的,而资产阶级制度则是天然的。他们在对待资产阶级以前的社会生产机体形式的时候,就好像教父对待基督教以前的宗教一样把一切异教都看成是人们臆造的,只有他们自己的宗教才是神的启示。总之,在这些经济学家眼中资产阶级制度以前是有历史的,而现在再也没有历史了。马克思认为,李嘉图作为古典经济学的最优秀代表,在面对资本主义生产过程的时候同其他资产阶级经济学家一样,也被束缚在了这个资本主义生产的假象世界中,所以才始终无法解决他本应解决的问题。尽管他们在揭穿资本主义日常生活中的那个带着虚伪的假象和错觉的"宗教"时通过"把利息归结为利润的一部分,把地租归结为超过平均利润的余额,使这二者以剩余价值的形式一致起来;此外,把流通过程当作单纯的形式变化来说明;最后,在直接生产过程中把商品的价值和剩余价值归结为劳动"[1]这种分析方法已经取得了伟大的功绩。但是,我们看到,即使对于李嘉图而言,当他在面对价值规律同资本与劳动相交换之间的矛盾以及价值规律同等量资本获得等量利润之间的矛盾时仍然束手无策,并最终导致了自己理论体系的瓦解。在马克思看来,其中的原因就在于他"从来没有从商品的分析,特别是商品价值的分析中,发现那种正是使价值成为交换价值的价值形式"[2]。李嘉图是把价值形式当作了一种完全无关紧要的东西或在商品本性之外而存在着的东西,所以在他的价值理论中并未对价值形式作出具体的区分和说明。"这不仅仅因为价值量的分析把他们的注意力完全吸引住了。还有更深刻的原因。劳动产品的价值形式是资产阶级生产方式的最抽象的、但也是最一般的形式,这就使资产阶级生产方式成为一种特殊的社会生产类型,因而同时具有历史的特征。因此,如果把资产阶级生产方式误认为是社会生产的永恒的自然形式,那就必然会忽略价值形式的特殊性,从而忽略商品形式及其进一步发展——货币形式、资本形式等等的特殊性。"[3]所以我们看到,尽管李嘉图经济学也是在研究社会财富的生产、交换和分配等问题,也是在揭示社会经济现象的联系和经济运行的机制,却无法像马克思一样解决资本主义生产过程中出现的矛盾。

1　《马克思恩格斯全集》第46卷,人民出版社2003年版,第940页。
2　《马克思恩格斯全集》第44卷,人民出版社2001年版,第98页。
3　《马克思恩格斯全集》第44卷,人民出版社2001年版,第99页。

因为，在对资本主义生产过程进行剖析的时候，马克思所谈到的作为经济学研究对象的生产本身指的是在一定的社会发展阶段上的生产，也就是个人在一定的社会形式中并且借这种社会形式而进行的对自然的占有。这一点马克思在《1857—1858年手稿》中就明确指出过。这就表明，马克思所理解的物质生产是社会历史的生产，而即使作为古典经济学最优秀代表的李嘉图却是从自然主义的历史观出发，把物质生产理解成非社会而且是超历史的一般的财富生产。这样，资本主义的生产、交换和分配等形式及条件就消解在了一般性的全部人类社会生产的抽象共同规定之中，从而把资产阶级社会关系趁机塞进了一般的自然规律里面。而且，马克思认为，这种历史性的社会生产不仅是在一定的社会生产关系下进行的物质财富的生产，同时也是该社会生产关系的生产，但是以李嘉图为代表的资产阶级经济学家们由于把生产的历史条件和社会关系视为自然条件和自然关系，从而在考察经济问题时不可避免地陷入了拜物教观念。用马克思的话说，他们虽然清楚地知道人们生产呢绒和麻布，却根本不了解人们还适应自己的生产力而生产出他们在其中生产呢绒和麻布的社会关系。所以，在他们那里政治经济学的研究对象就只是物质生产，而不是像马克思那样把这一对象规定为生产方式和生产关系。并且，当马克思立足于唯物主义历史发生学的视域时，他就不仅看到物质生产是在一定历史条件下进行的，同时也看到了这些历史条件本身是随着人们生产活动的发展而历史地变动着的。李嘉图等资产阶级经济学家只是解释了生产是如何在资本主义社会历史阶段的具体社会关系下进行的，却并没有说明资本主义社会生产关系本身是如何产生、发展和灭亡的历史运动规律。这就是资产阶级在社会历史观上的非历史性的狭隘，当然像李嘉图这些资产阶级经济学家们本身也并不打算把资本主义社会必然灭亡的规律作为自己经济学的研究任务,他们最关心的只是如何阐释清楚资本主义社会生产条件下的"致富术"而已。但是,马克思的政治经济学研究目的和任务则是要完成对资本主义生产方式的批判,寻找无产阶级革命的必然性,所以他对资本主义社会经济关系的本质以及运动规律的剖析就必然要超出它自身的范围,也就是不能像李嘉图那样仅仅研究资本主义的生产、交换和分配的形式和条件,更重要的是把资本主义生产方式放置在整个社会生活总体和全部人类历史长河去进行历史地考察。[1]

如前所述,作为资产阶级经济学中最优秀代表的李嘉图也不得不把特殊的、历史的资本主义生产关系非历史地看成是社会生产的天然的、永恒的自然形式。倘若不是囿于资产阶级的狭隘性而没有发现"劳动力商品"这一特殊范畴,李嘉图就能够发现资本家所获得剩余价值的本质和真正来源,也就会遇到工人阶级和资产阶级之间存在着的阶级对立的不可调和性,从而必须去面对资本主义生产方式的历史暂时性这样的问题。那么,李嘉图经济学中的关于价值规律同资本和劳动相交换之间以及价值规律同等量资本获得等量利润之间的两大无法解决的矛盾就会迎刃而解了。然而,作为资产阶级经济学家的李嘉图是不可能从唯物主义历史发生学的思路出发的,所以他必然会将历史的经济形式同自然形式等同起来,而不能把劳动本身这个一般形式同资本主义制度下以雇佣劳动的特殊形式存在的劳动区分开来。即使作为古典经济学最优秀的代表,李嘉图也仍然被束缚在他曾经批判地予以揭穿

---

[1] 庄福龄、孙伯鍨:《马克思主义哲学史》(黄楠森等主编,八卷本)第2卷,北京出版社1991年版,第114页。

的假象世界,总是摆脱不了工人把自己的"劳动"作为商品出卖给资本家这一表面形式。所以,他才始终无法明白,为何商品的价值由劳动决定,但是在遵循价值规律情况下不可能产生剩余价值,这与资本家事实上获得剩余价值的情况完全矛盾。我们之前分析过,马克思在《1857—1858年手稿》中就已经从理论上解决了这个矛盾:工人作为商品出卖给资本家的不是他的劳动,而是他的劳动力。只有从唯物主义历史发生学的思路出发深入资本主义社会生产关系之中,才可能发现劳动力转化为商品这一资本主义的决定性的历史标志,而这一重大发现是作为资产阶级经济学家的李嘉图的认识界限所无法达到的。

李嘉图尽管能够把自己的经济学研究对象即资本主义生产方式看成是在自身的一切表现上都相互联系的统一整体以及生产和分配的相互制约关系的体系,他的研究方法的全部优点也正在于此。但是李嘉图并没有把这一体系看成是生产过程中所形成的社会关系的历史地发生、发展并终将走向灭亡的有机总和,他完全不懂得这个统一的整体是历史地形成的整体。相反,李嘉图认为资本主义生产方式是一切生产的天然的永恒的自然形式,这是同他的抽象法的非历史性相关联的。对于李嘉图的抽象方法,马克思首先肯定了他"为了把握规律本身,有意识地抽象掉了竞争形式,抽象掉了竞争的表面现象"[1],并认为这是较为自觉地力图运用科学的抽象分析方法,透过事物的外表揭示其内在本质和规律性的做法。但是,马克思也批判了李嘉图的抽象法仍然存在着资产阶级的局限性,一方面是他的抽象"还不够充分,不够完全"[2],这就

---

[1] 《马克思恩格斯全集》第34卷,人民出版社2008年版,第115页。
[2] 《马克思恩格斯全集》第34卷,人民出版社2008年版,第115页。

使得他在考察经济范畴时不能完全排除各种具体关系的限制或影响,比如当他在考察商品价值时由于受到各种具体关系的限制从而把价值和生产价格混为一谈,由此说明他的抽象是极不完备、极不充分的。而另一方面,也是最关键的问题,就是他的抽象"是形式的,本身是虚假的"[1],这是他的资产阶级的形而上学观点致使他把经济规律的表现形式都理解为这些普遍规律的直接的、真正的反映,而根本没有揭示这些表现形式的历史发展,从而也就不可能了解价值转化为生产价格、价值规律转化为生产价格规律的过程及其实质。

所以,李嘉图终究没能揭开资本主义生产方式的面纱,而资产阶级政治经济学也在李嘉图的经济学理论中达到了发展的最后界限,开始走向庸俗化。驱使这一走向的正是十九世纪三十年代以后资产阶级和无产阶级之间阶级斗争的激化。这在马克思看来完全是一种必然的趋势,因为"只要政治经济学是资产阶级的政治经济学,就是说,只要它把资本主义制度不是看作历史上过渡的发展阶段,而是看作社会生产的绝对的最后的形式,那就只有在阶级斗争处于潜伏状态或只是在个别的现象上表现出来的时候,它还能够是科学"[2]。像李嘉图等资产阶级经济学家那样对资本主义生产方式的自然性和永恒性的分析,其实恰恰证明了相反的事情:"资本主义生产方式是一种特殊的、具有独特历史规定性的生产方式;它和任何其他一定的生产方式一样,把社会生产力及其发展形式的一个既定的阶段作为自己的历史条件,而这个条件又是一个先行过程的历史结果和产物,并且是新的生产方式由以产生的既

---

1 《马克思恩格斯全集》第 34 卷,人民出版社 2008 年版,第 115 页。
2 《马克思恩格斯全集》第 44 卷,人民出版社 2001 年版,第 16 页。

定基础同这样独特的、历史地规定的生产方式相适应的生产关系,——即人们在他们的社会生活过程中、在他们的社会生活的生产中所处的各种关系,——具有一种独特的、历史的和暂时的性质;最后,分配关系本质上和这些生产关系是同一的,是生产关系的反面,所以二者共有同样的历史的暂时的性质。"[1]因为"资本主义生产一方面神奇地发展了社会的生产力,但是另一方面,也表现出它同自己所产生的社会生产力本身是不相容的。它今后的历史只是对抗、危机、冲突和灾难的历史。结果,资本主义生产向一切人(除了因自身利益而瞎了眼的人)表明了它的纯粹的暂时性"。[2]

二、基于内在矛盾发展的历史批判视角

马克思把资本主义生产方式作为研究对象阐述其内部结构和运动规律,就是要证明资本主义的内在矛盾归根到底是如何产生、如何发展、如何激化,又是如何达到它的极限而走向灭亡的。马克思基于唯物主义历史发生学的视角所看到的是"一种历史生产形式的矛盾的发展,是这种形式瓦解和新形式形成的惟一的历史道路"[3]。所以,当马克思在对商品、货币以及资本这些经济范畴进行剖析的时候,他所凸显出来的是其中的内在矛盾线索。在他那里,社会历史并不是一个简单的过程,"而是一种由经济范畴所体现出来的社会关系之内在矛盾运动的历史,一种社会关系之不断丰富和具体化的历史"[4]。我们知道,马克思首先分析的是商品这

---

1 《马克思恩格斯全集》第46卷,人民出版社2003年版,第994页。
2 《马克思恩格斯全集》第19卷,人民出版社1963年版,第443页。
3 《马克思恩格斯全集》第44卷,人民出版社2001年版,第562页。
4 唐正东:《从斯密到马克思》,江苏人民出版社2009年版,第408页。

个资本主义生产方式中的财富的基本形式。因为商品中孕育着资本主义社会一切矛盾的萌芽,所以他的分析是从商品的内在矛盾开始的。马克思指出了商品一方面具有使用价值,另一方面又具有价值这一矛盾,由此发现了商品的两重性即使用价值同交换价值的对立统一。而商品的使用价值是由具体劳动创造的,交换价值则是由抽象劳动创造的,马克思在商品两重性的基础上又发现了生产商品的劳动也具有同样的内在矛盾,即具体劳动和抽象劳动的对立统一。从商品的两重性到生产商品的劳动的两重性,我们看到了矛盾的不断深化和展开,这首先成为了科学地说明资本主义生产方式的一切矛盾的出发点,并且一步步地深入资本主义社会生产的核心矛盾。但是,当马克思深入唯物主义历史发生学的社会关系层面时,他就发现由商品这一经济学范畴所凸显出来的人与人之间的社会关系的内在矛盾性在其自身的阶段已经无法得到解决,所以商品自身的内在矛盾运动就把它推进到了货币的阶段。因为货币范畴比商品范畴包含了更加丰富且更为具体的社会关系,马克思通过对货币职能的考察就使得商品范畴中的内在矛盾关系在货币这一新的存在和运动形式中得到了一定程度的缓解。货币是这些矛盾的最后产物,但同时又成为了资本的最初的表现形式。货币范畴中所内含的矛盾关系在货币自身的阶段也无法解决,从而将货币推进到了资本的阶段,所以说从货币到资本的过渡也是由于资本范畴包含了比货币范畴更加丰富和更为具体的社会关系。这样,简单商品生产和商品流通的矛盾的发展就在一定的历史条件下成长并转化成了资本主义生产的矛盾。马克思一直将这种内在矛盾运动的思路推进到了整个资本主义生产总过程,而在资本主义生产方式中所凸显出来的种种矛盾都是在表现着一个最基本的矛盾,即生产社会化同资本主义生产资料私人占有的矛盾。这也是无产阶级和资产阶级之间最根本的敌对矛盾。

而事实上,李嘉图并不是看不到矛盾,而是他眼中的"矛盾"只不过是一种表面的对立关系而已,这种"矛盾"并没有深入资本主义生产关系的考察层面,因此也根本不可能涉及资本主义生产方式本身内在矛盾问题。所以,当他在对待和解决这些"矛盾"的时候总是力图从其外在的表面关系进行调和,并受其阶级狭隘性影响,相信这种矛盾必然会随着资本主义生产的发展和扩大而得到缓解甚至逐渐消失。当然,李嘉图毕竟指出了无产阶级同资产阶级之间的阶级对立。李嘉图从劳动价值论出发,获得了关于政治经济学的全部范畴,包括资本、工资、利润以及地租等等。他指出,由工人的劳动所创造出来的价值是工资、利润和地租的源泉。他把工资和利润看成是由劳动创造的价值的两个组成部分,并且认为工资下降则利润上升,工资上升则利润下降。所以说,李嘉图其实明确地发现了无产阶级同资产阶级之间的相互对立和利害冲突。他还指出,随着社会的进步以及人口的增殖,地租就会增加,而与此相联的是工资实质上并没有变化,但是利润下降了,由此也发现了资产阶级同地主之间的利害冲突。但是,这些利害冲突用马克思的话来说,就是李嘉图"终于有意识地把阶级利益的对立、工资和利润的对立、利润和地租的对立当作他的研究的出发点,因为他天真地把这种对立看作社会的自然规律。这样,资产阶级的经济科学也就达到了它的不可逾越的界限"[1]。马克思的意思就是,虽然李嘉图指出了工人同资本家、资本家同地主之间的利益对立关系,这自然是他的一个伟大功绩,但必须要明白的就是,他只不过是说明了资产阶级社会中三大阶级的利益不同问题,而并不

---

[1] 《马克思恩格斯全集》第 44 卷,人民出版社 2001 年版,第 16 页。

理解资本主义社会本身的历史过渡性。所以在李嘉图那里,阶级对立被看成是经常支配社会的永恒规律,而存在阶级对立的资本主义制度仍旧被视为天然的永恒的自然形式。尽管李嘉图从劳动价值论的基础出发,试图科学地说明资本主义制度,却只能接近于发现剩余价值,接近于认识阶级矛盾的经济基础,因为他始终也无法逾越资产阶级的阶级界限,也就必然无法揭示出剩余价值的秘密,必然无法真正地解决困扰他的矛盾问题。

当然,李嘉图作为资产阶级经济学家是不可能也不会去探究资本主义制度中将自身推向灭亡的内在矛盾问题的。在根本上对资本主义社会的非历史性理解就使得他也不会进入历史性的生产关系的理论视域,认识到经济范畴的矛盾运动所凸显出来的资本主义生产方式的内在矛盾根源。对于处在资本主义上升时期的李嘉图来说,他最关心的就是如何发展生产、如何创造财富的问题。马克思指出,李嘉图之所以肯定资本主义生产方式就是因为它是最有利于生产、最有利于创造财富的生产方式。马克思从客观的历史的角度肯定了李嘉图的"为生产而生产"的观点,他认为"为生产而生产无非就是发展人类的生产力,也就是发展人类天性的财富这种目的本身"[1]。只有在社会生产力的发展以及社会财富的增加的基础上,社会才能进步,才会在资本主义生产方式自身的内部准备向社会主义过渡的物质的以及社会的力量,才会加速资本主义的灭亡和社会主义的胜利,从而人类的个性和才能也才得到比较高度的发展。但是,这种发展在开始时要靠牺牲多数的个人,甚至要靠牺牲整个阶级来进行。不过,社会的发展最终将会克服这种对抗,从而与每个个人的发展相一致。正因为如此,个性的比

---

[1] 《马克思恩格斯全集》第34卷,人民出版社2008年版,第127页。

较高度的发展就只能以牺牲个人的历史过程作为代价。对于李嘉图来说，为了生产力的发展他可以不惜牺牲无产阶级的利益,也不惜牺牲地主贵族的利益,甚至同样不惜牺牲资产阶级的利益；只要这个阶级同生产力的发展相矛盾,李嘉图就会毫不顾忌地加以反对。即使劳动生产力的发展使现有的工业资产阶级的固定资本贬值一半,李嘉图也会因为人类劳动生产率提高了一倍而表示欢迎。马克思对此指出:"如果说李嘉图的观点整个说来符合工业资产阶级的利益,这只是因为工业资产阶级的利益符合生产的利益,或者说,符合人类劳动生产率发展的利益,并且以此为限。"[1] 在马克思看来,李嘉图这种"毫无顾忌"的态度,"不仅是科学上的诚实,而且从他的立场来说也是科学上的必要"[2]。马克思这里所谓的"科学上的诚实",也就是说李嘉图是从促进整个社会生产力的发展和社会财富的增长出发而对各个阶级都采取实事求是的科学态度;而所谓的"科学上的必要",也就是指李嘉图作为同社会发展方向相一致的新兴资产阶级的代表,在面对社会生产力的发展和社会财富的增长时,他必须或有必要采取实事求是的科学态度。马克思对此还将李嘉图同感伤主义的西斯蒙第进行了对比:李嘉图能够为了发展人类的生产力、增加资产阶级的财富而不惜牺牲一些阶级和个人的利益,可是西斯蒙第却为了保证"个人的福利",也就是小资产阶级的福利而不惜使全人类的发展受到阻碍。二者相较,是非曲直是不言而喻的。我们也可以对比一下马克思此时与在巴黎笔记时期对李嘉图的这种"科学上的诚实"的两种截然不同的态度:巴黎笔记时期马克思还是从人性的角度批判李嘉图的抽象忽

---

[1]《马克思恩格斯全集》第34卷,人民出版社2008年版,第128页。
[2]《马克思恩格斯全集》第34卷,人民出版社2008年版,第127页。

视了"千百万人是否因此而破产",是一种把人抽象掉的"无耻的"诡辩;但是,此时的马克思已经认识到了李嘉图的这种抽象是"客观的""科学的",是"斯多葛精神",他认为,"对李嘉图来说,他把无产者看成同机器、役畜或商品一样,却没有任何卑鄙之处,因为无产者只有当作机器或役畜,才促进'生产'"[1]。当然,马克思这里的"肯定"是客观地从李嘉图同小资产阶级经济学家相比较的角度上说的,但如果站在无产阶级的立场上来看,李嘉图毕竟代表着资产阶级的根本利益,在他眼中"无产者在资产阶级生产中实际上只是商品"[2]而已。马克思此时之所以能够客观科学地评判李嘉图的抽象方法和科学态度,就在于他对李嘉图经济学的理解已经不再是从"人性"的角度出发去简单地拒斥其非人性的特征,而已经是基于唯物主义历史发生学的社会生产关系视角,深入资本主义的内在矛盾之中去客观而全面地审视其理论内在的科学性。

---

1 《马克思恩格斯全集》第34卷,人民出版社2008年版,第129页。
2 《马克思恩格斯全集》第34卷,人民出版社2008年版,第129页。

结束语　李嘉图对马克思为何重要？

　　纵然我们不能说，没有李嘉图就没有马克思，也不能说只因有了李嘉图才有了马克思，但是，李嘉图对于马克思的重要性是我们在解读马克思历史唯物主义理论的深层内涵时必然无法忽视的。对李嘉图与马克思之间学术关系进行系统的梳理也并不是将马克思的政治经济学批判完全地还原到纯粹的经济学层面，而是基于历史发生学的视角，通过对马克思哲学思想发展史上与李嘉图经济学有关系的各个细节进行深入的研究，从马克思对李嘉图经济学从拒斥到接受，再到批判，直至超越乃至扬弃的认知过程中系统地考察李嘉图经济学理论对马克思哲学思想发展的重要影响。

　　如果从研究对象上来看，马克思同李嘉图都是以最典型的资本主义社会状态作为理论出发点的，这就意味着李嘉图的经济学理论中所反映出的社会历史现实能够为马克思提供一个更加深入和具体的参照系。同样作为英国古典政治经济学的优秀代表，斯密就无法像李嘉图那样在其理论中展开一条关注资本主义现实的内在矛盾的分析思路。因为，斯密的时代要比李嘉图早半个世纪，正是经历了这近半个世纪的发展，资本主义生产方式从工场手工业的初级阶段发展到了大工业生产阶段。当历史发展到了李嘉图的时代,不仅社会生产力得到了极大的发展,同时资本主义的矛盾也逐渐地凸显出来,这就使得李嘉图能够看到在表面的人与人之间的自主交换关系背后存在着的内在矛盾,也就是阶级对立关系。这正是李嘉图经济学理论的深刻之处,他不仅敏锐地发现了真正意义上的阶级概念,而且意识到了阶级斗争的存在。所以说,倘若马克思只是停留在斯密的经济学视域中,他的哲学思路是得不到反思的机会和进一步深化的动力的,从而根本无法对社会历史过程作出真实的科学分析。在古典政治经济学中,只有李嘉图为马克思提供了一条对资本主义社会现实的内在矛盾的分析思路,在此基础上,马克思的思路中才生发出一条立足于客观经济现实的批判逻辑,而历史唯物主义也正是在这一逻辑思路之上才逐渐产生和形成的。也就是说,马克思何时能够真正进入李嘉图的经济学视域,他何时才会开始反思自己原有的哲学思路,从而最终进入历史唯物主义的哲学境域。而这与他在经济学维度对李嘉图经济学理论的认知水平是紧密相连、相辅相成的。

作为英国古典政治经济学的集大成者,李嘉图在继承和发展了斯密的价值学说的基础上将劳动价值论推向了资产阶级政治经济学理论的顶峰。他的最重要的科学功绩就在于一贯地和彻底地坚持了劳动价值论,在这个问题上,李嘉图比斯密要彻底得多。因为斯密一方面认为价值决定于生产商品所必要的劳动量,而同时又认为价值取决于商品所能买到和支配的劳动量。李嘉图严肃地指出了斯密在劳动价值论问题上的混乱,明确地区分了决定价值的劳动和劳动的价值所表达的性质不同的两种涵义,从而否定了斯密把劳动的价值作为价值尺度的作法,也就是说不能把商品所能购买到和支配的劳动量作为衡量其他一切商品的价值尺度。李嘉图认为,资产阶级社会中的任何商品的价值或这个商品所能交换的任何其他商品的量都取决于生产这个商品所必要的劳动量。李嘉图在劳动价值论问题上的彻底性使其达到了古典政治经济学理论的最高水平，而这正是马克思政治经济学批判的真实起点。当然，如同马克思并不是天生的马克思主义者一样，他也不是天生的劳动价值论者。当马克思在1843年初涉政治经济学时，他所面对的是一个已经存在着的经济学理论体系，必须要去接受这样一种经济学发展现实，然而他也不可能一开始就直接把握住它的最高水平。所以我们看到，马克思在对李嘉图经济学的认识上是经历了一个复杂而漫长的理解过程的：从四十年代初的《巴黎笔记》和《1844年手稿》中对李嘉图经济学的简单拒斥及对其劳动价值论的直接否定，到《神圣家族》《评李斯特》和《德意志意识形态》中对劳动价值论解读视角的逐步转换，再到《哲学的贫困》中直接站在劳动价值论的立场上对李嘉图经济学的完全肯定，直到《伦敦笔记》中第一次在经济学维度对李嘉图经济学理论进行了正面批判，并在《1857—1858年手稿》中从剩余价值的角度实现了对李嘉图劳动价值论的理论超越，从而最终在《资本论》中对李嘉图经济进行了全面地审视和彻底地扬弃。这一过程与马克思历史唯物主义的生成和发展始终是辩证统一的。

因此，在这里我必须要强调的就是，考察李嘉图与马克思之间的学术关系并不是要把这条线索孤立出来，也不是纯粹从经济学维度去诠释这条线索，而恰恰是要在历史发生学的意义上系统地考察李嘉图经济学理论对马克思哲学思想发展的重要影响，从而全面地把握马克思哲学思想发展的逻辑进程，对其历史唯物主义理论的深层内涵作出新的阐释。

附 录

一、马克思劳动价值论的革命变革及其当代意义

当代资本主义的新变化涉及很多领域,但劳动过程显然是最基础的领域之一。非物质劳动概念的提出就是对这一领域新变化的清晰界定。一些当代西方学者便直接据此宣告马克思的劳动价值论已经过时。尽管国内学界对这一思潮进行了许多正面回应,但仍需从历史发生学意义上去有效地澄清马克思劳动价值论的革命意义及其与非物质劳动之间的关系。否则,我们将无法准确地理解马克思劳动价值论的当代意义。

(一)马克思劳动价值论的形成过程

纵观马克思的理论研究历程,从 1843 年 10 月他第一次接触政治经济学开始,直至其生命的终结,政治经济学始终是马克思进行科学研究的主要方向。可以说,马克思在哲学思想上的每一次进展或重大突破都与他批判地吸收资产阶级政治经济学的研究成果是分不开的。对于马克思来说,他的经济学理论水平和哲学历

史观的成熟程度是一个双向的建构过程。以客观的历史语境和思想史的发展为坐标，可以发现，马克思的劳动价值论在根本上是对古典政治经济学关于劳动价值论问题的双重扬弃，有其内在的深层逻辑运演，经历了一个复杂而漫长的发展过程。

第一阶段，1844年前后的"巴黎时期"是马克思开始第一次政治经济学研究的阶段。从青年马克思在巴黎时期的总体研究思路来看，他是站在无产阶级的政治立场上，以人本主义的哲学逻辑根本否定资产阶级政治经济学，并从抽象的人性角度对其进行价值评判。这种抽象人本主义的方法论严重限制了马克思对古典政治经济学中哲学价值的有效吸收，致使其理论水平滞后于同时期的英国社会主义经济学家（如霍吉斯金、布雷等）。在此阶段，由古典政治经济学所开创的劳动价值论并未真正影响马克思。

第二阶段，1845—1846年是马克思对劳动价值论解读视角的逐步转换时期。在《1844年经济学哲学手稿》之后，马克思的理论思路中开始表现为人性论和劳动价值论的僵硬对接。首先以《神圣家族》为例，马克思在这一文本中的主导理论逻辑仍然是抽象的人本主义，但是对劳动价值论的理解已经不再是巴黎时期的简单拒斥，而逐渐使用劳动价值论的话语表述。这条关于劳动价值论线索的引进对于马克思从人本主义逻辑转向唯物史观逻辑产生了重要影响，不过马克思此时的"劳动价值论"并非李嘉图意义上的劳动价值论，而是在现实矛盾关系的线索之外，立足于抽象的对象化劳动的层面的人本主义阐述。在《评弗里德里希·李斯特的著作〈政治经济学的国民体系〉》中，马克思的理论逻辑仍然呈现出僵硬的话语对接，这一点在他对交换价值的理解上可以明显看出。此时马克思对"交换价值"的理解不同于古典政治经济学中的客观的交换价值，还是立足于应有的能够满足人的需要的角度，而且在分析"交换价值"时还只是关注于物与物之间的交换关系,没有进入对劳动与资本之间的交换关系的理论视域。因此,这一阶段的马克思还不可能深刻把握资本主义生产关系的本质。不过,尽管此时的马克思对劳动价值论的理解仍然是从抽象的人性出发,但是随着对资产阶级社会经济现实的逐步分析,他已经认识到客观发展的工业本身存在的否定资产阶级社会的革命力量。对劳动价值论理解的滞后并未阻止马克思在客观现实逻辑上的进一步发展。经过《关于费尔巴哈的提纲》中哲学话语的根本转换,马克思和恩格斯在《德意志意识形态》中已经转到了历史唯物主义的立场,从而为科学地解读李嘉图经济学提供了重要的哲学前提。但在经济学上马克思此时仍然徘徊在斯密的理论视域。无法正确地区分开斯密和李嘉图的经济学视域,也就无法从李嘉图大工业生产的资本主义生产方式中抽象出社会历史发展的本质和规律。因此,马克思在这一时期还没有建构起真正科学的政治经济学批判理论,并且历史唯物主义本身的历史确证也难以深入下去。

第三阶段,1847—1849年,马克思在已经建立起来的历史唯物主义视域下开始有意识地借助古典政治经济学构建自己的政治经济学批判。这一时期,马克思基本上是以李嘉图劳动价值论作为自己政治经济学批判的基点。1847年,针对蒲鲁东的小资产阶级思想马克思撰写并发表了《哲学的贫困》,这是他公开发表的第一部经济学著作,也是他把历史唯物主义运用于经济学研究的结果。在这本著作中,马克思在经济学上完全从李嘉图劳动价值论的观点出发,对蒲鲁东的经济学观点进行了彻底地批判。正是马克思此时对李嘉图经济学理解上的推进,使得他在对社会关系概念的认识上也更加深入,从而放弃了一般性的人与人之间关系的理论层面,开始专注于对现实社会生产关系的研究。但是,对李嘉图经济学无批判的接受和运用,也使得马克思无法认清李嘉图学说的局限性,导致他在具体经济观点上还不能区分开劳动商品和劳动力商品的概念,因而也不可能得出剩余价值理论。这就意味着马克思在《哲学的贫困》中还无法超越李嘉图的劳动价值论,也无法对资产阶级生产方式作出科学的把握。同时,李嘉图在社会关系问题上的思路局限也在很大程度上影响着马克思,因为从李嘉图所立足的工人与资本家之间的分配关系的基础出发,马克思是不可能真正理解资产阶级社会的内在矛盾的,他只有深入对生产关系领域中的不平等现象的分析,才能找到资产阶级社会必然灭亡的内在矛盾根源。不过说到底,《哲学的贫困》还是分别在哲学和经济学的两条线索上展开的思路。而真正将历史唯物主义有机地深化到经济学研究中的就是1849年以社论形式公开发表的一组演讲稿——《雇佣劳动与资本》。在这一文本中,马克思第一次正面系统地阐述了自己的经济学思想,并且也是第一次真正地在经济学上对资产阶级社会进行了批判。马克思通过在李嘉图劳动价值论的基础上对雇佣劳动与资本之间的对抗性关系的具体的、历史的分析,获得了经济学和哲学双重维度上的推进。但也正由于马克思在经济学理论研究方面很大程度上仍然是参照李嘉图的学说,因此也受到这一理论范式的制约。在没有准确地得出剩余价值理论之前,马克思还不可能从根本上说清楚资产阶级社会中剥削关系发生的内在过程。这一时期,在整体范式上,尽管马克思正面接受了古典政治经济学劳动价值论并实现了社会历史观上的初步扬弃,但并未真正克服古典政治经济学劳动价值论的内在缺陷。

第四阶段,1850—1858年,马克思随着研究的深入,在一些基本问题上已经获得重大进展,开始逐渐实现对古典政治经济学劳动价值论的超越。这一时期，马克思的主要研究成果是《伦敦笔记》和《1857—1858年经济学手稿》。1850年，马克思开始第三次经济学研究时在《伦敦笔记》中再次对李嘉图的《政治经济学及赋税原理》进行了详细的摘录与评注，并在货币数量论、级差地租理论和价值理论三个维度获得了重要理论认识。《伦敦笔记》时期的经济学理论研究和探索，以及之后在1857年爆发的以金融货币危机为特征的经济危机，促使马克思对资本主义条件下的货币制度及其与资本主义生产过程之间的关系进行了更加深入地剖析。《1857—1858年经济学手稿》就是这一深入剖析的重要理论成果。在此手稿之前，马克思还写有一个《导言》，第一次探讨了研究政治经济学的方法问题，提出了从抽象上升到具体的解读资本主义生产过程的方法论，从而为他批判李嘉图的经济学理论提供了科学的方法论基础。在手稿正文的"货币章"中，马克思通过批判蒲鲁东主义者的货币观点逐渐引入了商品价值的分析，奠定了自己的价值理论的基础，发现了资产阶级社会中的劳动二重性，建立起了科学的完备的劳动价值理论，并以此为基础科学地论证了商品的二重性，以及商品转化为货币的必然性。基于商品和劳动的二重性理论，马克思在"资本章"中解决了他研究的中心问题：资本主义剥削的本质和机制。"劳动力商品"这一特殊范畴的发现，使得马克思区分了资本家与雇佣工人之间的市场交换和在生产过程中资本占有活劳动所实现的价值保存和增殖过程，从而为理解资本主义生产的内在过程，也就是剩余价值理论的最终形成奠定了重要的理论基础。

第五阶段，1859年之后，马克思劳动价值论不断完善和成熟，并基于已经发现了的"劳动二重性"理论对古典政治经济学劳动价值论的内在缺陷展开全面批判。可以看到，当马克思能够客观、科学地对古典政治经济学劳动价值论进行真正意义上的扬弃的时候,也就表明他自己的经济学理论体系已经构建完成。马克思在《资本论》中批判地指出:"古典政治经济学在任何地方也没有明确地和十分有意识地把表现为价值的劳动同表现为产品使用价值的劳动区分开"。[1] 因此,不研究决定价值的劳动的形式,即"作为创造交换价值或表现为交换价值的劳动的特殊规定"[2]以及这种劳动的性质,就表明古典政治经济学是把劳动创造价值、形成价值、表现为价值当成了自然而然的事情,因而才没有进一步地去研究劳动究竟是在什么条件下形成价值,为什么形成价值,以及它又是怎样形成价值的。古典政治经济学家只是着眼于价值量,而根本忽略了对价值的性质的研究,从而在对"价值"范畴的使用上非常混乱。马克思批判道,这是"把各种[不同的]'价值'规定混淆起来了","完全不是从形式方面,从劳动作为价值实体所采取的一定形式方面来研究价值,而只是研究价值量,就是说,研究造成商品价值量差别的这种抽象一般的、并在这种形式上是社会的劳动的量"[3]。这是十分自然的,因为从本质上来说,价值并不能从自身直接地表现出来,它是一种社会生产关系,必须通过一种外在的形式才能间接地得到反映,也就是价值形式。所以说,既然不懂得价值本质,也就不可能懂得价值形式,更不可能懂得价值形式是从价值本质中产生的必不可少的形式这样一种关系存在。即便在古典政治经济学集大成者的李嘉图那里,价值形式是无关紧要、可有可无的,他始终都没有提出和建立起关于价值形式的理论。在政治经济学史上,这一任务是由马克思最终完成的。那么,不研究价

---

[1] 《马克思恩格斯全集》第44卷,人民出版社2001年版,第98页。
[2] 《马克思恩格斯全集》第34卷,人民出版社2008年版,第181页。
[3] 《马克思恩格斯全集》第34卷,人民出版社2008年版,第190—191页。

形式,自然也就难以正确地区分出价值和交换价值的关系,从而在价值和生产价格之间的关系上也产生混淆。而价值和生产价格问题正是导致古典政治经济学劳动价值论缺陷的矛盾之一。拯救和重新建立起科学劳动价值论的任务最终是由马克思完成的,基于劳动二重性理论,马克思从"抽象"层面的货币上升到了资本主义生产关系层面上的"具体"的资本,从而揭示了财富的真正源泉,科学地阐明了资本主义剥削的本质和机制问题。

(二) 马克思劳动价值论的革命变革

对于马克思而言,经济学思想上的研究推进与社会历史理论上的建构之间有着千丝万缕的紧密联系,他的经济学体系的成熟与在哲学方法论上的发现是同步实现的。马克思劳动价值论形成的革命意义从根本上说是实现了一种方法论的革命,它将基于"历史发生学"之上的"现实的、矛盾着的抽象"推进到了更为科学的层次,从而彻底扬弃了古典政治经济学的经验主义和黑格尔的思辨抽象方法。正是由于方法论上的革命,马克思才能够在科学的劳动价值论的基础上,实现从价值到货币再到资本逻辑的转变,继而创立剩余价值理论。没有这一方法论的支撑,马克思不可能实现对资本主义内在矛盾的解剖,不可能实现对资本主义政治—经济的双重批判。

在马克思看来,关于政治经济学的研究方法有这样两种:第一种研究方法的理论逻辑是从具体到抽象。按照马克思的说法,这种研究方法"从实在和具体开始,从现实的前提开始"[1],然后得到

---

[1] 《马克思恩格斯全集》第 30 卷,人民出版社 1998 年版,第 41 页。

"关于整体的一个混沌的表象,并且通过更切近的规定我就会在分析中达到越来越简单的概念;从表象中的具体达到越来越稀薄的抽象,直到我达到一些最简单的规定"[1]。比如,古典政治经济学家李嘉图的经济学就是在这种研究方法中建构起来的,他通过资本主义社会里那些"表象中的具体"最终达到了价值这一最简单的规定。这当然比那些从观念和意识出发的唯心主义理论思路要略好一些,但"更仔细地考察起来,这是错误的"[2]。因为,在马克思看来,当我们解读具体的时候,如果直接从这种表象中的具体出发,那么实际上就是把具体当成了非历史性的、经验表象层面上的具体,而撇开了构成这些具体的历史规定性。这也就意味着把具体这种"物"仅仅当作"物"来看待,就会像李嘉图一样,尽管最终达到了最简单的价值规定,却仍然无法真正科学地解读出具体的各种规定性之间的内在关系,最后只好把劳动价值论当作一种标尺去对照现实的规定性,找出与其不一致之处。这种方法中存在的一个最根本的问题就是,即使在认识中加入了一些与经验主义方法论不完全一致的抽象方法,但由于无法从根本上超越经验主义方法论,因此,它在本质上仍然受其影响而只能达到对某个具体对象或规定的经验表象层面的认识。我们看到,资产阶级经济学家在这里就此止步了,斯密和李嘉图就把抽象的"猎人和渔夫"当作他们的出发点,而事实上这无法真正超越经验主义方法论的束缚以达到经济学研究中的辩证法的水平。以马克思的看法,这不是对具体的科学研究方法,还要接着走第二步。

那就是被马克思称为"科学上正确的方法"的第二种研究方

---

1 《马克思恩格斯全集》第30卷,人民出版社1998年版,第41页。
2 《马克思恩格斯全集》第30卷,人民出版社1998年版,第41页。

法,即从抽象到具体的理论逻辑。按照马克思的理解,"具体之所以具体,因为它是许多规定的综合,因而是多样性的统一。因此它在思维中表现为综合的过程,表现为结果,而不是表现为起点,虽然它是现实的起点,因而也是直观和表象的起点"[1]。也就是说,我们在理解具体的时候要把它看成是一段历史发展过程的结果,既然是存在于历史过程中的具体,也就必然都是许多规定性和多样性的综合了。这就与李嘉图的那种把具体当作表象的具体,把抽象当作从这些具体中寻找出来的共同点的思路完全不同,因为,李嘉图的思路就决定了他最终得到的抽象必然不是一个矛盾着的东西,例如他提出的交换价值量范畴。而从这种直接的或者说是无矛盾的东西出发,也就意味着李嘉图最终只能是沿着把抽象与具体直接对质的方法论线索走下去,而不可能像马克思一样进入从抽象上升到具体的方法论线索之中。在马克思看来,具体是一种在思维中再现出来的思维具体或理论具体,"具体总体作为思想总体、作为思想具体,事实上是思维的、理解的产物;但是,决不是处于直观和表象之外或驾于其上而思维着的、自我产生着的概念的产物,而是把直观和表象加工成概念这一过程的产物"[2]。也就是说,马克思所谓的具体所展现出来的就不是事物的表象性的内容,而是事物在本质层面上所具有的丰富的有机联系,因为,生动的具体是不可能成为思维和理解的起点的,它恰恰是思维首先需要进行分解的混沌的表象。而他所谓的抽象就是由具体发展出来的一种简单的基础,生动的具体只有经过了思维的蒸发成为抽象规定之后,才能作为理论地把握对象的真正出发点。由此可见,马

---

1 《马克思恩格斯全集》第 30 卷,人民出版社 1998 年版,第 42 页。
2 《马克思恩格斯全集》第 30 卷,人民出版社 1998 年版,第 42 页。

克思从这种思路中获得的关于抽象的认识必定与李嘉图得出的那种无矛盾性的直接的抽象是截然不同的。马克思所展开的是一条辩证逻辑的思路,他得出的必然是一种内含着矛盾的东西,只有从这种具有矛盾性的抽象出发,才能够最终获得关于具有复杂矛盾性关系的"具体"的分析。因此,我们看到,在处理抽象与具体之间的关系时,马克思受这种辩证的思路决定就使得他必然采用一种与即使是像李嘉图这样的资产阶级古典经济学的最高代表也不同的新的方法论。也就是说,马克思不可能像李嘉图那样从各种表象具体中得出最简单的关于价值的抽象规定,然后把劳动价值论当作一种标尺去对照现实的规定性,找出与其不一致之处。马克思是从矛盾着的抽象出发去解读出具体的各种规定性之间的内在联系,即奠基在"历史发生学"之上的从抽象上升到具体的过程,从而实现了对古典政治经济学的经验主义方法论的彻底扬弃。

但是,初看马克思在这里的表述使人有一种明显的印象,就是它同黑格尔对观念逻辑运动的描述很相似。1858年1月,当马克思已经完成《1857—1858年手稿》的最大部分时,他在给恩格斯的一封信中也曾经直接提到,自己在1857年的时候完全由于偶然的机会,把黑格尔的《逻辑学》又浏览了一遍,这在"材料加工的方法"[1]上帮了他很大的忙。但其实二者有着本质的区别,马克思自己也作出了明确地区分,他说:"从抽象上升到具体的方法,只是思维用来掌握具体并把它当作一个精神上的具体再现出来的公式。但决不是具体本身的产生过程",这与"黑格尔陷入幻觉,把实在理解为自我综合、自我深化和自我运动的思维的结果"[2]是截然不同的。

---

[1] 《马克思恩格斯全集》第29卷,人民出版社1972年版,第250页。
[2] 《马克思恩格斯全集》第30卷,人民出版社1998年版,第42页。

马克思在阐述这个从抽象上升到具体的科学上正确的、唯物辩证的方法时,特别注意对研究的对象持逻辑的和历史的态度这个问题。他指出,必须逻辑一贯地考察经济范畴,并考虑到它们在一定的经济结构中的作用。然而经济范畴不仅表现为认识的枢纽和手段,而且表现为社会历史发展的产物;因而逻辑分析不能是同真实的过程相脱离的一种任意的、纯思维的结构。科学的抽象在马克思的理论中是同作为它的前提的具体的现实不可分离地结合在一起的,例如"比较简单的范畴可以表现一个比较不发展的整体的处于支配地位的关系或者一个比较发展的整体的从属关系,这些关系在整体向着以一个比较具体的范畴表现出来的方面发展之前,在历史上已经存在"[1]。因此,马克思认为只有通过这种从抽象到具体的方法,才能解释清楚"具体"所具有的特定的历史规定性。像劳动这样一个非常简单的范畴,在其一般性上的表象也是"古老的",但是,"在经济学上从这种简单性上来把握的'劳动',和产生这个简单抽象的那些关系一样,是现代的范畴"[2]。因为,劳动在奴隶制条件下、封建制条件下以及资本主义条件下是有着根本区别的。马克思指出,"最一般的抽象总只是产生在最丰富的具体发展的场合"[3],如"劳动"这个"适用于一切社会形式的关系的最简单的抽象,只有作为最现代的社会的范畴,才在这种抽象中表现为实际上真实的东西"[4]。也就是说,按照马克思的理解,在研究资本主义条件下的劳动这一具体的对象时,运用从抽象上升到具体的方法就可以使我们从历史发展的视角清楚地辨析出资本主

---

1 《马克思恩格斯全集》第30卷,人民出版社1998年版,第43—44页。
2 《马克思恩格斯全集》第30卷,人民出版社1998年版,第44页。
3 《马克思恩格斯全集》第30卷,人民出版社1998年版,第45页。
4 《马克思恩格斯全集》第30卷,人民出版社1998年版,第46页。

义条件下的劳动所具有的特殊性质,也就是由它的多重规定性所构成的独特本性。这样,通过运用从抽象上升到具体的方法逐渐地把劳动成为资本主义条件下最抽象的形式的各种条件展露出来,资本主义社会的各种历史规定性也就逐渐地凸显出来。从历史过程的认识角度看,从抽象上升到具体的方法显然是在历史唯物主义方法论基础上的具体的发展,从而彻底斩断了黑格尔的思辨抽象方法,将"现实的抽象"推进到了更为科学的层次。

(三)马克思劳动价值论的当代意义

马克思的劳动价值论一直受到一些西方学者的质疑和攻击,特别是面对当代资本主义在诸多领域的新变化,他们甚至直接宣告马克思的劳动价值论已经过时。其实,从劳动过程和生产过程层面的变化及其社会历史发展影响的角度研究西方资本主义国家自20世纪70年代中叶以来的新变化问题,学界已进行了不少这方面的工作。有学者基于后工业社会中劳动岗位、劳动类型以及劳动特征等方面呈现出不同转变展开研究[1],有学者基于网络社会的崛起对"劳动过程中劳动的个性化"[2]问题进行了研究,等等。但是,这些学者的共同特点是大都在劳动过程之外的另一个理论框架中去讨论劳动的变化问题,这就导致,由于他们对劳动和生产的社会范式的内容研究不足,从而囿于描述劳动在经验现象层面的新变化,难以很好地说明当代资本主义的劳动过程本身到底发

---

[1] [美]丹尼尔·贝尔:《后工业社会》,彭强编译,科学普及出版社1985年版,第37—49页。
[2] [美]曼纽尔·卡斯特:《网络社会的崛起》,夏铸久等译,社会科学文献出版社2001年版,第320页。

生了何种变化。[1] 而与此相较,美国学者麦克尔·哈特(Michael Hardt)和意大利学者安东尼奥·奈格里(Antonio Negri)提出的非物质劳动概念则阐述了劳动特征的变化是如何基于劳动过程本身的变化而变化,以及这些变化又是如何在生命政治、危机、解放等社会维度发生效应,同时,非物质劳动问题的提出也成为当代西方学界对马克思劳动价值论的一个最直接的批判依据。

非物质劳动的概念由意大利学者莫利兹奥·拉扎拉托(Maurizio Lazzarato)最先提出,他作出的分析是,非物质劳动"这一概念被定义为生产商品信息和文化内容的劳动"[2]。但由于这一分析的模糊性,其在学界遭遇了较大的误解,哈特和奈格里就在《帝国》一书中明确指出拉扎拉托的定义遗漏了一个重要的部分,就是"生产和操纵情感的劳动"。他们认为,在马克思生活的时代,资本主义的劳动过程体现为脑力劳动和体力劳动的分离,因此他的研究重心是以体力劳动为代表的物质劳动,这同时也是其劳动价值论的核心基础。但是,20世纪70年代中叶以来,当代资本主义的劳动方式已经超越了马克思所处的时代,劳动过程和社会生活随着计算机、人工智能和信息技术的发展发生了翻天覆地的变化。在这种情况下,"非物质劳动"就取代了传统意义上的"体力劳动",这是在生产过程中形成的一种以智力和情感等为代表的、生产以信息和知识等为代表的非物质性商品的劳动范式。"它不只是在生产剩余价值,或者是在生产劳动产品,它是在生产一种社会形式,在生产一种价值体系,在生产一种社会经验的结构。"[3] 因

---

[1] 唐正东:《当代资本主义新变化的批判性解读》,经济科学出版社2016年版,第1页。
[2] 许纪霖主编:《帝国、都市与现代性》,江苏人民出版社2006年版,第139页。
[3] 许纪霖主编:《帝国、都市与现代性》,江苏人民出版社2006年版,第61页。

此,在当代资本主义的劳动过程中,非物质劳动霸权的确立宣告了马克思劳动价值论的破产。

那么,非物质劳动是否能够证伪马克思的劳动价值论?如何准确理解非物质劳动与马克思劳动价值论的关系问题?这对于我们能否把握当代资本主义劳动范式的转型,以及对这种非物质劳动的解放功能在社会历史效应上的价值解读具有重要意义。

从解读思路上看,哈特和奈格里是从主体政治维度去考察劳动过程,而马克思是从历史发生学的思路去考察资本主义劳动过程或生产过程,这一解读思路体现的恰恰是从抽象上升到具体的方法论下特定社会形式中的具体劳动过程的特殊性质。劳动过程解读思路的不同直接导致他们在社会关系问题上与马克思的差异,哈特和奈格里认为,在非物质劳动条件下资本已经外在于劳动过程,因此,可以无视资本家与劳动者之间这样一种关系,只需考察劳动者与劳动者之间的社会关系。但是,倘若站在历史唯物主义的解读线索上,我们知道,对于"关系"这一概念的解读是有着其内在的社会历史规定性的,其背后隐藏着的是特定历史阶段的关系本质;那么只是基于主体政治维度去考察劳动过程中的"关系",看到的只能是现象层面的社会关系,而无法清楚地把握住当代资本主义社会关系中的劳资关系内涵。

从理论逻辑运演上看,哈特和奈格里的根本问题在于没有理解马克思的劳动二重性理论以及作为价值增值过程的资本主义生产过程本身。我们知道,马克思首先分析的是商品这个资本主义生产方式中的财富的基本形式。因为商品中孕育着资本主义社会一切矛盾的萌芽,所以他的分析是从商品的内在矛盾开始的。马克思指出了商品一方面具有使用价值,另一方面又具有价值这一矛盾,由此发现了商品的两重性即使用价值同交换价值的对立统一。而商品的使用价值是由具体劳动创造的,交换价值则是由抽象劳动创造的,马克思在商品两重性的基础上又发现了生产商品的劳动也具有同样的内在矛盾,即具体劳动和抽象劳动的对立统一。从商品的两重性到生产商品的劳动的两重性,我们看到了矛盾的不断深化和展开,这首先成为了科学地说明资本主义生产方式的一切矛盾的出发点,并且一步步地深入资本主义社会生产的核心矛盾。所以,事实上哈特和奈格里混淆了具体劳动和抽象劳动,并且把非物质劳动视为一种无差别的抽象劳动,认为它可以直接成为价值的源泉。从这一点上看,他们二人对非物质劳动这一概念的逻辑分析本身就存在着很大的问题。

综上所述,非物质劳动的发展并不能直接否认马克思劳动价值论的有效性。当全球化进程在 20 世纪 70 年代之后呈现出新的特征时,我们要更加清晰地意识到,不管当代资本主义劳动过程在物质形式、技术形式等方面发生了哪些变化,但其社会形式(马克思历史唯物主义意义上的)仍然是资本主义的。把握住这一点,我们就不仅能够准确地凸显马克思劳动价值论的当代价值,而且也能够使我们冷静地面对当代西方学者所提出的诸多"时髦概念",准确地认识到其中所内含的理论局限性,而不至于无批判地使用它们,由此陷入某种既定的意识形态之中。

二、试析望月清司对马克思"共同体"和"社会"概念的解读

望月清司[1]（以下简称望月）在其代表作《马克思历史理论的研究》一书中，以历史学的研究方式力图把早期马克思的哲学研究与《政治经济学批判大纲》（以下简称《大纲》）中的经济学研究结合起来，对马克思的历史理论进行重新解读。而望月的研究进路是以历史学和文献学的分析方法来解读马克思的著作，从马克思的思想发展脉络来论证他自己的观点。在望月看来，马克思的关于人类历史发展进程的理论不过是对以资本主义为核心的"历史认识"，是一个对资本主义的产生、发展和灭亡的历史证明，是一个"本源共同体"如何过渡到"市民社会"之后再如何趋向于"未来共同体"（社会主义）的历史发展史。并且，望月认为，马克思的"共同体"和"社会"这两个概念的性质是一样的，只是集结方式存在差异。本文就试图从此入手，对望月有关马克思的"共同体"和"社会"概念的解读展开分析。

（一）无中介的社会结构——"共同体"（Gemeinschaft）

从概念的界定上看，望月认为，"所谓的共同体是指人与人之

---

[1] 望月清司（Mochizuki Seiji, 1929— ），出生于日本东京，1951年入读日本专修大学商学部经济学科，1956年就任同大学商学部助手，1969年晋升为该大学经济学部教授。1975年获得专修大学经济学博士，并从1989年开始连任专修大学校长9年，直至退休为止。他是日本战后马克思主义研究的代表人物。转引自《马克思历史理论的研究》，韩立新译，北京师范大学出版社2009年版，译者解说第2页。

间的交往无需中介的社会"[1],在"共同体"中,物物交换表现为直接的联系。在他看来,按照马克思的用法,直接的、无中介(unmittel-bar)的社会即为共同体,因此,"没有异化的市民社会＝人的社会＝共同体"[2]。其实,望月的真正目的是想说明:"共同体"在人类社会发展中具有一种"历史贯通性"。

望月认为,"共同体—市民社会—社会主义是人的共同体经过重叠进化而积累起来的历史"[3]。在他看来,马克思在《大纲》中对"共同体"(Gemeinschaft)概念的阐释,事实上是将其理解为"抽象掉私人所有以后所有和生产的结合方式"[4]。因此,从望月对马克思历史理论的整个构架来看,只需要说明市民社会和社会主义也是由共同体进化而来的就可以解释"共同体的历史贯通性"了。

在望月看来,在人类历史发展的早期阶段,共同体只能表象为"本源共同体",这一时期的个体劳动和人与人之间的交往都是直接的。但是,随着私有制的出现,这个促使共同体发生变化的共同体内部的分工和交往体系却披上了"私人所有"的外衣[5],成为一种普遍的社会关系。而这并不意味着共同体的彻底瓦解和消失。因为,尽管那种以"自然形成的、部落的或者血缘共同体为形式规定的"本源共同体瓦解了,但是,在本源共同体中,那种体现着人类共同体特征的"没有货币"的共同劳动并未消亡,它们只不过"通过

1　[日]望月清司:《马克思历史理论的研究》,韩立新译,北京师范大学出版社 2009 年版,第 16 页。
2　[日]望月清司:《马克思历史理论的研究》,韩立新译,北京师范大学出版社 2009 年版,第 217 页。
3　[日]望月清司:《马克思历史理论的研究》,韩立新译,北京师范大学出版社 2009 年版,第 501 页。
4　[日]望月清司:《马克思历史理论的研究》,韩立新译,北京师范大学出版社 2009 年版,第 501 页。
5　[日]望月清司:《马克思历史理论的研究》,韩立新译,北京师范大学出版社 2009 年版,第 220 页。

以商品生产为基础的私人劳动转变为商品＝货币层面上异化了的社会劳动……这一阶段，在全面转化为剩余价值生产之后，在劳动过程中又重新获得了共同劳动这一人类的结合形式"[1]。也就是说，望月认为，即使由于私有制的产生形成了以分工和交换为目的的"市民社会"以及市民社会的转变形态——资本家社会，作为人的"本质"形态，即"共同存在性"的共同劳动也没有消失，"它仍然以分工和协作这样一种'集合力'的形式顽强地表现着自己，只不过在资本主义条件下，它采取了一种与人的本质力量相异化的形式而已"[2]。这样，望月认为，在此意义上，与共同体相区别的市民社会也只能是一个共同体（Gemeinwesen）——人的"共同存在性"意义上的。

按此逻辑，在望月看来，社会主义即未来"自由人的联合体"就必定是从私有制的异化结构中解放出来，将人与人之间的间接的、异化了的关系再回归于直接的、无中介的分工和协作关系，同时又继承了社会结构的"共同体"（Gemeinwesen）[3]。而同时它也只有在继承了大工业中的人类"共同劳动"成果的基础之上，才能成为"更高层次的共同体"。望月指出，在新共同体中，劳动不是在资本家生产方式下表现出来的那种抽象的人的劳动，而是回归和再生为具体的人的＝社会的劳动。

1　[日]望月清司:《马克思历史理论的研究》，韩立新译，北京师范大学出版社2009年版，第221页。
2　[日]望月清司:《马克思历史理论的研究》，韩立新译，北京师范大学出版社2009年版，第17页。
3　[日]望月清司:《马克思历史理论的研究》，韩立新译，北京师范大学出版社2009年版，第220页。

（二）借助于中介的共同体——"社会"（Gesellschaft）

"社会"（Gesellschaft）这一概念在望月看来是内含有"交往"之意的，这种"交往"并不是直接的物物交换关系，而只能是通过"中介"的力量才能实现的关系。因此，在望月那里，"社会"概念表达为人与人之间需要借助于中介的共同体。望月论证这一逻辑的思路是这样的：

他首先从语用学的角度对"社会"这一概念进行了确认（具体内容可参见望月清司《马克思历史理论的研究》第四章第一节），说明了马克思的"社会"与日语中日常使用的"社会"是有着明显差异的。因为，在望月看来，马克思历史理论中的"社会"是建立在"交往"基础之上，并内含"个体的交往"之意的。它至少应该由两个交涉者组成。由此，他指出在日语翻译马克思的"社会"一词时要加注片假名"ゲゼルシャフト"，否则就会失去"个体的交往"这一结构规定。

可见，望月对马克思"社会"概念的理解仍然是从他一贯强调的"交往"关系出发的，认为"社会"是由"交往"的异化和复归这种"否定之否定"的运动而形成的。在他看来，《詹姆斯·穆勒〈政治经济学原理〉一书摘要》（以下简称《穆勒评注》）中的"社会交往"概念就是"马克思固有的历史认识＝社会认识的关键概念"[1]。"与共同体概念不同，社会概念基本上是在社会分工—交往关系意义

---

[1] [日]望月清司：《马克思历史理论的研究》，韩立新译，北京师范大学出版社2009年版，第213页。

上被使用的。"[1]

那么,望月是如何解读马克思在《穆勒评注》中有关"社会"的"交往"之义的?

望月的逻辑是这样的,他认为马克思在《穆勒评注》中首先通过对国民经济学货币本质论的分析,揭示了"交换"规定"市民社会"的结构,并建立起"所有"和"货币"之间的直接的联系,从而发现了隐藏在国民经济学的货币规定现象背后的"类活动"。同时,揭示了类活动的本质是从劳动提升为社会的"生产"的概念。解读至此,望月引用了马克思在《1844年经济学哲学手稿》(以下简称《44年手稿》)中的一段文字:"不论是生产本身内部的人的活动的交换,还是人的产品的相互交换,都相当于类的活动和类的享受(Gattungsgenuß)。它们的现实的、有意识的、真正的存在是社会的(gesellschaftlich)活动和社会的享受。"[2]望月在这里坚定地认为,马克思这段话的目的就是要把"类活动"和"社会的活动"等同起来。在望月看来,马克思这时已经"从国民经济学视野下的'市民社会'概念的背后找到了属于自己的'社会'(Gesellschaft)概念"。而且,这个"社会"概念是包含着下面两层意思的:从内部层面来说,是指"生产本身内部的人的活动的交换",或者说是指劳动在劳动过程中的"互相补充";第二层意思是指人在社会规模上的产品的"互相补充"。这里使用的"互相补充"按照望月的解释就是《穆勒评注》中的"交往"概念。至此,我们已经看到,望月是如何通过对《穆勒评注》的解读而表达他的内含"交往"之义的"社会"

---

[1] [日]望月清司:《马克思历史理论的研究》,韩立新译,北京师范大学出版社2009年版,第215页。
[2] 转引自[日]望月清司:《马克思历史理论的研究》,韩立新译,北京师范大学出版社2009年版,第85页。

(Gesellschaft)概念的。

当然,这里需要重点强调的是,望月认为"社会"概念中的"交往"含义并不是指直接的物物交换,而是需要某种中介(交换手段)才能实现的相互交换。因此,望月认为,从这个意义上说,"马克思是把通过中介而形成的共同体(Gemeinwesen)的集合原理按其本意称作'社会'(Gesellschaft)。"[1]

(三) "共同体"与"社会"的逻辑关系

望月认为,"共同体"和"社会"作为马克思的历史理论中的两个关键概念应与社会学定式严格区分。因为,在马克思那里,"共同体和社会作为人的属人的=类的集结和统合原理,其性质是一样的。只不过前者的集结方式是直接的、没有中介的,而后者则要通过某种中介物,才能将没有人格接触的个人彼此联系起来。两者只是集结方式的差异"[2]。在之前对《穆勒评注》的解读中,望月也指出过,"共同体"(没有异化和中介的社会)和社会(异化了的共同体)是相当于"类"的共同体(Gemeinwesen)的两个结构种差[3]。

在望月看来,构成共同体集团基础的是自在的社会结合原理,因为在本源共同体中的人类个体,只要从事活动和进行产品交换,就会产生社会交往。而且,只要在这个共同体的内部,社会交往不以其自身的异化为中介,即不以货币(中介物)为中介,那么这个共

---

[1] [日]望月清司:《马克思历史理论的研究》,韩立新译,北京师范大学出版社 2009 年版,第 86 页。

[2] [日]望月清司:《马克思历史理论的研究》,韩立新译,北京师范大学出版社 2009 年版,第 218 页。

[3] [日]望月清司:《马克思历史理论的研究》,韩立新译,北京师范大学出版社 2009 年版,第 87 页。

同体在望月这里就是"直接的社会"。因此,"社会"要经过某种中介物才能建立起人与人之间的社会联系,它既指"作为共同体协作和分工关系异化形态的社会"——市民社会及其表现为高级形态的资本家社会,也可以指没有异化的"共同体"——未来共同体即"人的社会"。但在"共同体"和"社会"之间并不是分离或者是独立存在的关系。

望月认为,即使在本源共同体内部(共同体的早期形式),社会关系也可以以分工的形式存在,在这里分工相当于共同体内部交往。同样,在市民社会(私人所有)中,也存在着"协作＝分工关系",以及望月所说的"社会的物质代谢关系"[1];当然,要清楚的是,这些关系在市民社会中都被其私人所有基础上的异化特征遮蔽。但是,人类社会历史的发展还需要一个扬弃市民社会异化的高级形态,即望月所指称的"未来共同体"。在这个新共同体中,人们的社会关系又回归和再生为直接的、具体的分工＝协作关系。

这样,望月通过对"共同体"和"社会"概念的分析,就把马克思的历史认识过程描绘成了如下构图:"包含无中介的社会结构的共同体→作为共同体协作和分工关系异化形态的社会→由社会化了的自由人自觉地形成的社会。"[2]

---

[1] [日]望月清司:《马克思历史理论的研究》,韩立新译,北京师范大学出版社2009年版,第219页。
[2] [日]望月清司:《马克思历史理论的研究》,韩立新译,北京师范大学出版社2009年版,第225页。

（四）对望月解读的几点思考

1. 望月的目的论体现

纵观全书，望月对马克思的历史理论的解读始终带有强烈的目的论色彩。他在对马克思的"共同体"和"社会"概念进行解析时也没有超出这一目的论的框架。从望月解读马克思的"共同体"和"社会"概念的整体思路上，我们不难看出，他是把马克思的历史理论按照自己的理论需要预先描绘为一个从"本源共同体→市民社会→未来共同体"这样的大致轮廓，然后再按照这一基本构图展开他对马克思历史理论的解读。

而且，这种目的论色彩还体现在望月对"共同体"和"社会"的解读其实是为了他的"交往"理论服务的。因为，望月的全部理论都是从"交往"出发，围绕着人与人之间的关系展开的，因此，在他看来，"共同体"和"社会"之间的逻辑关系就是一种"交往"展开史。首先，在人类社会早期，人与人之间的直接的交往关系导致此时人类社会基本处于"本源共同体"形态；其后，人与人之间的交往关系随着私有制的产生，逐渐由直接的交往关系变成了借助于商品交换的私有者之间的间接关系，导致这一时期的人类社会形成了以分工和交换为内容的"市民社会"；然而，历史的发展必须要扬弃这种人与人之间的异化了的关系，回归到直接的交往关系，因此，人类社会就回归到"未来共同体"形态。这个过程也正是他预先设计好的那个基本构图。关于这一角度的目的论色彩，用望月自己的话说："所谓对'共同体'的洞察，换言之就是对人格联系的普遍形式的洞察；所谓对'人的社会'的说明，换言之就是对隐藏于背后的生活和生产普遍关系原理的说明。"[1]

然而,在关于人类社会历史发展进程的认识问题上,马克思绝不是像望月所解读的那样,是以人与人之间的"交往"关系为基础,给出"本源共同体→市民社会→未来共同体"的单线进程。若以马克思历史唯物主义的客观角度来看,他是"从社会历史发展的一般物质生产运动和客观规律出发,用社会历史的客观结构(生产关系)作为区分不同历史时期的尺度和理论中轴线"[2]。但从马克思历史辩证法的主体视角来看,他是从对生产工具的性质方面入手,把人类社会历史划分为三大社会形态的。可见,望月对马克思历史理论的解读明显简单、粗糙,但又在其整个理论逻辑框架之内,为其理论作铺垫。

2. 望月的"否定之否定"视角

在望月看来,马克思的历史研究方法"并不是将眼前的现象事实仅仅当作虚伪的表象予以抛弃,而是要在其中发现被颠倒和翻转以及被历史所规定的真实"[3]。换句话说,望月认为马克思的历史理论是建立在一种"否定之否定"的视角之上的。根据望月的解释,"它是这样一种认识,即一方面,曾经的肯定性关系现在被颠倒或者'转变'为否定性关系;另一方面,曾经与肯定融为一体的否定现在又被'否定',成为肯定,支撑着现在的否定"[4]。望月正是用这种"否定之否定"的方法把马克思的历史理论进行"油炸",把他

---

[1] [日]望月清司:《马克思历史理论的研究》,韩立新译,北京师范大学出版社2009年版,第499页。
[2] 张一兵:《马克思历史辩证法的主体向度》,南京大学出版社2002年版,第224页。
[3] [日]望月清司:《马克思历史理论的研究》,韩立新译,北京师范大学出版社2009年版,第505页。
[4] [日]望月清司:《马克思历史理论的研究》,韩立新译,北京师范大学出版社2009年版,第505页。

预设出来的"共同体—市民社会—社会主义"这一构图置于这一肯定和否定相互转化的坐标之上来解读。

而当马克思从人本主义异化史观转变到历史唯物主义科学历史观的时候,他已经不再从抽象的理性逻辑的角度,而是从客观实践的角度去揭示人类社会历史发展的客观规律了。也就是说,人类社会历史在作为马克思主义哲学家的马克思那里已经是一个"人类社会实践活动不断向前运动的客观历史辩证法的现实发展进程,是人类劳动生产客观的生长历史"[1]。望月恰恰没有看到这一点,或者说望月是注定看不到的,因为他的基本逻辑是一种隐性的人本主义,他是不会去从历史发生学的意义上考察人类社会的发展规律的。因此,望月对马克思历史理论的解读视角在某种意义上可以说是一种倒退。

3. 望月的人本主义逻辑走向

从上面对望月理论的目的论色彩分析中我们已经看到,望月对马克思历史理论的"共同体"和"社会"概念进行解读时,都会首先着眼于"关系"的角度,从人与人之间的关系出发,并由分析这种"关系"的异化或者复归来论证他的理论。那么,望月的目的何在?也就是说他最终的理论逻辑走向在何处?我认为望月的逻辑走向就是他所着力建立起来的"最顶端"的"类"概念,在这样的"类"概念之下才是没有异化的"人的共同体(Gemeinschaft)"和"人的社会"概念。也就是说,在望月那里,无论何种社会历史过程都是"类"的展开过程,并最终指向一个更高级的"类"。这种人本主义逻辑思路,必然使望月最终在历史观上走向历史唯心主义,也就不可能对马克思的历史理论作出科学合理的解读。

---

[1] 张一兵:《马克思历史辩证法的主体向度》,南京大学出版社 2002 年版,第 97 页。

而对于全部人类历史过程的理解,马克思是以"现实的人"为逻辑出发点,旨在揭示人的主体社会实践发展推动人类历史运动的规律,并最终探索人类主体解放的现实路径。因此,马克思的历史唯物主义逻辑走向是关注现实的人类生存状态,而非望月所解读的更高级的"类"。

参考文献

中文部分：

《马克思恩格斯全集》中文 1 版第 1~50 卷，人民出版社 1956—1985 年版。

《马克思恩格斯全集》中文 2 版第 30 卷，人民出版社 1995 年版。

《马克思恩格斯全集》中文 2 版第 31 卷，人民出版社 1998 年版。

《马克思恩格斯全集》中文 2 版第 32 卷，人民出版社 1998 年版。

《马克思恩格斯全集》中文 2 版第 33 卷，人民出版社 2004 年版。

《马克思恩格斯全集》中文 2 版第 34 卷，人民出版社 2008 年版。

《马克思恩格斯全集》中文 2 版第 44 卷，人民出版社 2001 年版。

《马克思恩格斯全集》中文 2 版第 45 卷，人民出版社 2003 年版。

《马克思恩格斯全集》中文 2 版第 46 卷，人民出版社 2003 年版。

《马克思恩格斯全集》中文 2 版第 47 卷，人民出版社 2004 年版。

《马克思恩格斯选集》中文 2 版第 1~4 卷，人民出版社 1995 年版。

马克思：《1844 年经济学哲学手稿》，人民出版社 2000 年版。

马克思、恩格斯：《德意志意识形态》（节选本），人民出版社 2003 年版。

马克思：《资本论》第 1~3 卷，人民出版社 2004 年版。

《列宁全集》第1~60卷,人民出版社1984—1990年版。

《马克思恩格斯〈资本论〉书信集》,人民出版社1976年版。

《马列主义研究资料》第1~58期,中共中央编译局编,人民出版社 1978—1990年版。

《马克思恩格斯研究》第1~24期,中共中央编译局马克思恩格斯研究室。

《马克思恩格斯列宁斯大林研究》第1~8期,中共中央编译局。

《马恩列斯研究资料汇编》(1980),书目文献出版社1980年版。

《马恩列斯研究资料汇编》(1981),书目文献出版社1981年版。

《〈资本论〉研究资料与动态》第1~6辑,江苏人民出版社1981—1985年版。

《新帕尔格雷夫经济学大辞典》第4卷,经济科学出版社1992年版。

[德]黑格尔:《精神现象学》(上下卷),贺麟、王玖兴译,商务印书馆1997年版。

[德]黑格尔:《逻辑学》(上卷),杨一之译,商务印书馆1966年版。

[德]黑格尔:《逻辑学》(下卷),杨一之译,商务印书馆1976年版。

[德]黑格尔:《法哲学原理》,范扬等译,商务印书馆2009年版。

[德]费尔巴哈:《费尔巴哈哲学著作选集》(上下卷),荣震华等译,商务印书馆1984年版。

[德]费尔巴哈:《基督教的本质》,荣震华译,商务印书馆2009年版。

[德]李斯特:《政治经济学的国民体系》,陈万煦译,商务印书馆1961年版。

[德]考茨基:《马克思的经济学说》,区维译,三联书店1958年版。

[德]曼弗雷德·缪勒:《通往〈资本论〉的道路》,钱学敏等译,山东

人民出版社 1992 年版。

［德］梅格纳德·德赛:《马克思的复仇》,汪澄清译,中国人民出版社 2008 年版。

［德］施蒂纳:《唯一者及其所有物》,金海民译,商务印书馆 1989 年版。

［德］梅林:《马克思传》,罗骥南译,北京三联书店 1962 年版。

［德］柯尔施:《卡尔·马克思》,熊子云等译,重庆出版社 1993 年版。

［德］柯尔施:《马克思主义和哲学》,王南湜译,重庆出版社 1989 年版。

［德］卢森堡、［苏］布哈林:《帝国主义与资本积累》,柴金如等译,黑龙江人民出版社 1982 年版。

［德］鲁德哈德·施托贝尔格:《资产阶级政治经济学史》,吴康等译,商务印书馆 1963 年版。

［英］配第:《赋税论·献给英明人士·货币略论》,陈冬野等译,商务印书馆 1978 年版。

［英］亚当·斯密:《国民财富的性质和原因的研究》(上下卷),郭大力等译,商务印书馆 2008 年版。

［英］大卫·李嘉图:《政治经济学及赋税原理》,郭大力等译,商务印书馆 1962 年版。

［英］大卫·李嘉图:《李嘉图著作和通信集》第 1～10 卷,彼罗·斯拉法主编,商务印书馆 1962—1986 年版。

［英］詹姆斯·穆勒:《政治经济学要义》,吴建良译,商务印书馆 1993 年版。

［英］马尔萨斯:《人口论》,郭大力译,商务印书馆 1959 年版。

［英］理查德·琼斯:《论财富的分配和赋税的来源》,于树生译,商

务印书馆1994年版。

[英]汤普逊:《最能促进人类幸福的财富分配原理的研究》,何慕李译,商务印书馆1986年版。

[英]霍吉斯金:《通俗政治经济学》,王铁生译,商务印书馆1996年版。

[英]勃雷:《对劳动的迫害及其救治方案》,袁贤能译,北京商务印书馆1959年版。

[英]格雷:《格雷文集》,陈太先等译,北京商务印书馆1986年版。

[英]格雷:《人类幸福论》,张草纫译,北京商务印书馆1963年版。

[英]凯恩斯:《政治经济学的范围与方法》,党国英、刘惠译,华夏出版社2001年版。

[英]道布:《政治经济学与资本主义》,松园、高行译,三联书店1962年版。

[英]布劳格:《经济学方法论》,黎明星等译,北京大学出版社1990年版。

[英]G. A. 柯亨:《卡尔·马克思的历史理论:一个辩护》,岳长龄译,重庆出版社1989年版。

[英]M. C. 霍华德、[英]J. E. 金:《马克思主义经济学史》,郑吉伟等译,中央编译出版社2003年版。

[法]萨伊:《政治经济学概论》,陈福生等译,商务印书馆1963年版。

[法]杜阁:《关于财富的形成和分配的考察》,南开大学经济系经济学说教研组译,商务印书馆2009年版。

[法]蒲鲁东:《什么是所有权》,孙署冰译,商务印书馆1963年版。

[法]蒲鲁东:《贫困的哲学》,余叙通等译,商务印书馆1998年版。

[法]基佐:《欧洲文明史》,程洪逵等译,商务印书馆1998年版。

[法]阿尔都塞:《保卫马克思》,顾良译,商务印书馆2006年版。

[法]阿尔都塞、[法]巴里巴尔:《读〈资本论〉》,李奇庆、冯文光译,中央编译出版社2001年版。

[法]巴利巴尔:《马克思的哲学》,王吉会译,中国人民大学出版社2007年版。

[美]熊彼特:《经济分析史》第1～3卷,朱泱等译,商务印书馆1992—1994年版。

[美]斯威齐:《资本主义发展论》,秦业男等译,商务印书馆1997年版。

[美]康芒斯:《制度经济学》(上下册),于树生译,商务印书馆1962年版。

[美]胡克:《对卡尔·马克思的理解》,徐崇温译,重庆出版社1989年版。

[美]罗伯特·海尔布罗纳:《几位著名经济思想家的生平、时代和思想》,蔡受百、马建堂、马君潞译,商务印书馆1994年版。

[美]道格拉斯·多德:《资本主义经济学批评史》,熊婴、陶李译,江苏人民出版社2008年版。

[美]佩雷曼:《经济学的终结》,石磊译,经济科学出版社2000年版。

[美]J.G.施瓦茨编:《资本主义的精妙剖析》,魏埙等译,山东人民出版社1992年版。

[苏]阿·弗·图舒诺夫:《〈剩余价值理论〉及其在马克思的经济学说中的地位》,钟仁译,人民出版社1982年版。

[苏]伊林柯夫:《马克思〈资本论〉中抽象和具体的辩证法》,郭铁民等译,山东人民出版社1993年版。

[苏]维·索·维戈茨基:《〈资本论〉创作史》,刘品大等译,福建人

民出版社 1983 年版。

〔苏〕巴加图利亚:《马克思的第一个伟大发现》,陆忍译,中国人民出版社 1981 年版。

〔苏〕巴加图利亚、〔苏〕维戈茨基:《马克思的经济学遗产》,马健行译,贵州人民出版社 1981 年版。

〔苏〕维戈茨基:《卡尔·马克思的一个伟大发现的历史:论〈资本论〉的创作》,马健行等译,中国人民大学出版社 1979 年版。

〔苏〕卢森贝:《政治经济学说史》,李侠云译,三联书店 1959 年版。

〔苏〕卢森贝:《十九世纪四十年代马克思恩格斯经济学说发展概论》,方钢等译,三联书店 1958 年版。

〔苏〕阿·伊·马雷什:《马克思主义政治经济学的形成》,刘大品译,四川人民出版社 1983 年版。

〔苏〕尼·拉宾:《马克思的青年时代》,南京大学外文系俄罗斯语言文学教研室翻译组译,三联书店 1982 年版。

〔苏〕尼·伊·拉宾:《论西方对青年马克思思想的研究》,马哲译,人民出版社 1981 年版。

〔苏〕弗·谢·阿法纳西耶夫:《资产阶级古典政治经济学的产生》,张奇方等译,商务印书馆 1984 年版。

〔苏〕弗·阿凡纳西耶夫:《马克思的伟大发现——劳动二重性学说的方法论作用》,李元亨译,山东人民出版社 1991 年版。

〔匈〕卢卡奇:《历史与阶级意识》,杜章智译,商务印书馆 1992 年版。

〔匈〕卢卡奇:《关于社会存在的本体论》(上下卷),白锡堃等译,重庆出版社 1993 年版。

〔匈〕卢卡奇:《青年黑格尔》,王玖兴译,商务印书馆 1963 年版。

〔日〕见田石介:《〈资本论〉的方法》,沈佩林译,山东人民出版社

1992年版。

[日]冈本博之:《马克思〈资本论〉研究》,刘焱等译,山东人民出版社1993年版。

[日]栗本慎一郎:《经济人类学》,王名等译,商务印书馆1997年版。

[日]广松涉:《物象化论的构图》,彭曦等译,南京大学出版社2002年版。

[日]广松涉:《唯物史观的原像》,邓习议译,南京大学出版社2009年版。

[日]望月清司:《马克思历史理论的研究》,韩立新译,北京师范大学出版社2009年版。

[联邦德国]罗曼·罗斯多尔斯基:《马克思〈资本论〉的形成》,魏埙等译,山东人民出版社1992年版。

[联邦德国]A.施密特:《马克思的自然概念》,欧力同、吴仲昉译,商务印书馆1988年版。

[东德]图赫舍雷尔:《马克思经济理论的形成和发展(1843—1858)》,马经青译,人民出版社1981年版。

[意]葛兰西:《狱中札记》,葆煦译,人民出版社1983年版。

[南]弗兰尼茨基:《马克思主义史》第1卷,李嘉思译,人民出版社1986年版。

[捷克]科西克:《具体的辩证法》,傅小平译,社会科学文献出版社1989年版。

[比]曼德尔:《晚期资本主义》,马清文译,黑龙江人民出版社1983年版。

[美]丹尼尔·贝尔:《后工业社会》,彭强编译,科学普及出版社1985年版。

［美］哈特、［意］奈格里:《帝国》,杨建国、范一亭译,江苏人民出版社2008年版。

孙伯鍨:《探索者道路的探索——青年马克思恩格斯哲学思想研究》,南京大学出版社2002年版。

庄福龄、孙伯鍨:《马克思主义哲学史》(黄楠森等主编,八卷本)第2卷,北京出版社1991年版。

孙伯鍨:《卢卡奇与马克思》,南京大学出版社1999年版。

孙伯鍨、张一兵:《走进马克思》,江苏人民出版社2001年版。

张一兵:《回到马克思——经济学语境中的哲学话语》,江苏人民出版社2005年版。

张一兵:《马克思主义历史辩证法的主体向度》,南京大学出版社2002年版。

张一兵、胡大平:《西方马克思主义哲学的历史逻辑》,南京大学出版社2003年版。

张一兵:《文本学的深度耕犁·第1卷:西方马克思主义经典文本解读》,中国人民大学出版社2004年版。

张一兵:《文本学的深度耕犁·第2卷:后马克思思潮哲学文本解读》,中国人民大学出版社2008年版。

张一兵、周嘉昕:《资本主义理解史》第一卷,江苏人民出版社2009年版。

张一兵主编:《马克思哲学的历史原像》,人民出版社2009年版。

唐正东:《斯密到马克思——经济哲学方法的历史性诠释》,江苏人民出版社2009年版。

唐正东、孙乐强:《资本主义理解史·第四卷·经济哲学视域中的当代资本主义批判理论》,江苏人民出版社2009年版。

唐正东:《当代资本主义新变化的批判性解读》,经济科学出版社

2016年版。

陈岱孙:《从古典经济学派到马克思》,北京大学出版社1996年版。

陈岱孙主编:《政治经济学史》,吉林人民出版社1981年版。

吴易风:《英国古典经济理论》,商务印书馆1996年版。

陈先达:《走向历史的深处》,北京出版社1992年版。

孙承叔:《真正的马克思》,人民出版社2009年版。

俞吾金:《问题域的转换》,人民出版社2007年版。

候才:《青年黑格尔派与马克思早期思想的发展》,中国社会科学出版社1994年版。

顾海良:《马克思"不惑之年"的思考》,中国人民大学出版社1993年版。

顾海良、张雷声:《马克思劳动价值论的历史与现实》,人民出版社2002年版。

余源培:《马克思主义经济哲学及其当代意义》,复旦大学出版社2010年版。

杨国昌主编:《马克思经济学体系的继承与创新》,北京师范大学出版社2004年版。

林岗:《马克思主义与经济学》,经济科学出版社2007年版。

熊子云、张向东:《唯物史观形成史》,重庆出版社1988年版。

晏智杰:《古典经济学》,北京大学出版社1998年版。

朱绍文:《经典经济学与现代经济学》,北京大学出版社2000年版。

凤一鸣编著:《西方近代政治经济学史》,安徽人民出版社1986年版。

韩立新主编:《新版〈德意志意识形态〉研究》,中国人民大学出版社2008年版。

高新军:《揭开历史发展之谜:〈资本论〉历史唯物主义思想研究》,

中央编译出版社2002年版。

刘炯忠:《〈资本论〉方法论研究》,中国人民大学出版社1991年版。

白光:《经济学百家集要》,中国统计出版社2001年版。

陈其人:《李嘉图经济理论研究》,上海人民出版社2009年版。

韩媛媛:《大卫·李嘉图:古典政治经济学集大成者》,人民邮电出版社2009年版。

许纪霖主编:《帝国、都市与现代性》,江苏人民出版社2006年版。

外文部分:

The Works and Correspondence of David Ricardo, Edited by Piero Sraffa and M. H. Dobb, Cambridge: Cambridge University Press, 1951–1973.

The Correspondence of Adam Smith, Edited by E. C. Mossner and I. S. Ross, Oxford: Oxford University Press, 1987.

A. S. Skinner, *A System of Social Science: Papers Relating to Adam Smith*, Oxford: Oxford University Press, 1996.

Adam Smith, *Essays on Philosophical Subjects*, Edited by W. P. D. Wightman and J. C. Bryce, Oxford: Oxford University Press, 1980.

J. A. Schumpeter, *History of Economic Analysis*, New York: Oxford University Press, 1954.

J. Robinson, *Economic Philosophy*, London: C. A. Watts Publishing Company, 1962.

Terrell Carver, *The Postmodern Marx*, Manchester: Manchester University Press, 1998.

Terrell Carver and James Martin eds., *Palgrave Advances*

Continental Political Thought, New York • London: Palgrave Macmillan, 2006.

Louis Althusser, *The Spectre of Hegel: Early Writings*, Trans. by Goshgarian, London: Verso, 1997.

Louis Althusser and E. Balibar, *Reading Capital*, Trans. by Ben Brewster, London: NLB, 1979.

R. L. Smyth, *Essays in Economic Method*, London: Gerald Duckworth Press, 1962.

S. Schodffler, *The Failures of Economics: A Diagnostic Study*, Cambridge: Harvard University Press, 1954.

Robert Paul Wolff, "A Critique and Reinterpretation of Marx's Labor Theory of Value", *Philosophy & Public Affairs*, Vol. 10, No. 2 (Spring, 1981).

R. N. Berki, "On the Nature and Origins of Marx's Concept of Labor", *Political Theory*, Vol. 7, No. 1 (Feb., 1979).

Paresh Chattopadhyay, "Marx's First Critique of Political Economy, 1844 – 1994", *Economic and Political Weekly*, Vol. 29, No. 31 (Jul. 30, 1994).

图书在版编目(CIP)数据

李嘉图经济学理论与马克思哲学思想的发展 / 刘钊著. — 南京：南京大学出版社，2022.9
（马克思主义思想史研究丛书 / 张一兵主编）
ISBN 978-7-305-24059-1

Ⅰ.①李… Ⅱ.①刘… Ⅲ.①李嘉图(Ricardo, D. 1772-1823)－经济思想－研究②马克思主义哲学－研究 Ⅳ.①F091.33②B0-0

中国版本图书馆 CIP 数据核字(2020)第 261138 号

出版发行	南京大学出版社
社　　址	南京市汉口路 22 号　　邮　编　210093
出 版 人	金鑫荣
丛 书 名	马克思主义思想史研究丛书
丛书主编	张一兵
书　　名	**李嘉图经济学理论与马克思哲学思想的发展**
著　　者	刘　钊
责任编辑	李　博
照　　排	南京南琳图文制作有限公司
印　　刷	南京爱德印刷有限公司
开　　本	635 mm×965 mm　1/16　印张 19.75　字数 253 千
版　　次	2022 年 9 月第 1 版　2022 年 9 月第 1 次印刷
ISBN 978-7-305-24059-1
定　　价	95.00 元

网址：http://www.njupco.com
官方微博：http://weibo.com/njupco
官方微信号：njupress
销售咨询热线：(025) 83594756

* 版权所有，侵权必究
* 凡购买南大版图书，如有印装质量问题，请与所购图书销售部门联系调换